PRESENTACIÓN

Destino Erasmus es un manual para un aprendizaje específico de la lengua española como lengua extranjera. En este principio de milenio en el que la globalidad se ha erigido en eje de la comunicación, los profesores de español del centro de Estudios Hispánicos de la *Universitat de Barcelona* queremos contribuir a generalizar los procedimientos de la enseñanza del español. Ciertamente, no para todos los hablantes de otras lenguas, pero sí, al menos, para todos aquellos que comparten un ámbito común sociocultural como es el de la Universidad de la Unión Europea. Aunque la especificidad lingüística de cada una de las múltiples lenguas que se hablan en la Comunidad Europea es una realidad esencial, no lo es menos la comunión contextual social y cultural de los estudiantes universitarios que conviven en las aulas.

La lengua española es objeto de aprendizaje en las aulas universitarias españolas a través de los programas Erasmus y Sócrates. La normativa europea obliga a que los estudiantes ERASMUS hayan adquirido conocimiento suficiente de la lengua de la comunidad de destino para poder seguir la enseñanza universitaria. Pero la realidad ha obligado a que cada universidad provea de medios de enseñanza-aprendizaje útiles para los estudiantes menos preparados o para los que requieren una mejor preparación.

Estudios Hispánicos de la *Universitat de Barcelona* viene colaborando en esta contribución en la enseñanza del español como lengua instrumental en estos programas europeos desde su implantación, hace ya más de diez años. Con la publicación de **Destino Erasmus**, al que tan buena acogida le han dispensado la editorial SGEL y *Edicions de la Universitat de Barcelona*, se ofrecen unos materiales elaborados a lo largo de estos largos años de experiencia. Este material es el resultado no sólo del conocimiento integrado en la cultura común europea, sino del nivel universitario de esa población joven de Europa que participa en esos programas. Además, también contiene el conocimiento de un grupo de profesores de ELE que, con su experiencia continuada en la enseñanza a universitarios, ha podido testar textos, ejercicios y esquemas hasta dar con un resultado eficiente para unos objetivos de unos estudiantes tan específicos.

Esperamos que con **Destino Erasmus** se llene el vacío que reclamaba una obra que tiene que cumplir la función de formular explícitamente la gramática española que aprenderá la comunidad universitaria europea.

Barcelona, julio de 2008.

M. Rosa Vila Pujol

Cómo es *Destino Erasmus*

Destino Erasmus se compone de diez unidades que constan de tres secciones:

- Textos y pretextos
- Formas y funciones
- Comunicación escrita

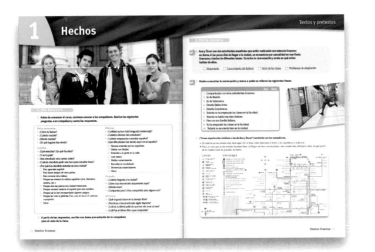

Textos y pretextos

En esta primera sección se presentan textos orales y escritos de diferente tipología que contextualizan los contenidos gramaticales, funcionales y léxicos de la unidad.

Las prácticas que se proponen están dirigidas al desarrollo de diferentes estrategias de comprensión, así como a la observación de las formas lingüísticas que se trabajarán en el resto de la unidad.

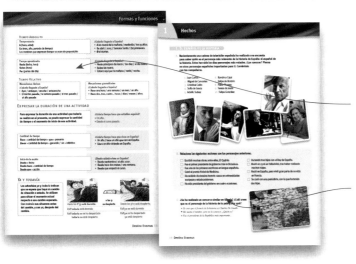

Formas y funciones

Esta sección se compone de dos partes bien diferenciadas:

En primer lugar, se presentan en forma de esquema los contenidos gramaticales y funcionales de la unidad. Los esquemas van acompañados de imágenes que pretenden facilitar la comprensión del funcionamiento de las formas lingüísticas.

A continuación, se propone un conjunto de actividades destinadas a la práctica de dichas formas lingüísticas en situaciones de interacción en el aula. Mediante estas actividades, que integran las diferentes destrezas, se pretende desarrollar la competencia intercultural de los estudiantes.

Comunicación escrita

Se aplican los contenidos trabajados en la unidad mediante la elaboración de textos escritos de diversa tipología textual relacionados con la experiencia de los estudiantes Erasmus.

Se presenta un modelo a partir del cual se trabajan inductivamente los rasgos más representativos del tipo de texto seleccionado.

Se proponen actividades de práctica formal de los mecanismos discursivos más relevantes en la elaboración de dicho tipo de textos (conectores y marcadores discursivos, elementos deícticos y anafóricos, estrategias de focalización y desfocalización, etc.).

Se aborda la elaboración de un texto a partir de una situación relacionada con la experiencia de los estudiantes.

El libro se completa con dos apartados pensados para el trabajo autónomo del estudiante: *Conjugación* y *Otras actividades*. Estos apartados vienen acompañados de soluciones, aunque también pueden ser utilizados en el aula como refuerzo o recapitulación de los aspectos formales trabajados en cada unidad.

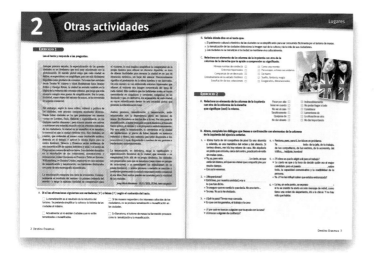

Otras actividades

Este apartado consta de varias actividades de respuesta cerrada que retoman los contenidos trabajados en la unidad.

El apartado se abre con un texto de una extensión superior a los leídos en la unidad, acompañado de actividades de comprensión lectora y práctica del léxico.

En segundo lugar, se proponen actividades para el desarrollo de la competencia léxica (formación de palabras, colocaciones, precisión léxica, campos semánticos, etc.).

A continuación, se encuentran actividades de práctica formal dirigidas a la consolidación de los contenidos gramaticales y funcionales de la unidad.

Por último, se proponen prácticas de respuesta cerrada de los mecanismos discursivos presentados en la unidad.

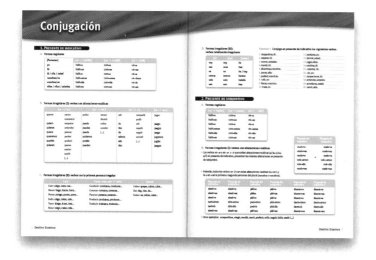

Conjugación

Este apartado contiene una descripción de los distintos tiempos que componen el sistema verbal del español. En primer lugar, se presentan las formas regulares de cada tiempo, seguidas de las principales formas irregulares. A continuación, se proponen actividades de práctica formal dirigidas a la consolidación de dichas formas.

Al final del libro el estudiante puede encontrar la transcripción del audio que acompaña la obra y las soluciones a la sección «Otras actividades».

Índice

Índice

Textos y pretextos 116	Formas y funciones 120	Comunicación escrita 126
Funciones: Expresar acuerdo y desacuerdo. Argumentar a favor de una tesis. Argumentar en contra de una tesis. Contraponer argumentos.	**Funciones:** Expresar posibles objeciones a una afirmación. Introducir un argumento fuerte. Expresar contraste. Rechazar una información.	**Tipología textual:** Editorial periodístico. **Mecanismos discursivos:** Argumentación y contraargumentación. Desfocalización referencial.
Léxico: Las relaciones sentimentales y la sexualidad. La economía y el consumo. La política y las ideologías. Las convenciones sociales.	**Contenidos gramaticales:** Oraciones concesivas. Conectores contraargumentativos.	
Textos: Artículo de opinión. Entrevista.		

OTRAS ACTIVIDADES

1 Hechos

1. UNA ENCUESTA

A. **Antes de comenzar el curso, conviene conocer a los compañeros. Realiza las siguientes preguntas a un compañero y anota las respuestas.**

Datos personales:
- ¿Cómo te llamas?
- ¿Cuándo naciste?
- ¿Dónde naciste?
- ¿En qué lugares has vivido?

Estudios:
- ¿Qué estudias? ¿En qué facultad?
- ¿Y en tu país?
- ¿Has estudiado otra carrera antes?
- ¿Cuándo decidiste pedir una beca para estudiar fuera?
- ¿Por qué has decidido estudiar en esta ciudad?
  - ☐ Para aprender español.
  - ☐ Para hacer amigos de otros países.
  - ☐ Para conocer otra cultura.
  - ☐ Porque me interesa la cultura española (cine, literatura, música, etc.).
  - ☐ Porque ésta me parece una ciudad interesante.
  - ☐ Porque necesito mejorar el español para mis estudios.
  - ☐ Porque me lo han recomendado algunos amigos.
  - ☐ Porque he visto la película *Una casa de locos* (*L'auberge espagnole*).
  - ☐ Otras: _____

Idiomas:
- ¿Cuál(es) es/son tu(s) lengua(s) materna(s)?
- ¿Cuántos idiomas has estudiado?
- ¿Cuándo empezaste a estudiar español?
- ¿Qué dificultades has tenido aquí con el español?
  - ☐ Hacerte entender por los españoles.
  - ☐ Hablar con fluidez.
  - ☐ Entender a la gente en la calle.
  - ☐ Leer textos.
  - ☐ Hablar correctamente.
  - ☐ Recordar el vocabulario.
  - ☐ Pronunciar correctamente.
  - ☐ Otras: _____

Vivienda:
- ¿Cuándo llegaste a la ciudad?
- ¿Cómo has encontrado alojamiento aquí?
- ¿Dónde vives?
- ¿Compartes piso? ¿Has compartido piso alguna vez?

Aficiones:
- ¿Qué te gusta hacer en tu tiempo libre?
- ¿Practicas o has practicado algún deporte?
- ¿Cuál es la última película que has ido a ver al cine?
- ¿Cuál fue el último libro que compraste?

B. **A partir de las respuestas, escribe una breve presentación de tu compañero para el resto de la clase.**

2. FIESTA ERASMUS

A. Ana y Óscar son dos estudiantes españoles que están realizando una estancia Erasmus en Roma. A los pocos días de llegar a la ciudad, se encuentran por casualidad en una fiesta Erasmus y charlan de diferentes temas. Escucha su conversación y anota en qué orden hablan de ellos.

☐ Alojamiento ☐ Conocimiento del italiano ☐ Inicio de las clases ☐ Problemas de adaptación

B. Vuelve a escuchar la conversación y marca a quién se refieren las siguientes frases.

	Ana	Óscar
1. Comparte piso con otros estudiantes Erasmus.		
2. Es de Madrid.		
3. Es de Salamanca.		
4. Estudia Bellas Artes.		
5. Estudia Económicas.		
6. Todavía no ha empezado las clases en la facultad.		
7. Todavía no habla muy bien italiano.		
8. Vive con una familia italiana.		
9. Ya ha empezado las clases en la facultad.		
10. Todavía no se orienta bien en la ciudad.		

C. ¿Tienes experiencias similares a las de Ana y Óscar? Coméntalo con tus compañeros.

◆ *Yo todavía no me oriento muy bien aquí. No sé bien cómo funciona el metro y los autobuses y todo eso.*
▼ *Pues yo creo que ya me oriento bastante bien. Al llegar me hice con un plano y me resulta muy útil para saber en qué parte de la ciudad están las paradas de metro.*

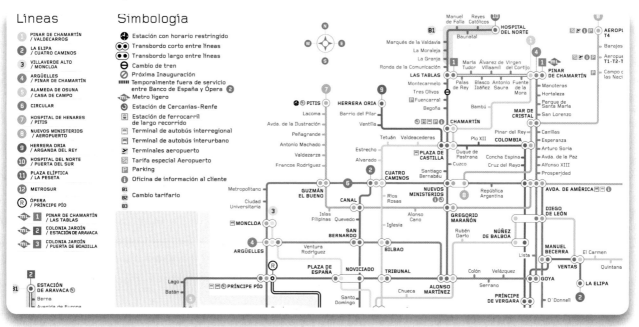

A. A continuación hay dos biografías de dos jóvenes españoles, Ignacio y Almudena. Léelas y subraya lo que tienes en común con ellos. Después, coméntalo con tu compañero.

Ignacio

Nací en un pueblo cerca de Málaga, pero cuando tenía dos años mi familia se trasladó a Bilbao por motivos de trabajo. Desde entonces, siempre he vivido aquí. Empecé la carrera de Económicas a los 18 años, pero la dejé un año después. ¡Los números no son lo mío! A mí, siempre me ha gustado dibujar. Cuando era pequeño pasaba horas y horas dibujando; por eso, decidí estudiar Diseño Gráfico.

En mi último año de carrera, conseguí una beca para estudiar en Londres. Fue una época increíble, aprendí muchísimas cosas y, además, hice muy buenos amigos.

Sin duda, ha sido la mejor experiencia de mi vida. Luego, volví a Bilbao y terminé la carrera.

Ahora, después de muchas entrevistas, he conseguido trabajo en una empresa de publicidad. Tengo un contrato temporal y el sueldo no es muy bueno, pero es una buena oportunidad. En mi tiempo libre sigo formándome. En esta profesión todo cambia muy rápido, aparecen nuevas técnicas y nuevas herramientas de trabajo. Es imprescindible estar al día. También estudio inglés, que es muy útil en el mundo del diseño.

Almudena

Soy de Madrid y tengo 28 años. Desde pequeña tuve muy clara mi vocación: ser médico. Fui al colegio y al instituto, pero, al terminar la ESO, mis profesores me recomendaron estudiar formación profesional porque mis notas no eran muy buenas. Hice un ciclo formativo de Enfermería y me gustó mucho, pero yo quería aprender más. Así que me matriculé en Bachillerato para ir a la Universidad. Estudié mucho durante dos años y aprobé el Bachillerato, pero no pude acceder a la Facultad de Medicina porque mi nota de Selectividad era demasiado baja.

Estuve un año trabajando como auxiliar de enfermería y, al año siguiente, volví a repetir el examen de Selectividad y entré en la Facultad de Enfermería.

Durante los tres años que estuve en la facultad compaginé los estudios con varios trabajos como auxiliar de enfermería. Fue bastante duro, pero ahora estoy contenta. Trabajo como enfermera en un hospital y me gusta muchísimo tratar a diario con los pacientes. De todos modos, no descarto en el futuro estudiar Medicina.

B. Después de leer sus biografías, ¿cómo crees que son Ignacio y Almudena? Elige los adjetivos que, en tu opinión, mejor describen su carácter. Después, coméntalo con un compañero.

> constante/inconstante
> paciente/impaciente
> soñador/-a/realista
> responsable/irresponsable
> organizado/a/desorganizado/a
> luchador/-a/conformista
> trabajador/-a/vago/a
> disciplinado/a/indisciplinado/a

◆ *Yo creo que Almudena es una persona muy luchadora porque ha tenido que estudiar mucho para llegar a ser enfermera.*

▼ *Yo también creo que es muy luchadora.*

C. ¿Cómo describirías tu carácter? Explícale a tu compañero por qué te describes así dándole datos de tu biografía.

◆ *Yo no soy tan trabajadora como Almudena: nunca he podido trabajar y estudiar al mismo tiempo…*

▼ *Pues yo sí, desde que empecé a estudiar, siempre he trabajado.*

D. Localiza los verbos en indefinido que hay en las biografías que has leído. Piensa en su infinitivo y clasifícalos en regulares o irregulares. ¿Cuáles son las terminaciones para estas formas?

	Infinitivo en -AR	Infinitivo en -ER	Infinitivo en -IR
Regulares			
Irregulares			

PRETÉRITO INDEFINIDO

El pretérito indefinido (*nació, llegó...*)
expresa una acción que el hablante sitúa
en un tiempo no actual.

- Salvatore Gulisano **nació** en Roma en 1983.
- Salvatore **llegó** a España en septiembre.

PRETÉRITO PERFECTO

El pretérito perfecto (*ha conocido, ha paseado...*)
expresa una acción que el hablante sitúa
en un tiempo que todavía considera actual.

- Desde su llegada a Barcelona, Pascal
  ha conocido a muchas chicas.
- Durante este tiempo, **ha paseado** mucho
  por las calles de Barcelona.

PRETÉRITO PERFECTO Y PRETÉRITO INDEFINIDO

El pretérito perfecto (*me he encontrado, he comido...*)
y el pretérito indefinido (*me encontré, comí...*)
expresan acciones pasadas y acabadas,
pero hablan de espacios de tiempo diferentes.

- *Esta mañana* **me he encontrado** con Pedro.
- *Anoche* **me encontré** con Pedro.

- *Hoy* **he comido** solo.
- *Ayer* **comí** con unos amigos.

Se utiliza el indefinido *(escribió)* cuando se sitúa la
acción en un tiempo no actual y terminado *(ayer, el
año pasado, hace tiempo...)*, y se utiliza el pretérito
perfecto *(ha escrito)* cuando se sitúa la acción en un
tiempo que llega hasta el momento de hablar *(hoy,
este año, en toda mi vida, siempre, nunca...)*.
En los dos casos, la acción *(escribir)* está terminada,
ya ha acabado, está completada.

Tiempo no actual
Ayer María **escribió** su
primera carta en español

Tiempo actual
Hasta ahora sólo **ha escrito**
una carta en español

*ayer, entonces,
el año pasado...*

*hoy, este año, esta
semana, en mi vida,
hasta ahora...*

UBICAR UNA ACCIÓN EN EL PASADO

Para situar una acción en el pasado, se puede expresar
el momento en que sucedió (tiempo absoluto) o la cantidad
de tiempo que la separa del momento actual (tiempo relativo).

¿Cuándo llegaste a España?
- **En** septiembre.
- **Hace** un mes.

TIEMPO ABSOLUTO

Tiempo exacto
A (hora, edad)
En (mes, año, periodo de tiempo)
Los nombres que expresan tiempo se usan sin preposición

¿Cuándo llegaste a España?
- **A** las nueve de la mañana / mediodía / los 19 años.
- **En** abril / 2005 / Semana Santa / (la) primavera.
- **Ø** el martes.

Tiempo aproximado
Hacia (fecha, hora)
Sobre (hora)
Por (partes del día)

¿Cuándo llegaste a España?
- **Hacia** principios de marzo / las diez / el día nueve.
- **Sobre** las nueve.
- Estuvo aquí **por** la mañana / tarde / noche.

TIEMPO RELATIVO

Mecanismos léxicos
¿Cuándo llegaste a España?
- Ayer / anteayer / anoche / anteanoche.
- El martes **pasado** / la semana **pasada** / el mes **pasado** / el año **pasado**.

Mecanismos gramaticales
¿Cuándo llegaste a España?
- **Hace** una hora / una semana / un mes / un año.
- **Hace** dos, tres, cuatro... horas / días / meses / años.

EXPRESAR LA DURACIÓN DE UNA ACTIVIDAD

Para expresar la duración de una actividad que todavía se realiza en el presente, se puede expresar la cantidad de tiempo o el momento de inicio de esa actividad.

¿Cuánto tiempo hace que estudias español?
- Un año.
- Desde el curso pasado.

Cantidad de tiempo
Hace + cantidad de tiempo + **que** + presente
Llevar + cantidad de tiempo + gerundio / *sin* + infinitivo

¿Cuánto tiempo hace que vives en España?
- Un año / **hace** un año **que** vivo en España.
- **Llevo** un año **viviendo** en España.

Inicio de la acción
Desde + fecha
Desde hace + cantidad de tiempo
Desde que + acción

¿Desde cuándo vives en España?
- **Desde** septiembre / el año 2007.
- **Desde** hace dos meses / una semana.
- **Desde** que empezó el curso.

YA Y TODAVÍA

Los adverbios *ya* y *todavía* indican que se espera que haya un cambio de situación o estado. Se utilizan para situar el momento actual respecto a ese cambio esperado. Con *todavía* nos situamos antes del cambio, y con *ya*, después del cambio.

a las 9
se despierta

Hasta las 8'59 **está dormido**.

Desde las 9'01 **está despierto**.

Ralf **todavía** está dormido.

Ralf **ya no** está dormido.

Ralf **todavía no** se ha despertado.

Ralf **ya** se ha despertado.

Todavía no está despierto.

Ya está despierto.

1. EL ESPAÑOL DE LA HISTORIA

A. Recientemente una cadena de televisión española ha realizado una encuesta para saber quién es el personaje más relevante de la historia de España: el español de la historia. Estos han sido los diez personajes más votados. ¿Los conoces? Piensa en otros personajes españoles importantes para ti. Coméntalo con tus compañeros.

1. Juan Carlos I
2. Miguel de Cervantes
3. Cristóbal Colón
4. Sofía de Grecia
5. Adolfo Suárez
6. Ramón y Cajal
7. Felipe de Borbón
8. Pablo Picasso
9. Teresa de Jesús
10. Felipe González

B. Relaciona las siguientes acciones con los personajes anteriores.

☐ Escribió muchas obras; entre ellas, *El Quijote*.
☐ Fue el primer presidente de gobierno tras la Dictadura.
☐ Fue una de las primeras escritoras en lengua española.
☐ Ganó el premio Nobel de Medicina.
☐ Ha recibido doctorados honoris causa en universidades europeas y estadounidenses.
☐ Ha sido presidente del gobierno en cuatro ocasiones.

☐ Ha tenido tres hijos con el Rey de España.
☐ Murió en 1506 en Valladolid, tras haber realizado muchos viajes.
☐ Nació en España, pero vivió gran parte de su vida en Francia.
☐ Se casó con una periodista, con la que ha tenido dos hijas.

C. ¿Se ha realizado un concurso similar en tu país? ¿Cuál crees que es el personaje de la historia de tu país? ¿Por qué?

◆ *Yo creo que el francés de la historia es Charles de Gaulle.*
▼ *Me suena el nombre, pero no lo conozco. ¿Quién es?*
◆ *Fue el presidente de la República más importante...*

2. ESTANCIA ERASMUS

A. Preparar una estancia Erasmus es un trabajo largo y complejo. A continuación tienes algunas de las tareas que hay que hacer antes de empezar el curso. ¿Qué otras añadirías?

Preparativos para una estancia Erasmus	
Pensar en pedir una beca Erasmus	
Decidir pedir la beca	
Completar los impresos de la beca	
Comprar los billetes de avión / tren / autobús para España	
Llegar a España	
Encontrar alojamiento	
Llegar a tu facultad en España	

B. Habla ahora con tu compañero para saber cuándo hizo él estas actividades.

◆ *¿Cuándo pensaste en pedir una beca Erasmus, Agniezka?*
▼ *Pues hacia principios del curso pasado. Un profesor lo comentó en clase y me pareció una buena idea. ¿Y tú?*
◆ *Pues yo lo pensé hace mucho tiempo… Hace tres o cuatro años.*

IMPRESO DE SOLICITUD BECAS ERASMUS 2008/2009
(plazo de solicitud: del 02/11/2007 hasta el 01/02/2008) (1)

DATOS PERSONALES DEL ESTUDIANTE: D.N.I.:
Nombre y apellidos: — Prov.: — Fecha de nacimiento:
Lugar de nacimiento:
Dirección en Madrid:
Dirección domicilio familiar:
Tel. Movil: — Tel. fijo (padres): — E-mail:
Nº de cuenta (2):

DATOS ACADÉMICOS DEL ESTUDIANTE: — Especialidad: — Curso actual mas alto:
centro:
Nº de expediente: — Nota Media (3): A cumplimentar por el Servicio de RRII

DESTINOS (por orden de preferencia) (4):
1ª opción (Universidad de destino + duración si se puede elegir):
2ª opción (Universidad de destino + duración si se puede elegir):
3ª opción (Universidad de destino + duración si se puede elegir):

PRUEBA DE IDIOMA (5) + SELECCIÓN (6):
Idiomas (de portugués e italiano no habrá prueba): — Nota final: A cumplimentar por el Servicio de RRII
Nota(s) prueba(s) de idioma: A cumplimentar por el Servicio de RRII

Presto mi consentimiento para que los datos aportados pasen a formar parte de un fichero automatizado titularidad de la Universidad Pontificia de Salamanca, con la finalidad de que el departamento de Relaciones Internacionales pueda gestionar las becas Erasmus. Asimismo presto consentimiento para que el departamento de Relaciones Internacionales pueda proporcionar estos datos a cualquier departamento de esta universidad con objeto de poder gestionar todos los asuntos relacionados con mi vida académica. Del mismo modo, presto conformidad para que la Universidad Pontificia de Salamanca, a los únicos fines de proceder a la tramitación de las becas, proporcione los datos imprescindibles a la Junta de Castilla y León. Por último presto conformidad para recibir las comunicaciones necesarias por medio de correo postal, correo electrónico u otro medio de comunicación electrónico equivalente. La Universidad Pontificia de Salamanca, como responsable del fichero, le garantiza la posibilidad de ejercitar sus derechos de acceso, rectificación, cancelación y oposición al tratamiento de sus datos dirigiendo una comunicación por escrito en los términos marcados por la Ley a la dirección: Secretaría General, paseo Juan XXIII s/n, 28040 Madrid

El solicitante:

3. "Bingo" experiencial

A. Esta actividad es una versión especial del bingo: en lugar de números, se juega con experiencias personales. Antes de iniciar el juego, es necesario completar cada línea con una nueva pregunta. En grupos de tres, pensad en preguntas interesantes, divertidas o curiosas.

¿Has saltado en paracaídas alguna vez? NOMBRE: ¿cuándo? ¿dónde?	**¿Alguna vez has quedado en una cita a ciegas?** NOMBRE: ¿dónde?, ¿cuándo? ¿fue bien? ¿volverías a hacerlo?	**¿Has robado algo alguna vez?** NOMBRE: ¿qué robaste? ¿dónde o a quién? ¿qué pasó después?	
	¿Alguna vez has comido caracoles? NOMBRE: ¿dónde? ¿te gustaron? ¿volverías a hacerlo?	**¿Has odiado a alguien con toda tu alma alguna vez?** NOMBRE: ¿a quién? ¿por qué? ¿cómo terminó la historia?	**¿Has leído algún libro en español?** NOMBRE: ¿cuál? ¿lo entendiste? ¿te gustó?
¿Has tenido alguna mascota exótica? NOMBRE: ¿qué tuviste? ¿cómo lo llamaste? ¿sigues teniéndolo/la?	**¿Has mentido alguna vez para no hacer daño a alguien?** NOMBRE: ¿a quién? ¿qué le dijiste? ¿cómo terminó la historia?		**¿Alguna vez has estado saliendo con dos chicos/as a la vez?** NOMBRE: ¿quiénes? ¿fue una buena experiencia? ¿volverías a hacerlo?
¿Te has enamorado a primera vista alguna vez? NOMBRE: ¿cómo fue? ¿de quién? ¿qué pasó después?		**¿Has encontrado algo valioso alguna vez en la calle?** NOMBRE: ¿qué encontraste? ¿dónde? ¿qué hiciste?	**¿Alguna vez has viajado fuera de tu continente?** NOMBRE: ¿cuándo? ¿dónde?

B. **Ahora ya se puede iniciar el juego. Éstas son las reglas:**

1. Completas una casilla cuando encuentras una persona que conteste que sí a la pregunta. Debes anotar su nombre y su respuesta como prueba.
2. Si completas cuatro casillas de la misma fila, debes gritar *¡Línea!*
3. Si completas todas las casillas, debes gritar *¡Bingo!* Gana la persona que lo consiga antes, sin trampas.

4. ¿ERES UN BUEN ESTUDIANTE?

A. **A continuación tienes un test para saber si tienes buenos hábitos de estudio. Lee las preguntas y completa las respuestas con** *hace, llevo, desde, desde hace* **o** *desde que.*

1. ¿Cuánto tiempo llevas estudiando en la Universidad?

a. _____ tres años estudiando y ya estoy a punto de acabar.

b. _____ mucho tiempo. Ya ni me acuerdo.

c. Ahora _____ dos semestres seguidos yendo a clases, pero en los últimos años he dejado de estudiar muchas veces.

2. ¿Cuándo fuiste por última vez a la biblioteca a estudiar?

a. _____ un rato. He ido antes de venir a clase.

b. _____ un año sin pisar una biblioteca. La última vez me echaron por hablar.

c. _____ varios años. Me concentro mejor en los lugares ruidosos.

3. ¿Desde cuándo no faltas a clase?

a. _____ empecé la Universidad sólo he faltado un par de veces porque estaba enfermo/a.

b. Esta semana sólo he venido a esta clase.

c. Voy a todas las clases _____ una semana. Pero no quiero saturarme, prefiero una semana con clases y otra sin clases.

4. ¿Cuánto hace que no pasas tus apuntes a limpio?

a. _____ poco. Los pasé ayer por la tarde.

b. No los he pasado _____ empezó el curso. Cada fin de semana lo pienso, pero me da pereza.

c. Me gustaría pasarlos, pero escribo en papeles sueltos y no los encuentro. _____ varios meses pensando qué tipo de libreta comprarme: con rayas, cuadriculada, en blanco...

5. ¿Has suspendido alguna vez alguna asignatura?

a. No. _____ empecé la carrera, nunca he sacado menos de un notable.

b. En realidad, _____ un año suspendiendo la mayoría de las asignaturas.

c. _____ tiempo que no me presento a ningún examen porque se me olvida cuándo son o no estudio o me duermo el día del examen...

6. ¿Cuánto tiempo dedicas a preparar un examen?

a. Estudio _____ el primer día de clase.

b. _____ varios años sin estudiar en serio. Me presento al examen y pruebo suerte...

c. Pues depende. Si la asignatura me gusta, estudio _____ me matriculo. Si no, ni siquiera voy a clase.

B. **Haz el test con un compañero y anota sus respuestas.**

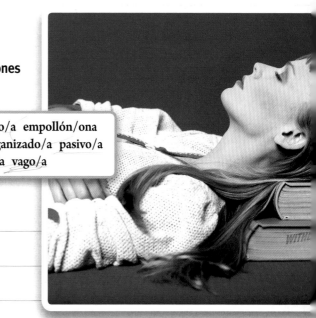

C. **¿Cuál es el perfil de cada tipo de estudiantes? Completa las descripciones con la ayuda de los adjetivos del cuadro.**

> activo/a aplicado/a caprichoso/a confiado/a constante despistado/a empollón/ona
> estudioso/a inconstante irresponsable motivado/a ordenado/a organizado/a pasivo/a
> previsor/-a raro/-a responsable trabajador/-a tranquilo/a vago/a

Mayoría de A: *Si has elegido muchas veces la opción A, eres...*

_____

Mayoría de B: _____

Mayoría de C: _____

A. Una empresa española necesita un profesor para dar clases de inglés a ejecutivos y ha puesto este anuncio en la prensa.

> Empresa española de consultoría estratégica busca profesor de inglés, nativo o bilingüe, con experiencia mínima de dos años, tanto en clases presenciales como en cursos en línea para ejecutivos. Interesados enviar currículum vítae a **straconsult@system.com**

A continuación tienes uno de los currículos que la empresa ha recibido, con su correspondiente carta de presentación. ¿Crees que tiene posibilidades de conseguir el puesto de trabajo?

1 **Eva Marín Prieto**
2 **C/ París 11, 1° 1ª**
3 **24312 Barcelona**   Barcelona, 3 de noviembre de 2005

4 Muy Sres. míos:

5 Me dirijo a Uds. en respuesta al anuncio publicado en *La*
6 *Vanguardia* el 2 de noviembre.

7 Como podrán observar en mi currículum, me licencié en
8 Traducción e Interpretación por la Universidad Pompeu
9 Fabra en 1999 y completé mi formación con un curso de
10 posgrado en Literatura Inglesa (Sydney, 1999-2000) y
11 con un máster en Formación de profesores de inglés como
12 Lengua Extranjera (Barcelona, 2001-2002).

13 Por otra parte, he ejercido como profesora de inglés y
14 español en distintos contextos de enseñanza (reglada y no
15 reglada).

16 Les adjunto mi currículum vítae y quedo a su entera
17 disposición para ampliar la información que éste contiene
18 en una entrevista personal.

19 En espera de sus noticias, les saluda atentamente,

20 Eva Marín Prieto

DATOS PERSONALES
- Nombre y apellidos: Eva Marín Prieto
- Lugar de nacimiento: Barcelona
- Fecha de nacimiento: 11 de octubre de 1975
- Dirección: C/ París 11, 1° 1ª, 24312 Barcelona
- DNI: 26422759
- Teléfono: 629422488
- Correo electrónico: emarin@yahoo.es

FORMACIÓN ACADÉMICA
- **2001-2002** Máster en Formación de profesores de inglés como Lengua Extranjera. Universidad de Barcelona.
- **1999-2000** Curso de posgrado en Literatura Inglesa. Universidad de Sydney (Australia).
- **1994-1999** Licenciatura en Traducción e Interpretación. Universidad Pompeu Fabra (Barcelona).

EXPERIENCIA PROFESIONAL
- **2003-actualidad** Profesora de inglés en el I.E.S Jaume Balmes (Barcelona).
- **2000-2003** Traductora del inglés en el grupo editorial Tangram (Barcelona).
- **1999-2000** Profesora de español en la academia Sancho Panza, Sydney (Australia).

IDIOMAS
- Inglés: nivel muy alto (Proficiency) hablado, leído y escrito.
- Chino: nivel medio.

B. El currículum y la carta de presentación siguen una serie de convenciones que dependen del contexto cultural. Para saber qué reglas sigue un currículum en España, vuelve a leer el anterior y elige la opción correcta.

El currículum vitae es un texto ***breve/de extensión variable*** que consiste en ***una lista de datos clasificados y ordenados cronológicamente/el relato resumido del camino académico y profesional de una persona***. Por ello, como en el caso del currículum que hemos leído, en él no tienen que utilizarse necesariamente ***adjetivos calificativos/verbos en forma personal***. Además de los que aparecen en el currículum del ejemplo, pueden incluirse otros apartados, como ***«conocimientos de informática» y «otros»/ «aficiones», «estado civil» y «otros»***.

C. A continuación tienes las partes que componen una carta de presentación, pero están desordenadas. Ordénalas a partir de la carta de Eva Marín e indica en qué línea(s) se encuentra cada parte.

- ☐ Motivo de la carta ___
- ☐ Fórmula de despedida ___
- ☐ Fecha ___
- ☐ Nombre y firma ___
- ☐ Cualidades que reúne el autor de la carta ___
- ☐ Saludo ___
- ☐ Material adjunto ___

D. La empresa también ha recibido este otro currículum. ¿Quién es el mejor candidato? Discútelo con tu compañero.

1 John Street
2 C/ Garcilaso 21, 2ª 1ª
3 08027 Barcelona

4   Barcelona, 10 de noviembre de 2007

5 Estimados señores:

6 Anexo a la presente encontrarán mi currículum vítae. En
7 caso de que mi formación y experiencia les resulte inte-
8 resante, les agradeceré que mantengamos una entrevista.

9 Saludos cordiales,

10 John Street

DATOS PERSONALES
- Nombre: John Street
- Lugar y fecha de nacimiento: Londres 20/03/1974

FORMACIÓN ACADÉMICA
- **1993-1998** Obtuve la Licenciatura en Económicas por la Universidad de Londres.
- **1998-1999** Obtuve un Máster en Gestión y Dirección de Empresas (Londres).
- **2004-2005** Realicé un curso de reespecialización en Comercio Internacional ESADE (Barcelona).

EXPERIENCIA LABORAL
- **1998-2004** Tuve un cargo de responsabilidad en una empresa internacional de importación y exportación. Londres.
- **2004-2006** He trabajado como profesor particular de inglés.

IDIOMAS
- Inglés: lengua materna.
- Español: nivel medio, oral y escrito.
- Francés: nivel básico.

E. Durante tu estancia en España, necesitas un trabajo a tiempo parcial que te ayude a financiar tus gastos. Busca, entre las siguientes, una oferta de trabajo interesante, y envía tu currículo acompañado de una carta de presentación.

①

Telepizza busca repartidores de pizzas a domicilio

Ofrece:
- Contrato laboral indefinido
- Contrato a tiempo parcial (12-16 horas semanales)
- Alta en la Seguridad Social
- Sueldo fijo + incentivos
- Formación a cargo de la empresa
- Moto de la empresa

Requisitos:
- Mayores de 18 años
- Licencia ciclomotor
- En caso de extranjeros, Permiso de Trabajo
- Disponibilidad de fin de semana

②

Seleccionamos agentes de reservas con idiomas para importante cadena hotelera situada en el centro de la ciudad.

Funciones:
Recepción de llamadas para la gestión integral de las reservas.

Ofrecemos:
- Trabajo en una importante cadena hotelera con posibilidades reales de incorporación y promoción interna.
- Zona de trabajo: centro.

Horario:
- L-V jornada a tiempo parcial o completa en turno de tarde (25, 30 ó 37,5 horas semanales) + 2 días de fin de semana al mes.

Contrato:
- Contrato 3 meses + posterior incorporación a la empresa.
- Posibilidades reales de promoción.

Salario: 7,38 €/hora.

Requisitos:
- Imprescindible nivel alto de inglés + otro idioma europeo (alemán, portugués, francés, etc.).
- Disponibilidad de incorporación inmediata.
- Experiencia previa en atención al cliente, se valorará positivamente si es en sector turístico.

2 Lugares

1. LA CIUDAD A EXAMEN

A. **En grupos de tres personas, responded a esta encuesta sobre la ciudad donde estáis realizando el Erasmus.**

Medios de transporte
– ¿Crees que la ciudad está bien comunicada?
– ¿Cuántos medios de transporte público hay?
– ¿Son eficaces? ¿Y económicos?
– ¿Existen problemas de tráfico? ¿Y de aparcamiento?

Seguridad
– ¿Es una ciudad segura? ¿Está bien iluminada? ¿Hay barrios problemáticos, chabolismo, delincuencia, drogas, marginación social...?

Servicios
– ¿Consideras suficiente el número de guarderías, escuelas e institutos que hay en la ciudad? ¿Y el de hospitales y ambulatorios? ¿Y el de tiendas, supermercados o grandes superficies?

Oferta cultural y de ocio
– ¿Consideras que es amplia la oferta cultural de la ciudad: cines, teatros, conciertos, exposiciones interesantes...?
– ¿Hay muchos lugares de interés turístico: monumentos, museos...?
– ¿Hay polideportivos u otras instalaciones deportivas? ¿Crees que son suficientes?

Medio ambiente
– ¿Se da importancia al reciclaje? ¿Hay contenedores para la recogida selectiva de basura cerca de casa o a más de diez minutos?
– ¿Son altos los niveles de contaminación?
– ¿Hay suficientes zonas verdes?

B. **Ahora escribid las conclusiones a las que habéis llegado para presentarlas al resto de la clase. Podéis usar los siguientes recursos.**

◆ *Creemos que (no), nos parece, en nuestra opinión, pensamos…*
◆ *(No) hay suficiente, hace(n) falta, se necesita(n)*
◆ *Hay mucho/a/os/as, poco/a/os/as, demasiado/a/os/as*

22 Destino Erasmus

C. **Las siguientes palabras están relacionadas con la ciudad. Clasifícalas en los ámbitos que se ofrecen.**

edificios altos	tiempo libre	periferia	ancianos	diversión
bancos	(des)igualdad social	centro	tranquilidad	tráfico
estrés	inseguridad	escuelas	densidad de población	jóvenes
rapidez	parques	institutos	comercios	tribus urbanas
contaminación	industrialización	transporte urbano	hospitales	museos

Población	Estilo de vida	Servicios	Urbanismo	Problemas

D. **Elige seis de estas palabras y escribe una definición del concepto de ciudad.**

2. LA CIUDAD IDEAL

A. **Las ciudades siguientes destacan por algún dato curioso. Relaciona las dos columnas.**

Amsterdam (Holanda) **a**

Ciudad de México (México) **b**

Bolonia (Italia) **c**

Zamora (España) **d**

Barcelona (España) **e**

Londres (Gran Bretaña) **f**

Vitoria (España) **g**

Sevilla (España) **h**

Nueva York (EE. UU.) **i**

Dubai (Emiratos Árabes) **j**

Bangkok (Tailandia) **k**

1 Es la capital europea con más kilómetros de playa: más de cuatro.

2 Tiene la calle con los alquileres comerciales más caros del mundo.

3 Es la primera localidad del mundo con cobertura global de internet sin cables.

4 Es la metrópoli más cara de Europa.

5 Es la ciudad española que cuenta con más metros cuadrados de grandes superficies comerciales por habitante.

6 Esta ciudad la transitan 550 000 bicicletas.

7 Aquí se ubica la Universidad más antigua del mundo.

8 Es la ciudad española donde más barato resulta usar el transporte público.

9 Cuenta con el hotel más lujoso y caro del mundo, el único con siete estrellas. La habitación cuesta entre 2 000 y 9 000 euros.

10 Está considerada como la más caótica y con peor tráfico del mundo.

11 Tiene el dudoso honor de ser la ciudad más contaminada del mundo.

B. **¿Cómo es una ciudad ideal? En parejas, pensad qué cualidades debe poseer una ciudad para ser ideal.**

C. **Lee el texto «La ciudad ideal» y decide si, de acuerdo con la información que da, son verdaderas o falsas las siguientes afirmaciones.**

☐ 1. Si existe una sociedad ideal, existe una ciudad ideal.

☐ 2. Existen ciudades que son sólo parcialmente ideales.

☐ 3. Todo el mundo sueña con irse a vivir a Zúrich.

☐ 4. A algunas personas no les gustaría vivir en un lugar donde siempre es primavera.

☐ 5. El tamaño ideal de una ciudad es aquel que permite ir del centro a cualquier punto de la ciudad en un poco más de tres cuartos de hora.

☐ 6. Si tiras un papel al suelo en Estocolmo, te pueden poner una multa.

☐ 7. Barcelona ha robado la capitalidad del diseño a Milán.

LA CIUDAD IDEAL

Aunque cada uno tiene su propia opinión acerca de cuál es o cómo debería ser la ciudad ideal, es prácticamente seguro que, a la hora de elegirla, coincidiríamos en pedirle un clima agradable, hospitalidad, espíritu progresista, una oferta cultural y de ocio interesante, buenas comunicaciones, ausencia de delincuencia, viviendas asequibles... Aunque este lugar probablemente no existe, sí hay urbes que cumplen con alguna parte de esta utopía. Si pudiésemos componer un puzzle con todas ellas, tendríamos algo bastante parecido a la ciudad perfecta.

Lo cuenta el arquitecto mexicano Jorge Legorreta: «Se dice que las ciudades son expresiones de su propia sociedad. Y no hay una ciudad ideal porque no hay sociedad ideal». Cada individuo experimenta la ciudad como una vivencia personal. El enamorado de París pasa por alto que sea una de las más caras del mundo; quien sueña con vivir en Roma corre un tupido velo sobre el mal estado de conservación de sus viviendas; y quien considera a Nueva York la perfecta, ve más allá de su inhumanidad. La ciudad ideal es difícil de medir porque los sueños y los deseos son inmensurables. Si no fuese así, todos soñaríamos con irnos a vivir a Zúrich. Y no es el caso. Como en el amor, cuando idealizamos una ciudad, las razones del corazón tienen más peso que las que aportan los datos objetivos.

MONUMENTALIDAD
Roma

Puede ser caótica, pero lo cierto es que es la mayor ciudad-museo y cuenta con una vitalidad de la que pocas urbes pueden presumir. El Ayuntamiento tiene inventariados en total más de mil cien bienes histórico-artísticos de su propiedad y, aunque **no dé abasto** para mantenerlos todos en forma, la oferta monumental supera a la de cualquier otra ciudad.

LIMPIEZA
Estocolmo

Aunque no llega a los extremos de Singapur, donde comer chicle está prohibido y si tiras un papel al suelo te puede caer una multa de 500 euros, Estocolmo es la ejemplificación perfecta de la limpieza urbana. No sólo sus calles están impolutas, sino que incluso la gente se baña y pesca, tan campante, en el centro mismo. Sus niveles de contaminación, la eficiencia de sus sistemas de alcantarillado y tratamiento de basuras son de los mejores del mundo.

CLIMA
Las Palmas de Gran Canaria

¿A quién no le gustaría vivir en una ciudad donde siempre es primavera? No es una apreciación subjetiva. En un estudio realizado por la Universidad de Syracusa, se afirma **taxativamente** que la ciudad de Las Palmas de Gran Canaria es la que goza del mejor clima del mundo. Su situación, el efecto de la corriente marina y la acción de los vientos suavizan el calor veraniego y dulcifican los inviernos, lo cual da como resultado una temperatura media anual de 22º C.

CALIDAD DE VIDA
Zúrich

El puesto número uno en lo que se refiere a calidad de vida es para la ciudad suiza. Para llegar a tal conclusión se **han tenido en cuenta** aspectos tan diversos como: estabilidad política, índices de criminalidad, cumplimiento de la ley, servicios bancarios, censura, servicios médicos, contaminación del aire, tratamiento de basuras, enfermedades infecciosas, alcantarillado, calidad de la enseñanza, servicios públicos y transporte, ocio y oferta cultural, automóviles, vivienda e incluso desastres naturales. Eso sí: muchos de sus habitantes se quejan de lo aburrida que es.

VIVIENDA
Montreal

TAMAÑO
Salamanca

Aunque hay opiniones para todos los gustos, las dimensiones idóneas de una urbe son aquellas que permiten llegar desde el centro hasta cualquier punto de la misma en un tiempo no superior a tres cuartos de hora de caminata. Salamanca, con 175.000 habitantes, se convierte en modelo en lo que a tamaño se refiere. Cuenta además con la ventaja de una población muy joven, formada por 40.000 estudiantes universitarios, que proporcionan gran dinamismo a sus calles, tanto de día como de noche.

ESTÉTICA
Barcelona

El crítico de arte Paul Goldberger ha incluido la capital catalana entre las 50 maravillas del mundo moderno y, aunque la capitalidad mundial del diseño sigue teniéndola Milán, sí es cierto que Barcelona tiene una vocación muy extendida por la estética, lo moderno y la innovación. Los espacios públicos, las infraestructuras, la moda, los escaparates, los edificios, las tiendas, las discotecas y hasta las páginas web creadas en Barcelona participan de ese gusto por la apariencia más «fashion».

Por algo más de 90.000 euros, en la capital canadiense se puede comprar una vivienda de 111 metros cuadrados con tres dormitorios, dos baños, terraza y una **parcela** de 273 metros cuadrados. El alquiler o la compra de casas y apartamentos es asequible en todas las zonas, incluido el centro. Para redondear tanta perfección, resulta que Montreal es uno de los principales centros culturales de América del Norte y que el acceso a los grandes paisajes naturales es particularmente fácil desde la ciudad.

Magazine de *El Mundo* (adaptado), abril, 2003.

D. Aun sin ser ideales, todas las ciudades tienen su encanto. ¿Qué crees que podría aportar tu ciudad para formar parte de ese puzzle del que se habla en el texto? ¿Cambiarías alguna de las ciudades de las que se habla por otra que conoces?

3. ELEGIR UNA CIUDAD

A. Marcos, María y Lucas son tres estudiantes que van a realizar una estancia Erasmus. En un programa de radio les han preguntado qué tipo de ciudad buscan y en qué se fijan para tomar su decisión. Escucha y completa el cuadro con su información.

	¿Qué estudia?	¿Cómo es?	¿Qué le gusta?
Marcos			
María			
Lucas			

B. Teniendo en cuenta la información anterior, ¿con cuál de los tres estudiantes relacionarías las siguientes frases? Justifica tu respuesta.

Una ciudad que sea cosmopolita.

Una ciudad en la que haya medios de transporte económicos y no contaminantes.

Una ciudad que tenga una bolsa de alquiler para jóvenes.

Una ciudad en la que se celebren festivales de cine independiente.

C. ¿Cuál de las ciudades del texto sería la mejor para Marcos, Lucas y María? Coméntalo con tus compañeros.

◆ *Bueno, como a María le interesa mucho el arte, y busca una ciudad en la que haya mucha oferta cultural… yo creo que podría ir a Berlín.*
▼ *Sí, tienes razón, aunque también podría ir a…*

Usos del verbo *SER*

	Persona ¿Quién/Qué es?	**Cosa** ¿Qué es?	**Actividad** ¿Qué/Dónde/Cuándo es?
Clasificación	soy Ana (identidad) soy una mujer (clase) soy barcelonesa/de BCN (procedencia) soy abogada (profesión) soy del partido/comunista (ideología)	es una silla (clase de objeto) es de metal/metálica (materia) es para sentarse (utilidad) es de Juan/suya (poseedor)	es caminar es una excursión es deporte es en el Montseny es para estar en forma es el lunes a las 8:oo h.
Cualidades valoración	soy famosa, divertida soy alta, morena, joven **soy buena (persona-abogada)** (valoración)	es cómoda, funcional, bonita es pequeña, nueva, barata **es buena/mala para la espalda** (valoración)	es divertida, es cansada es larga, es obligatoria es conveniente **es buena para la salud** (valoración)

Usos del verbo *ESTAR*

	¿Dónde está? / ¿Cómo está?	
	Persona	**Cosa**
Situación	estoy en la habitación (lugar) estoy de pie (posición) estoy bebiendo (acción en transcurso) estoy de mal humor, aburrida (estado de ánimo) estoy enferma (problemas físicos) **estoy bien/mal**	está en la habitación (lugar) está junto a la pared (lugar) está nueva (estado físico) está pintada de gris **está bien/mal**

Combinaciones gramaticales de *SER* y *ESTAR*

	Nombre propio Pronombre	Nombre	Adjetivo	Preposición	Participio	Adverbio
es	Carlos él	un hombre médico	abierto/limpio guapo/nuevo	de BCN para planchar	divertido/aburrido	~~bien/mal~~
está	~~Carlos~~ ~~él~~	~~un hombre~~ ~~médico~~	abierto/limpio guapo/nuevo	en casa/con Juan de fiesta/por ahí	cansado/aburrido sentado/tumbado	bien/mal cerca/lejos

ADJETIVOS QUE SE COMBINAN CON *SER* Y *ESTAR*

- Luis está muy guapo con esa camisa, ¿no crees?
- ¡Qué moreno estás!
  Te has pasado el verano en la playa, ¿no?

> Las propiedades expresadas normalmente con ser (ser guapo, ser moreno) pueden expresarse con estar sin cambiar su significado. Con el verbo ser se interpretan como propiedades que caracterizan al individuo; con el verbo estar se interpretan como propiedades de la situación en la que el individuo se encuentra.

Describir			Cómo está (cómo le afecta la situación)	
Clasificar	**Asignar propiedades**			
Es médico	**Es** guapo	**Está** guapo	**Está** abierto	**Está** sentado/de pie
Es un viejo	**Es** rubio	**Está** rubio	**Está** limpio	**Está** desnudo
Es de plata	**Es** nuevo	**Está** nuevo	**Está** aburrido	**Está** enfadado

- Se dice que los sevillanos son muy abiertos.
- Se dice que los habitantes del norte son muy limpios.

> Las propiedades expresadas normalmente con estar (estar abierto, estar limpio) se expresan con el verbo ser en muy pocas ocasiones. En esos casos, se produce un cambio de significado.

Estar	Ser
(experimenta la sensación)	**(causa la sensación)**
Helena **está aburrida**	El libro **es** aburrido
Helena **está entretenida**	El libro **es** entretenido
Susana **está cansada**	Caminar **es** cansado
María **está molesta**	Ese ruido **es** molesto
María **está violenta**	María **es** violenta

Estar	Ser
(propiedad de la situación)	**(propiedad del individuo)**
El piso **está limpio**	Marcos **es** limpio
El pantalón **está sucio**	Su juego **es** sucio
La puerta **está abierta**	Ana **es** abierta
La puerta **está cerrada**	Ana **es** cerrada
Jesús **está despierto**	Jesús **es** despierto
El niño **está vivo**	El niño **es** vivo
La niña **está lista**	La niña **es** lista
El estudiante **está atento**	El estudiante **es** atento

*La chica **está aburrida** porque el chico **es** aburrido.*

ORACIONES DE RELATIVO

*una ciudad de la costa /mediterránea / **[que tiene un millón de habitantes]*** oración de relativo
*un coche de 4 puertas /amarillo / **[que corre mucho]*** oración de relativo
*una chica de ojos negros /morena / **[que estudia Económicas]*** oración de relativo

> Las oraciones de relativo sirven para describir un nombre (objeto, persona, lugar...).

INDICATIVO Y SUBJUNTIVO EN LAS ORACIONES DE RELATIVO

Este es un exprimidor del diseñador Philippe Starck,

que combina la sencillez con la elegancia.
que imita la forma de una araña estilizada.
que sirve como objeto decorativo.
que es muy caro.

> **Se usa el indicativo para describir las características de un elemento específico, conocido por el hablante.**

Necesito un exprimidor nuevo,

☑ **que funcione** con electricidad.
☑ **que ocupe** poco espacio en la cocina.
☑ **que** se limpie con facilidad.
☑ **que sea** muy barato.

> **Se usa el subjuntivo para describir los requisitos que debe cumplir un elemento inespecífico, no conocido por el hablante.**

RELATIVOS CON PREPOSICIÓN: *CON LA QUE, CON QUIEN, POR LA QUE, DESDE EL QUE...*

◆ *¿En qué ciudad española estuviste?*

▼ *A ver si lo adivinas. Es una ciudad que está en el norte, por la que pasa un río muy grande. Es una ciudad en la que hay monumentos de origen romano, cristiano y musulmán. Es famosa por la Basílica del Pilar, a la que van muchos peregrinos cada año. ¿Sabes ya cuál es?*

> **Los relativos están introducidos por una preposición si en la oración de relativo la preposición es necesaria.**

El bolígrafo es azul + escribo **con** el bolígrafo

El bolígrafo [**escribo con el bolígrafo**] es azul

El **bolígrafo** [escribo con el que] es azul

El bolígrafo [con el que escribo ◯] es azul

a	lo envié a la persona	la persona [a la que lo envié]
con	escribo con el objeto	el objeto [con el que escribo]
contra	lucho contra la idea	la idea [contra la que lucho]
de	hablar del tema	el tema [del que hablo]
desde	miro desde el lugar	el lugar [desde el que miro]
hacia	camino hacia el lugar	el lugar [hacia el que camino]
hasta	espero hasta la hora	la hora [hasta la que espero]
en	pienso en la historia	la historia [en la que pienso]
entre	lo dejo entre las cosas	las cosas [entre las que lo dejo]
para	lo hago para el objetivo	el objetivo [para el que lo hago]
por	lo hago por el motivo	el motivo [por el que lo hago]
sin	escribo sin el objeto	el objeto [sin el que escribo]
sobre	lo dejo sobre el lugar	el lugar [sobre el que lo dejo]
tras	lo encontré tras la cosa	la cosa [tras la que lo encontré]
Ø	hemos visto Ø la cosa	la cosa [Ø que hemos visto]

1. CIUDADES ESPAÑOLAS

A. Las siguientes imágenes representan tres ciudades españolas: Valencia, Barcelona y Granada. ¿Sabes a qué ciudad corresponde cada imagen?

B. Describe la localización y las características de cada ciudad usando la siguiente información y los verbos SER y ESTAR.

al noreste de Madrid	cosmopolita	pequeña
ruidosa	a 621 km de Madrid	cerca de las montañas
progresista	la capital de la Comunidad Valenciana	tranquila
cristiana y musulmana	luminosa	a 434 km de Madrid
fría en invierno	de moda	famosa por la fiesta de las Fallas
en el este de la Península	a unos 350 km de Madrid	frente a las islas Baleares
en la costa mediterránea	en el interior	en el sur
grande	muy dinámica	

C. Sin contar la tuya, ¿cuál es la ciudad de tu país que te gusta más? Escribe una pequeña descripción y cuéntasela a tus compañeros.

◆ *Aparte de París, la ciudad francesa que más me gusta es Tours. Es una ciudad pequeña, que está muy cerca de...* .

2. ESTEREOTIPOS

A. De acuerdo con un informe reciente del CIS (Centro de Investigaciones Sociológicas), los tópicos sobre diferentes comunidades autónomas siguen vigentes en la sociedad española. ¿A quién se refieren los siguientes estereotipos?

Son alegres, graciosos, juerguistas, charlatanes y hospitalarios. **a**

Son cerrados, supersticiosos, cariñosos, desconfiados y sencillos. **b**

Son chulos, abiertos, orgullosos, hospitalarios y alegres. **c**

Son fuertes, brutos, violentos y nobles. **d**

Son nobles, testarudos, brutos, honrados y generosos. **e**

Son serios, nobles, austeros, honrados y hospitalarios. **f**

Son tacaños, independientes, orgullosos, emprendedores y cerrados. **g**

1 Vascos
2 Madrileños
3 Gallegos
4 Catalanes
5 Castellanos
6 Aragoneses
7 Andaluces

◆ *Los andaluces son graciosos y juerguistas, y eso no es un tópico: yo tengo un amigo sevillano que es exactamente así; es muy bromista, no para de hablar y nos reímos mucho con él.*

B. ¿Existen tópicos sobre los habitantes de tu región? ¿Estás de acuerdo con ellos? Coméntalo con tus compañeros.

◆ *En mi país dicen que la gente del sur es más conservadora y también tiene fama de ser menos trabajadora, pero yo no sé si es verdad.*

3. ¿Qué tal? ¿Dónde estás?

A. A lo largo del día, Vanessa recibe diferentes llamadas a su teléfono móvil. Escucha las conversaciones y completa el cuadro.

	¿Dónde está?	¿Qué está haciendo?	¿Cómo se siente?
1ª llamada			
2ª llamada			
3ª llamada			

B. Vuelve a escuchar las conversaciones y apunta qué dice Vanessa para realizar las siguientes acciones.

1. Responder al teléfono: _____
_____

2. Justificarse: _____
_____

3. Posponer la conversación: _____
_____

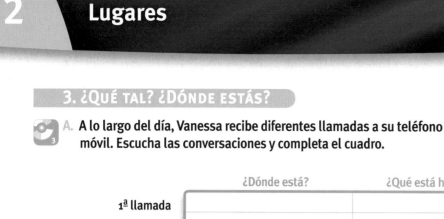

C. Vamos ahora a simular una conversación telefónica. Para prepararte, imagina dónde estás, qué estás haciendo y cómo te sientes. Después, con un compañero, representa la situación.

4. ¿Es bueno, está bueno, está bien?

A. ¿Con qué ciudad española relacionas las imágenes?

① ② ③

B. Indica a cuál de las tres imágenes hacen referencia las valoraciones que tienes a continuación.

___ 1 Está buenísimo... ¡Qué cuerpazo!
___ 2 Está bueno. ¿Quieres un poco?
___ 3 Sus compañeros dicen que no es muy bueno...
___ 4 Es muy bueno. Uno de los mejores de su autor.
___ 5 Sabe raro. Yo creo que está malo.

___ 6 Desde hace un tiempo está triste. Yo creo que está mal.
___ 7 Sí, está bien, pero a mí no me dice nada...
___ 8 Es muy bueno para situarse en la época.
___ 9 A pesar de la cara de ángel, yo creo que es malo.

C. El significado de estas palabras depende de su contexto. Relaciona las frases anteriores con los significados de la tabla.

	Ser bueno / malo	Estar bueno / malo	Estar bien / mal
Persona	buena / mala persona buen / mal profesional	sano / enfermo atractivo	sano / enfermo animado / desanimado
Cosa	buena / mala calidad beneficioso / perjudicial	buen / mal sabor buen / mal estado	correcto / incorrecto

5. REDECORA TU CIUDAD

A. El ayuntamiento de la ciudad española donde estás realizando tu beca Erasmus ha convocado un concurso para mejorar el mobiliario urbano. En grupos de tres, tenéis que presentar una propuesta de mejora de tres de estos objetos. Elegidlos.

- bancos
- papeleras
- fuentes
- farolas
- semáforos
- aparcamientos para bicicletas
- quioscos
- señales

B. Antes de realizar vuestra propuesta tenéis que describir cómo son y en qué estado se encuentran los objetos de mobiliario urbano que habéis seleccionado. Para ello, os resultarán útiles las siguientes expresiones.

color	tamaño	forma	estilo	ubicación	estado
oscuro/a claro/a plateado/a metalizado/a llamativo/a brillante	grande pequeño/a mediano/a desproporcionado/a minúsculo/a	redondo/a cuadrado/a rectangular ovalado/a triangular	moderno/a clásico/a vanguardista rústico/a tradicional	encima debajo detrás sobre ...	limpio/a sucio/a cuidado/a descuidado/a oxidado/a viejo/a nuevo/a pintado/a roto/a estropeado/a destrozado/a

C. Ahora ya podéis realizar vuestra propuesta: tenéis que pensar qué características queréis que tengan los objetos que habéis seleccionado.

◆ *Yo quiero semáforos que sean mucho más vanguardistas. Por ejemplo, no me gustan los dibujos que hay ahora, quiero dibujos que sean más simpáticos, como dibujos de cómic.*

▼ *Sí, sí, eso está bien, estilo cómic.*

D. Presentad vuestra propuesta al resto de la clase.

Nosotros hemos trabajado los semáforos, las señales y los quioscos.
Los semáforos que hay en Segovia son muy aburridos...

1. DE BARES

A. **La *Guía del Ocio* ofrece la descripción de varios bares de la ciudad. A continuación tienes los textos correspondientes a dos de ellos.**

Casa Almirall

Joaquín Costa, 33
Horario: abierto todos
los días de la semana de 19 a 3 h.

El rótulo de *Casa Almirall*, de vidrio pintado, nos dice que fue fundada por la familia Almirall en el año 1860. El local, una taberna, contaba con dos partes diferenciadas: **por un lado**, la taberna propiamente dicha; y, **por otro**, la parte trasera, que era utilizada como bodega.

De la decoración original, se han mantenido intactos básicamente la puerta, el mostrador, el aparador y las lámparas, de inspiración modernista. **Asimismo**, en uno de los extremos de la barra destaca una escultura de una figura femenina, que es la imagen de la musa de la Exposición Universal de Barcelona celebrada en 1888. **Finalmente**, hay que prestar atención a la parte superior de la pared, en la que se ha mantenido una guirnalda pintada de colores vivos que debía de pertenecer a la decoración original del edificio.

Igual que la taberna original, el establecimiento actual cuenta también con dos partes diferenciadas: una primera sala con las mismas mesas tipo velador (redondas, de mármol y con un único pie) que se encontraban en todos los establecimientos de aquel entonces, y un segundo espacio, más íntimo que el anterior, separado por una mampara de vidrio, con luz suave y butaquitas. En la ambientación musical destacan tanto el jazz clásico, moderno y de vanguardia, como una gran variedad de estilos de la mejor música instrumental moderna.

En definitiva, la *Casa Almirall* es un local adecuado para gente de todas las edades, para tomar una copa o un tentempié (su especialidad son las anchoas). Esporádicamente, también se celebran actividades culturales, como ciclos de cine mudo o tertulias. Es un agradable punto de encuentro hacia el atardecer; en cambio, hacia la madrugada tiende a animarse, aunque siempre se puede encontrar un lugar más recogido en el interior.

Noise i Art
Carrer del Topazi, 26
Horario: abierto ma-ju de 18 a 2:30 h.; v. y s. de 20 a 3 h.; d. de 18 a 1.30 h.

Con tres años de trayectoria en la noche barcelonesa, *Noise i Art* está ubicado en el barrio de Gràcia, pero recibe gente de todos los puntos de la ciudad condal para el aperitivo, para cenar, para tomar una copa o para disfrutar de las fiestas temáticas de estilo retro.

Para empezar, *Noise i Art* recomienda cenar el *cous-cous* casero de pollo y verduras o las ensaladas, que pueden acompañarse con una selección de vinos locales y argentinos bien elegidos y asequibles. Y de postre, helado de chocolate con gelatina de menta. El precio medio por persona no es tan elevado como cabría esperar: ronda los 23 euros todo incluido.

En segundo lugar, después de una buena cena, conviene pasar a un lugar donde se pueda estar sentado cómodamente y bailar hasta la madrugada. A partir de la medianoche, *Noise i Art* se convierte en bar de copas y zona de baile. El ambiente resulta cómodo y divertido, con dj's los fines de semana y proyecciones de vídeos musicales e imágenes que van desde el vídeo arte a series míticas de los años 80.

La decoración es muy colorida y las luces cálidas ayudan a dar marcha atrás en el tiempo hasta las paredes de papel pintado, los discos de vinilo, los superhéroes y los estampados pop. La música oscila entre, **por una parte**, grandes éxitos de los 80; y, **por otra**, *lounge* y música electrónica. **Además**, de tanto en tanto, se celebran fiestas temáticas y conciertos de flamenco; y, próximamente, espectáculos de danza oriental y exposiciones.

En suma, *look* retro, música de los años 80, vídeos musicales, series de la época y buena compañía.

B. **Cada local tiene su propio «carácter». Con la información de los textos, completad en grupos la tabla que os permitirá caracterizar las principales similitudes y diferencias entre el *Casa Almirall* y el *Noise i Art*.**

	Casa Almirall	Noise i Art
HORARIOS		
DECORACIÓN		
MÚSICA / AMBIENTE		
COMIDA / BEBIDA		
OTROS ASPECTOS	*Local con historia*	*Local nuevo*

C. **Para comparar los dos bares pueden ser útiles las expresiones comparativas que aparecen subrayadas en los textos. Completa antes el siguiente cuadro con esas expresiones y con otros recursos comparativos que tú conozcas.**

Para expresar igualdad entre los elementos comparados	*Igual que…*
Para expresar diferencia o contraste entre los elementos comparados	*En cambio…*

Ahora utilizad la información del cuadro B y las expresiones del cuadro C
para comparar los dos bares.

= **Tanto** Casa Almirall *como* Noise i Art *están bien comunicados, aunque el primero es más céntrico.*

≠ Casa Almirall *es un local con historia, fundado en la segunda mitad del siglo XIX.* **En cambio,**
el Noise i Art *es un local bastante nuevo en la ciudad: sólo lleva tres años en Barcelona.*

D. **¿A cuál de los dos bares irías una noche con tus amigos? Comenta ahora con tus
compañeros cuál de los dos locales preferirías para salir de fiesta y por qué.**

**¿Existe algún local parecido en tu país? ¿Qué diferencias has detectado
entre los bares españoles y los bares de tu país?**

◆ *Los bares de mí país son, en general,* **igual de** *caros que los españoles,
pero hay* **más** *variedad de cócteles* **que** *aquí.*

2. ORDENADORES DEL DISCURSO

A. **Los marcadores destacados en negrita son *ordenadores del discurso*. Se llaman así porque
sirven para ordenar, enumerar y distribuir la información en el texto. Completa el siguiente
cuadro con los marcadores que aparecen en el texto. ¿Puedes añadir alguno más?**

De apertura	⋯⋗	*Por un lado,* _____
De continuidad	⋯⋗	*Por otro,* _____
De cierre	⋯⋗	*Finalmente,* _____

B. **Uno de los aspectos que recientemente han suscitado más polémica acerca de los locales
nocturnos ha sido si debería o no poderse fumar en ellos. Con un compañero que comparta
tu postura al respecto, redactad un pequeño texto exponiendo tres o cuatro argumentos que
avalen vuestra opinión y ordenadlos empleando ordenadores del discurso.**

◆ *Consideramos que sí debería poderse fumar en los locales nocturnos
por una serie de motivos. En primer lugar,…*

3. VIVIR LA NOCHE EN ESPAÑA

A. **Has decidido crear un *blog* sobre tu experiencia en España. Una de las secciones se
llama *Vivir la noche en España*. Escribe para esa sección una breve descripción
(de entre 150 y 200 palabras) de un lugar de ocio de la ciudad en la que estás disfrutando
de la beca Erasmus. Puedes tratar los siguientes aspectos.**

- Ubicación
- Horarios
- Clientes
- Tipo de local: *bar karaoke, lounge bar, discoteca,
  bar musical, local de ambiente...*
- Distribución del espacio: *sala, ambiente,
  cortinas, mampara...*
- Dimensiones: *grande, pequeño, amplio, reducido...*
- Iluminación: *tenue, cálida, lámparas, focos, claro, oscuro...*

- Ambiente: *relajado, distendido, formal,
  sofisticado, familiar...*
- Mobiliario: *sofás, butacas, taburetes, barra,
  mostrador, pista de baile...*
- Decoración: *tarima, humo, alfombras, tapizados, pósteres...*
- Precios: *ajustado, barato, caro, abusivo...*
- Consumiciones: *canapés, tapas, aperitivo, cócteles, cubatas,
  chupitos, cañas...*

3 Relatos

A. **Completa este cuestionario sobre hábitos de lectura. En algunas preguntas, puedes marcar más de una opción.**

1. ¿Con qué frecuencia lees?
- ☐ Un libro a la semana.
- ☐ Un libro al mes.
- ☐ Dos o tres libros al año.
- ☐ El periódico todos los días.
- ☐ El periódico los fines de semana.
- ☐ Todas las semanas alguna revista.

2. Los libros que lees...
- ☐ Los coges prestados de la biblioteca.
- ☐ Te los compras.
- ☐ Te los deja alguien.

3. ¿Qué tipo de libros lees?
- ☐ Cómic. ☐ Novela. ☐ Ensayo.
- ☐ Poesía. ☐ Relato.

4. En tu infancia leías sobre todo...
- ☐ Cómics.
- ☐ Libros para niños.
- ☐ Libros de aventuras.
- ☐ Libros de adultos.
- ☐ Otros: _____

5. ¿Relees libros?
- ☐ Sí, muchas veces.
- ☐ Sí, lo he hecho alguna vez.
- ☐ No, no lo he hecho nunca.

6. ¿Has dejado algún libro a medias?
- ☐ Sí, muchas veces.
- ☐ Sí, algunas veces.
- ☐ No, nunca, no puedo dejar nada sin acabar.

7. ¿Qué prefieres: el libro o la película?
- ☐ Sin duda, el libro.
- ☐ Las dos cosas.
- ☐ La película.

8. La última novela que has leído es...

_____

9. Un autor al que eres aficionado/a es...

_____

10. ¿Conoces el nombre de algún escritor español?

_____

B. **En pequeños grupos, comparad vuestras respuestas.**

C. Éstas son las sinopsis de cuatro libros de estilos diferentes. ¿Cuál te parece más interesante? Comenta tu elección con un compañero.

El Quijote Miguel de Cervantes Saavedra

Cada época ha leído esta obra de forma distinta: en su tiempo fue un libro esencialmente cómico, pero el Romanticismo lo convirtió en la novela por excelencia, que plantea el enfrentamiento entre lo ideal y lo real. Sea cual sea su lectura, es una obra maestra de la literatura universal por su armonía y por la belleza de su estilo, por las descripciones y la acertada pintura de caracteres.

Cuatro amigos David Trueba

Detrás del desmadrado viaje de vacaciones de cuatro amigos veinteañeros, se esconde una historia de amor. El protagonista, Solo, se suma a la juerga continua de sus compañeros tratando de huir del recuerdo de Bárbara, pero cada paso lo acerca más a ella. La exaltación de la libertad, de la juventud, de la adolescencia eterna termina por recordarles que todo se acaba, que tras las carcajadas asoman las frustraciones.

Sin city 1 Frank Miller

Sin City es la ciudad del pecado, donde sólo los más duros pueden sobrevivir. El duro adiós, la primera de las historias ambientadas en esta sórdida ciudad, presenta a los personajes más carismáticos de la serie: Marv, un criminal en libertad condicional; Nancy, la bailarina más bella de la ciudad; Roark, un jefe mafioso.

Tinto de verano Elvira Lindo

Este libro es la irónica crónica de un agosto de tintos de verano, escrita con muchísimo humor. Elvira Lindo juega con fuego y simula que escribe sobre sí misma, sobre su «santo» y la vida cotidiana durante las somnolientas tardes de verano en un pequeño pueblo de vacaciones.

D. ¿Te gustan los crucigramas? Aquí tienes uno para completar con vocabulario de diferentes aspectos de la literatura. ¿Sabes a qué palabra corresponde cada definición? Al final, tienes todas las palabras que necesitas, sólo tienes que ordenarlas.

Horizontales

1. Colección o recopilación de piezas destacadas de literatura (de un género literario, de un autor...).
2. Obra literaria en prosa en la que se narra una historia real o ficticia. Su finalidad es causar placer estético a los lectores.
3. En una obra literaria es quien cuenta lo que sucede.
4. Género de obras literarias o cinematográficas, en que el contenido se basa no en hechos reales, sino en hipotéticos avances científicos y técnicos del futuro.
5. Escrito en el cual un autor desarrolla sus ideas. Así se denomina también al género literario al que pertenece este tipo de escritos.
6. Persona que compone obras poéticas.
7. Breve relato ficticio, en prosa o verso, con intención didáctica, en el que pueden intervenir personas, animales y otros seres animados o inanimados.

Verticales

1. División que se hace en los libros y en cualquier otro escrito que facilita el orden y la lectura de la obra.
2. Parte final de una obra dramática, narrativa o cinematográfica donde se resuelve la trama.
3. Resumen del asunto o los hechos principales de que trata una obra.
4. Forma de expresión que no es el verso.

5. Autor de obras teatrales.
6. Personaje principal de la acción en una obra literaria o cinematográfica.
7. Palabra o frase con que se da a conocer el nombre o asunto de una obra.

antología, argumento, capítulo, ciencia ficción, desenlace, dramaturgo, ensayo, fábula, narrador, novela, poeta, prosa, protagonista, título.

2. RELATOS BREVES

A. Las historias breves tienen cada vez más seguidores, tanto en el cine como en la literatura. A continuación, te presentamos los títulos de tres relatos breves de dos autores hispanoamericanos, A. Monterroso y M. Benedetti. Imagina de qué trata cada relato.

El Dinosaurio

La tela de Penélope, o quién engaña a quién

Su amor no era sencillo

B. Lee ahora los relatos y comprueba tus hipótesis. Comentad si os han gustado y por qué.

Los detuvieron por atentado al pudor. Y nadie les creyó cuando el hombre y la mujer trataron de explicarse. En realidad, su amor no era sencillo.

Él padecía claustrofobia, y ella, agorafobia. Era sólo por eso que fornicaban en los umbrales.

M. Benedetti, *Despistes y franquezas*

Cuando despertó, el dinosaurio todavía estaba allí.

A. Monterroso, *Obras completas (y otros cuentos)*

Hace muchos años vivía en Grecia un hombre llamado Ulises (quien a pesar de ser bastante sabio era muy astuto), casado con Penélope, mujer bella y singularmente dotada cuyo único defecto era su desmedida afición a tejer, costumbre gracias a la cual pudo pasar sola largas temporadas.

Dice la leyenda que en cada ocasión en que Ulises con su astucia observada que a pesar de sus prohibiciones ella se disponía una vez más a iniciar uno de sus interminables tejidos, se le podía ver por las noches preparando a hurtadillas sus botas y una buena barca, hasta que sin decirle nada se iba a recorrer el mundo y a buscarse a sí mismo.

De esta manera ella conseguía mantenerlo alejado mientras coqueteaba con sus pretendientes, haciéndoles creer que tejía mientras Ulises viajaba y no que Ulises viajaba mientras ella tejía, como pudo haber imaginado Homero, que, como se sabe, a veces dormía y no se daba cuenta de nada.

A. Monterroso, *La oveja negra y demás fábulas.*

C. Los textos literarios no son siempre fáciles de comprender debido a distintos factores: el vocabulario, las referencias culturales, la complejidad de las frases, etc. En grupos, comentad qué texto habéis considerado más difícil de comprender y señalad por qué.

◆ *Para mí, el más difícil de entender ha sido…*

▼ *Sí, para mí también… / Pues, en cambio para mí…*

D. **Es imposible conocer todas las palabras de una lengua.** En nuestra propia lengua, deducimos el significado de palabras desconocidas usando diferentes técnicas: el conocimiento del tema, el contexto (lo que viene antes y después) y la forma de las palabras (si se trata de un nombre, un verbo, etc., o su relación con otra/s palabra/s). **Elige diez palabras desconocidas de los textos anteriores, intenta deducir su significado y compruébalo con ayuda del diccionario.**

Palabra nueva	Mi hipótesis	Técnica empleada	El diccionario

3. RELATOS CONVERSACIONALES

A. Los relatos no son territorio exclusivo de la literatura. En las conversaciones cotidianas, los relatos también desempeñan un papel importante. Escucha a tres personas que relatan una anécdota. Observa los dibujos y completa el cuadro.

	¿Cuándo sucedió?	¿Qué sucedió?	¿Donde sucedió?
Diálogo 1			
Diálogo 2			
Diálogo 3			

B. Durante las conversaciones, los hablantes reaccionan ante lo que dicen sus interlocutores. Vuelve a escuchar los diálogos e indica qué quieren decir los hablantes con las siguientes expresiones.

①

¿Qué dices?, ¿en la biblioteca?
- ☐ Repítemelo, no he entendido dónde ha pasado.
- ☐ Es muy extraño que haya sido en la biblioteca.

¡Qué fuerte!
- ☐ Me parece muy importante.
- ☐ Me parece muy grave.
- ☐ Me parece increíble.

②

Quita, quita, no me hables...
- ☐ Necesito un poco de silencio.
- ☐ Ese es un tema complicado.
- ☐ Estoy enfadado/a contigo.

¿En serio?
- ☐ Lo que dices es un chiste, es en broma.
- ☐ Estoy serio y enfadado por tu actitud.
- ☐ Es tan sorprendente que es difícil de creer.

③

Calla.
- ☐ No hables más.
- ☐ Escucha lo que voy a decirte.
- ☐ Vamos a dejar de hablar de esto.

Anda que...
- ☐ Camina.
- ☐ ¡Vaya!

PRETÉRITO IMPERFECTO

- Ahora soy bastante alto, pero de pequeño era muy bajito.

> El pretérito imperfecto expresa situaciones en un espacio de tiempo pasado.

- Mi habitación era bastante pequeña, no había espacio para un armario y estaba siempre desordenada. Ahora tengo una habitación más grande, pero también la tengo desordenada.

> El pretérito imperfecto describe propiedades de personas, objetos o eventos en un espacio de tiempo pasado.

- De pequeño jugaba a fútbol todos los días. Ahora no juego casi nunca.

> El pretérito imperfecto expresa acciones habituales en el pasado.

PRETÉRITO IMPERFECTO Y PRETÉRITO INDEFINIDO

- Era un sábado por la noche, estaba solo en casa, muy aburrido, viendo la tele.

- A las once llegaron Anna y Rubén con pizzas y cervezas. Llamaron a unos amigos y organizamos una fiesta en casa.

> El pretérito imperfecto y el pretérito indefinido son formas de pasado con distintas funciones. El pretérito imperfecto describe una situación sin expresar su final. El pretérito indefinido expresa acciones que tienen un final.

- Mi profesora de inglés era muy simpática, siempre estaba de buen humor. Era pelirroja y tenía muchas pecas.

> Los verbos que expresan propiedades (*ser simpático, estar contento, tener pecas*) se usan normalmente en pretérito imperfecto, porque no es necesario expresar el final de la propiedad.

- La profesora estuvo nerviosa durante toda la clase.

> Cuando en el enunciado se expresa el límite de la propiedad, estos verbos se usan en indefinido.

• La fiesta fue muy aburrida.

> **También se usa el indefinido cuando se expresan las propiedades de un evento (una fiesta, un concierto, un examen), porque los eventos tienen implícitamente un final.**

• Cuando entré en clase, todo el mundo salió.
• Cuando entré en clase, todo el mundo salía.

> **Los verbos que expresan acciones (*salir, entrar, abrir*) se pueden usar con cualquiera de los dos tiempos. Con el indefinido se expresa que la acción se completó, llegó a su final. Con el imperfecto, se expresa una situación momentánea, un punto intermedio de la acción, que no ha llegado a su final.**

• Hans estudió español durante cinco años.
• [Hans ~~estudiaba~~ español durante cinco años.]
• Hans estudió español hasta los 16 años.
• [Hans ~~estudiaba~~ español hasta los 16 años.]

> **Cuando se expresa el tiempo de duración (*durante cinco años*) de una acción o su límite (*hasta los 18 años*), sólo se puede usar el pretérito indefinido.**

PRETÉRITO PLUSCUAMPERFECTO

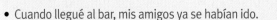

• Cuando llegué al bar, mis amigos ya se habían ido.

> **El pretérito pluscuamperfecto (*había comido, habías comido, había comido...*) es un tiempo de pasado que expresa una acción o situación terminada en un momento anterior a otra acción o situación del pasado.**

• Nunca había probado los mejillones, pero están muy buenos.

• Nunca he probado los mejillones; me dan un poco de asco...

> **También puede expresar una acción realizada o una situación terminada en relación con el presente. Con el pretérito pluscuamperfecto, se expresa un cambio de la situación; mientras que, con el pretérito perfecto, la situación continúa igual que antes.**

1. ¿CUALQUIER TIEMPO PASADO FUE MEJOR?

A. A continuación tienes algunas expresiones relacionadas con la infancia y la juventud. Indica si se refieren a la familia (F), a los juegos y el ocio (J), al colegio (C), o a la descripción física o el carácter (D).

- [ ] Recibir castigos
- [ ] Tener celos de los hermanos
- [ ] Cumplir normas estrictas
- [ ] Hacer actividades extraescolares
- [ ] Sacar buenas notas
- [ ] Hacer gamberradas
- [ ] Jugar al escondite
- [ ] Estar muy mimado
- [ ] Faltar a clase
- [ ] Llevar ropa de marca
- [ ] Ser independiente
- [ ] Pelearse con otros niños
- [ ] Jugar a la videoconsola
- [ ] Recoger la habitación
- [ ] Llevar aparato

- [ ] Ver dibujos animados
- [ ] Tener granos
- [ ] Poner la mesa
- [ ] Tener miedo a la oscuridad
- [ ] Jugar al aire libre

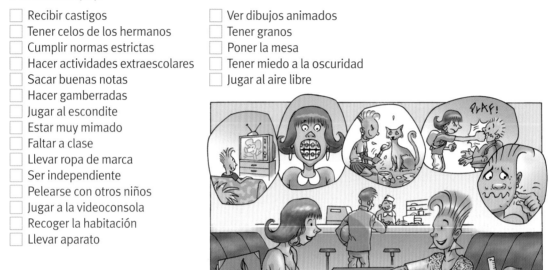

B. ¿Recuerdas cómo eras a los 10 años? Escribe preguntas para hacer una breve entrevista a tu compañero sobre su vida a los 10 años.

Temas	Preguntas	Tú	Tu compañero
Físico	*¿Cómo eras?* *¿Llevabas aparato?*		
Carácter	*¿Eras tímido?*		
Escuela	*¿Cuál era tu asignatura favorita?*		
Familia			
Vacaciones			
Tiempo libre			
Otros			

◆ *¿Cómo eras a los 10 años?*

▼ *Pues, era bastante bajita para mi edad, creo que era la más baja de la clase. Llevaba unas gafas horrorosas. Llevaba el pelo muy corto y estaba un poco gordita. Vamos, que no era la reina de la clase…*

2. ÉRASE UNA VEZ...

A. ¿Conoces el cuento de *La Sirenita*? Reconstruye el cuento con la información del cuadro conjugando los verbos en pretérito imperfecto o indefinido.

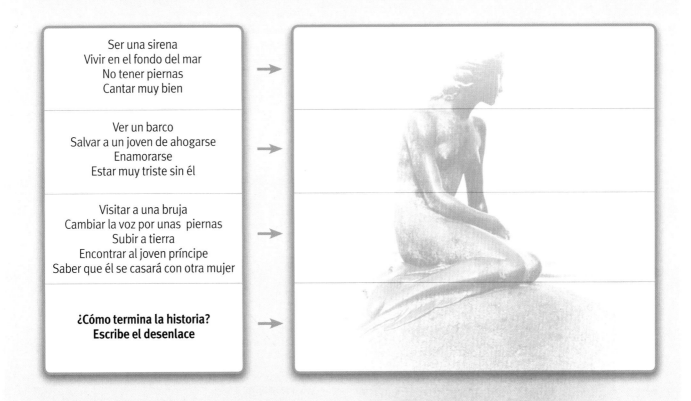

Ser una sirena
Vivir en el fondo del mar
No tener piernas
Cantar muy bien

Ver un barco
Salvar a un joven de ahogarse
Enamorarse
Estar muy triste sin él

Visitar a una bruja
Cambiar la voz por unas piernas
Subir a tierra
Encontrar al joven príncipe
Saber que él se casará con otra mujer

¿Cómo termina la historia?
Escribe el desenlace

B. Ahora más difícil. ¿Puedes construir el principio de una historia con esta información? Organiza cada cuadro en un párrafo.

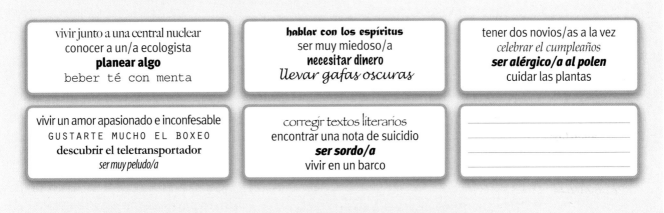

vivir junto a una central nuclear
conocer a un/a ecologista
planear algo
beber té con menta

hablar con los espíritus
ser muy miedoso/a
necesitar dinero
llevar gafas oscuras

tener dos novios/as a la vez
celebrar el cumpleaños
ser alérgico/a al polen
cuidar las plantas

vivir un amor apasionado e inconfesable
GUSTARTE MUCHO EL BOXEO
descubrir el teletransportador
ser muy peludo/a

corregir textos literarios
encontrar una nota de suicidio
ser sordo/a
vivir en un barco

C. Propón 4 datos más para la sexta historia. Pide a un compañero que los organice.

D. Completa una de las seis historias, hasta el desenlace.

3. LEYENDAS URBANAS

A. **¿Sabes qué es una *leyenda urbana*? ¿Conoces alguna?**
A continuación, tienes una leyenda urbana que se cuenta en Barcelona.

Cuentan que esto ocurrió en las curvas de Garraf, una sucesión de curvas cerradas y muy peligrosas que hay en la carretera hacia Sitges, hace muchos años, mucho antes de construir la autopista que ahora cruza la montaña de Garraf. Era de noche, llovía suavemente y la niebla impedía ver más allá de 15 metros.

Un hombre conducía su coche por las curvas, con ganas de llegar a su casa y reencontrarse con su mujer y sus dos hijas después de un largo fin de semana de trabajo. En una de las curvas del camino, vio a una autoestopista, una joven rubia, demacrada y pálida, que estaba empapada por la lluvia, con un largo vestido blanco, roto y sucio de barro. El hombre se compadeció de la joven y decidió llevarla consigo para acercarla hasta el siguiente pueblo.

Durante gran parte del trayecto, el hombre y la joven hablaron de cosas triviales, pero, de repente, justo antes de llegar a una de las curvas más cerradas y peligrosas de las cuestas, la joven...

B. **¿Cómo crees que termina la historia? En pequeños grupos, inventad un final.**

4. ¿Y ANTES DE ESO?

Gustav y Henri se cuentan una anécdota que les ha pasado.
Léelas y ordena los acontecimientos en su orden cronológico real.

GUSTAV

El miércoles pasado fui a ver a un amigo a la otra punta de la ciudad. Como siempre, dejé mi bici amarrada a un árbol que hay frente a su casa. Estuvimos charlando y luego estudiamos un rato para un examen que teníamos al día siguiente. Cuando me fui, resulta que no estaba la bici.

Por un momento pensé que me la habían robado. Pero no, en su lugar había un triangulito amarillo de la Guardia Urbana, así que me fui para el depósito a recuperar mi bici. Cuando estaba llegando, me di cuenta de que me había dejado la documentación en casa de mi amigo. Tuve que volver a buscarla y otra vez al depósito. Una vez allí, después de pagar la multa correspondiente y de media hora de espera, me devolvieron la bici. Pero resulta que no estaba entera: faltaban el sillín y la rueda delantera. Según la Guardia Urbana, la bici estaba así cuando se la llevaron. O sea, que encima me habían robado media bici. Menuda mañana de locos.

HENRI

Uf, vaya jugarreta. Pues yo, ese mismo día, metí la pata con una chica que me gusta mucho. Resulta que estábamos en el bar de la facultad un grupo de amigos tomando algo y charlando antes de ir a la clase de español. Bueno, pues empezamos a hablar de la gente del grupo de español, que si tal es así, que si cual está muy bien, que si Frank se sabe muy bien el subjuntivo... Total, que entonces empecé a hablarles de Marie, una chica de mi grupo que se había incorporado al curso un mes antes. Bueno, pues les dije que era muy simpática, muy guapa, muy lista... O sea, que me gustaba un montón. Y entonces empezaron a reírse todos. Y, claro, no entendía nada. Hasta que uno de ellos señaló detrás de mí. ¿Y a que no sabes quién estaba allí? Pues Marie, que se había sentado en la mesa de atrás con una amiga justo después de llegar nosotros. Me quería morir. Pero lo bueno de todo esto es que ahora Marie habla mucho conmigo. Un día de estos intento algo.

- ☐ Empezamos a hablar de los compañeros de clase.
- ☐ Les conté que Marie me gustaba mucho.
- ☐ Llegamos al bar.
- ☐ Marie se sentó en la mesa de atrás.
- ☐ Me sentí muy avergonzado.

- ☐ Até mi bicicleta a un árbol.
- ☐ Estuve estudiando con mi amigo.
- ☐ Fui a casa de mi amigo.
- ☐ Fui al depósito de la Guardia Urbana.
- ☐ La bicicleta no estaba atada al árbol.
- ☐ La Guardia Urbana se llevó la bicicleta.
- ☐ Me devolvieron la bicicleta.
- ☐ Me intentaron robar la bicicleta.
- ☐ Olvidé la documentación.
- ☐ Volví a casa de mi amigo.
- ☐ Volví al depósito y pagué la multa.

5. ¿SABES LO QUE ME PASÓ EL OTRO DÍA?

A. ¿Te ha ocurrido alguna vez algo increíble, sorprendente, extraño o divertido? Cuéntaselo a tu compañero. Para hacerlo, puedes tener en cuenta estos aspectos.

SITUACIÓN	ACONTECIMIENTO	DESARROLLO	DESENLACE
¿Cuándo fue? ¿Dónde estabas? ¿Con quién? ¿Qué estabas haciendo? ¿Cómo era el lugar en el que estabas? ¿Qué tiempo hacía?...	¿Qué pasó?	¿Qué ocurrió luego? ¿Cómo te sentías? ¿Cómo reaccionaron los demás?	¿Cómo terminó todo? ¿Cuál fue el resultado o la consecuencia?
Cuando...	*Entonces...*	*Después (de)...*	*Al final...*

B. Además, para localizar la historia necesitarás algunos marcadores y expresiones temporales. Lee los que aparecen a continuación y sitúalos en la columna correspondiente de la tabla anterior.

- El otro día
- Total (que)
- En ese momento
- De repente
- Un rato más tarde
- Hace *(+ cantidad de tiempo)*

- Un día
- Al cabo de unos minutos
- Mientras
- La primera vez que *(+ indefinido)*
- A continuación
- En cuanto

- A los *X* años
- Así que
- De pronto
- Unas horas después
- Todo empezó cuando

C. Cuéntale ahora a tu compañero una anécdota personal (real o imaginaria). Puede tratar sobre alguno de los siguientes temas.

- Mi primer día en una ciudad extranjera.
- Mi primera cita.
- Un día que me emborraché.
- Un día que tuve buena/mala suerte.
- El día más importante de mi vida.
- Un día que metí la pata.

A. ¿Recuerdas el cuento de *Caperucita Roja*?

- ¿Quiénes son los protagonistas? ¿Cómo es su carácter?
- ¿Cuál es el objetivo de Caperucita?
- ¿Qué acontecimiento interrumpe ese objetivo?
- ¿Cómo se resuelve la historia?
- ¿Cuál es la instrucción moral del cuento?

B. Lee la siguiente versión de *Caperucita Roja* y señala las diferencias con la versión tradicional. ¿Cuál te gusta más?

Érase una vez una persona de corta edad que **se llamaba** Caperucita Roja, y que **vivía** con su madre muy cerca de un bosque. Un día, su madre le **pidió** que llevase una cesta con fruta fresca y agua mineral a casa de su abuela, pero no porque lo considerara una labor propia de mujeres, atención, sino porque esa acción **representaba** un acto generoso que **contribuía** a afianzar el sentimiento de comunidad. Además, su abuela no **estaba** enferma; antes bien, **gozaba** de completa salud física y mental y **era** perfectamente capaz de cuidar de sí misma porque **era** una persona adulta y madura.

Así, Caperucita Roja **cogió** su cesta e **inició** el camino a través del bosque. Mientras **iba** caminando, **apareció** un lobo y **preguntó** a Caperucita qué **llevaba** en la cesta.

—Un saludable tentempié para mi abuela —**respondió**.

—No sé si sabes, querida —**dijo** el lobo—, que es peligroso para una niña pequeña recorrer sola estos bosques.

—Encuentro esa observación sexista y muy insultante —respondió Caperucita, que no **tenía** miedo del lobo—. Ahora, si me perdonas, debo continuar mi camino.

Caperucita Roja **volvió** al camino. Pero el lobo **conocía** una ruta más rápida para llegar a casa de la abuela. Después de entrar bruscamente en ella, **devoró** a la anciana, que **dormía** en ese momento. A continuación, inmune a las rígidas nociones tradicionales de lo masculino y lo femenino, **se puso** el camisón de la abuela y **se metió** en la cama.

Al cabo de poco tiempo, Caperucita Roja **entró** en la cabaña y **dijo**:

—Abuela, te he comprado algunas chucherías bajas en calorías y en sodio como reconocimiento a tu papel de sabia y generosa matriarca.

—Acércate más, criatura, para que pueda verte —**dijo** suavemente el lobo, que **seguía** en la cama.

—¡Oh! —**dijo** Caperucita—. Había olvidado que visualmente

eres tan limitada como un topo. Pero, abuela, ¡qué ojos tan grandes tienes!

—Son para verte mejor, querida.

—Y, abuela, ¡qué nariz tan grande tienes! Relativamente hablando, claro está, y a su modo, indudablemente atractiva.

—Es para olerte mejor, querida.

—Y, abuela, ¡qué dientes tan grandes tienes!

Entonces el lobo **dijo**:

—Estoy orgulloso de ser quien soy y de lo que soy —y, saltando de la cama, **cogió** a Caperucita Roja con sus garras, dispuesto a devorarla.

Caperucita **gritó**. Sus gritos **llegaron** a oídos de un operario de la industria maderera que **pasaba** por allí. Al entrar en la cabaña, **se dio cuenta** de lo que **sucedía** y **trató** de intervenir. Pero en cuanto **levantó** su hacha, tanto el lobo como Caperucita Roja **se detuvieron** simultáneamente.

—¿Se puede saber exactamente qué cree usted que está haciendo? —**preguntó** Caperucita.

El operario maderero **parpadeó** e **intentó** responder, pero no **sabía** qué decir.

—¿Cree acaso que puede irrumpir aquí como un neandertalense cualquiera y delegar su capacidad de reflexión en el arma que lleva consigo? —**continuó** Caperucita—. ¡Sexista! ¡Racista! ¿Cómo se atreve a dar por hecho que las mujeres y los lobos no somos capaces de resolver nuestras propias diferencias sin la ayuda de un hombre?

De repente, la abuela **saltó** de la panza del lobo, **arrebató** el hacha al operario maderero y le **cortó** la cabeza. Concluida la odisea, Caperucita, la abuela y el lobo **creyeron** experimentar cierta afinidad en sus objetivos. Así que **decidieron** instaurar una forma alternativa de comunidad basada en la cooperación y el respeto mutuos y, juntos, **vivieron** felices en los bosques para siempre.

James Finn Garner, «Caperucita Roja», en *Cuentos infantiles políticamente correctos*. Texto adaptado

C. **Presta atención a los verbos que están marcados en negrita, y colócalos en el lugar del cuadro correspondiente.**

El pretérito indefinido hace avanzar la acción porque presenta hechos completos.	El pretérito imperfecto detiene la acción porque presenta...		
Pidió	propiedades	situaciones/acciones habituales	situaciones momentáneas
	se llamaba	*vivía*	*representaba*

D. **Presta ahora atención a las expresiones subrayadas en el texto, y relaciónalas con la función que cumplen.**

Iniciar la historia	Introducir un episodio inesperado	Expresar consecuencia	Expresar simultaneidad	Expresar posterioridad

Completa el cuadro con otras expresiones que conozcas.

E. **Ahora vas a ser el protagonista de un cuento para niños. Recuerda (o inventa) una historia que te ocurrió cuando eras niño y conviértela en un cuento infantil. No olvides incluir una moraleja. Para escribir el cuento, puede resultar útil tener en cuenta las siguientes cuestiones.**

Personajes (cómo son, qué hacen, qué quieren...)	Protagonista (tú)	Amigos del protagonista	Antagonista	Amigos del antagonista
Acciones	Situación inicial	Acontecimiento	Desarrollo	Desenlace

4 Recorridos

1. DESTINOS

A. ¿Conoces Europa? ¿Cuántas ciudades europeas has visitado? ¿Cuáles son tus destinos de playa y de montaña preferidos?

B. Nos hemos informado en una agencia de viajes para organizar unas cortas vacaciones con algunos compañeros de clase. Lee los folletos que nos han dado sobre varios destinos turísticos. ¿Has estado en alguno de ellos? Decidid por grupos cuál preferís.

Descubre Ámsterdam

Ámsterdam es una ciudad abierta y tolerante. Esta ciudad tiene un eficiente sistema urbano de transporte. En ella todo está cerca y es común ver a todo el mundo **recorrer la ciudad de punta a punta** paseando en bicicleta. Disfruta de tu visita con un largo paseo **navegando por los mágicos canales.**

Incluye en tus paseos la degustación de algunas de las delicias locales: la tarta de manzanas, el arenque marinado y la variada oferta de cervezas y ginebras que se sirven en los bares desde el siglo XVII.

Los museos son de visita obligada en Ámsterdam. Se puede comenzar por el Rijksmuseum, continuar con el Museo Van Gogh y luego el Stedelijk Museum, con obras de Cézanne, Monet, Picasso... Los museos de Ámsterdam son más de cincuenta y se calcula que los visitan millones de turistas al año.

Los mercados **se instalan en las calles** de la ciudad algunos días de la semana. Son coloridos, originales, hay buenos precios y gran variedad de artículos: frutas, verduras, carne, pescado, flores, antigüedades, ropa nueva y de segunda mano... Visítalos con la cámara en la mano.

Y cuando llegue la noche, sal a recorrer Ámsterdam y encuentra bares y restaurantes animados y con buena música para escuchar o bailar. Si conoces gente divertida, seguro que **regresarás al hotel** a la hora de desayunar.

Visita Cadaqués

Situado en el Cabo de Creus, Cadaqués es una de las localidades más emblemáticas de la Costa Brava. Su rocoso litoral, con sus bellas playas, es uno de sus principales atractivos, junto con el increíble paisaje del Parque Natural del Cabo de Creus. **Al fondo de la bahía de Cadaqués se encuentra su casco histórico**, de aire mediterráneo y profundo sabor marinero. Fuente de inspiración de pintores y artistas de fama internacional durante décadas, este núcleo tiene hoy una intensa vida cultural, de la que dan fe sus numerosos museos y galerías de arte, entre los que destaca la Casa-Museo de Salvador Dalí. Cadaqués es el punto de partida ideal para conocer el resto de la comarca del Alt Empordà, repleta de localidades históricas, insólitos espacios naturales y abundantes yacimientos arqueológicos.

Ven a Granada

Si te gusta el deporte, te encantará Granada. **Puedes hacer rutas en bici de montaña por las distintas sierras** de la provincia, sobre todo por Sierra Nevada y la Sierra de Huétor Santillán. También es un lugar ideal para los amantes de los deportes de invierno. Puedes esquiar incluso de noche los fines de semana y en temporada de vacaciones.

Existen también muchas actividades nocturnas. Sierra Nevada está repleta de restaurantes y bares. Por la noche, todos estos lugares se llenan de gente dispuesta a relajarse y disfrutar. La vida nocturna es muy intensa: después de un duro día en las pistas de esquí y *snowboard*, los aficionados a estos deportes suelen salir de marcha.

C. En los textos de los folletos aparecen muchas expresiones relacionadas con el turismo. ¿Puedes deducir su significado por el contexto? Explica qué significan las siguientes utilizando un sinónimo o poniendo un ejemplo.

- de punta a punta
- localidades emblemáticas
- sabor marinero
- casco antiguo

- punto de partida
- estar repleto de
- rutas
- salir de marcha

D. Fíjate en las estructuras que aparecen en negrita en los textos que has leído; tienen que ver con la localización de elementos en el espacio. Completa con ellas el siguiente cuadro y subraya las preposiciones.

Expresan movimiento	No expresan movimiento
Ven a Granada	*Incluye en tus paseos...*

2. VUELOS BARATOS

A. En la agencia de viajes os han pedido que rellenéis el cuestionario que hay a continuación para conocer vuestros hábitos relacionados con los viajes. Hazle las preguntas a un compañero y anota sus respuestas.

1. ¿Con qué frecuencia viajas a un país extranjero?
2. Sin contar la ciudad en la que estás, ¿cuál ha sido la última ciudad extranjera que has visitado? ¿Cuándo?
3. ¿Qué medio de transporte utilizaste?
4. ¿Cuánto tiempo estuviste en esa ciudad?
5. ¿Cuánto tiempo empleaste en planificar el viaje?
6. ¿Aprovechas los días de fiesta (Semana Santa, Navidad, fiestas locales o regionales, etc.) para ir de viaje? ¿Piensas aprovechar alguna fiesta este año?
7. ¿En qué sentido han cambiado los viajes en avión en los últimos años?
8. ¿Eres usuario de las compañías aéreas de bajo coste?
9. ¿Crees que ofrecen los mismos servicios las compañías de bajo coste que las normales?
10. ¿Utilizas Internet para comprar los billetes o para contratar el hotel y otros servicios?
11. ¿Comprar *on-line* facilita los trámites o es arriesgado? ¿Has tenido alguna mala experiencia con Internet en ese sentido?

B. Escucha el siguiente reportaje sobre nuevos hábitos turísticos y señala si se habla de los siguientes temas.

☐ Consecuencias ecológicas del aumento del número de vuelos.
☐ Destinos más solicitados por los turistas actuales.
☐ Ingresos para las zonas turísticas.
☐ Modificación de los hábitos turísticos.
☐ Nuevas formas de compra de productos turísticos.
☐ Pérdidas económicas para las compañías aéreas tradicionales

C. Vuelve a escuchar el reportaje y señala si las siguientes afirmaciones son verdaderas (V) o falsas (F).

1. ☐ La mayoría de los extranjeros que vienen a España lo hace en compañías aéreas tradicionales.

2. ☐ Internet aún es una opción minoritaria para contratar viajes.

3. ☐ Las agencias en línea están consiguiendo una cuota de mercado cada vez más alta.

4. ☐ Los hoteles de Jaén han anunciado que las reservas de sus habitaciones se podrán comprar sólo por Internet.

5. ☐ Los turistas siguen viniendo en masa y con hábitos de ocio parecidos.

6. ☐ Los turistas van a los destinos de siempre y en las mismas fechas.

7. ☐ Este nuevo modo de viajar dificulta la gestión de vuelos y alojamientos.

8. ☐ Este tipo de turismo no proporciona beneficios a las zonas turísticas.

D. ¿Crees que los datos del reportaje se ajustan a tu experiencia con los viajes? Expresa tu opinión sobre los siguientes aspectos. Coméntala con un compañero.

- Los vuelos baratos favorecen que la gente viaje más.
  - ◆ *Sí, yo creo que* ahora es más fácil viajar con menos dinero.
  - ▼ *Pues a mí me parece que no*, viajar sigue siendo caro.
  - ◆ *Bueno, depende de* la flexibilidad de cada uno.

- Las compañías de bajo coste sólo recorren ciertas rutas y eso limita a la hora de viajar.
- La contratación por internet es arriesgada, poco segura.
- La red aligera los trámites de compra y contratación de servicios.
- Comprar billetes más baratos implica incomodidades en el vuelo.
- Los vuelos baratos permiten mucha flexibilidad para escoger destinos y fechas.

E. Algunos turistas han expresado sus opiniones sobre los viajes en avión. Léelas y decide si les gusta o no viajar en avión.

1. ___ «Para mí, como experiencia vital, viajar en avión es poca cosa.»
2. ___ «Pues a mí me vuelve loca viajar en avión.»
3. ___ «Los aviones no son lo mío.»
4. ___ «Tengo muchísimas ganas de coger un avión.»
5. ___ «Si tengo que viajar en avión, me muero.»
6. ___ «Yo paso de ir en avión.»
7. ___ «¡Qué pasada ir en avión!»
8. ___ «¡Qué pesado es ir en avión!»

F. Relaciona las siguientes réplicas con las afirmaciones anteriores.

a. ☐ «A mí tampoco es que me gusten, pero no hay otro modo de cruzar el Atlántico.»
b. ☐ «Pues a mí me sigue emocionando contemplar las nubes o el paisaje desde arriba.»
c. ☐ «Y yo de despedirme de las clases hasta después de las vacaciones, aunque no me vaya a mover de casa.»
d. ☐ «Sí, es un palo tener que estar con tanta antelación en el aeropuerto, hacer cola para facturar el equipaje...»
e. ☐ «No exageres, que no hay para tanto, te tomas una pastillita y a dormir todo el viaje.»
f. ☐ «Yo también. Que vayan ellos. Nosotros nos pillamos el tren.»
g. ☐ «Sí, es increíble, sobre todo las primeras veces, luego ya te acostumbras.»
h. ☐ «A mí antes también me encantaba, pero ahora, cada vez me da más miedo.»

LOS COMPLEMENTOS DE LUGAR

¿Dónde está...? Sin movimiento

| **En:** ubicación en el espacio | • El restaurante está en la calle Mallorca, 136. |

| **Por:** localización aproximada | • El restaurante está por el casco antiguo. |

| **A:** distancia | • El restaurante está a 100 metros de aquí. |

Delante (de la caja)
Ante (la caja)

Encima (de la caja)
Sobre (la caja)

Al lado (de la caja)
Junto a (la caja)
A la derecha / izquierda (de la caja)

Detrás (de la caja)
Tras (la caja)

Dentro (de la caja)
En (la caja)

Lejos (de la caja)

En medio (de las cajas)
Entre (las cajas)

Debajo (de la caja)
Bajo (la caja)

Cerca (de la caja)

Con movimiento

| **De:** origen (*salir*, *venir*, etc.) | • El tren salió **de** Madrid a las 21:00 h. |

| **Desde:** límite inicial de un movimiento o una acción. | • Te escribo / vengo **desde** Valencia. |

| **Por:** movimiento a través de un lugar (*pasar*, *pasear*, *caminar*, etc.) | • Para llegar a América, Colón pasó **por** Canarias. |

| **Hacia / Para** (informal): dirección. | • Voy **para** / **hacia** el centro. |

| **A:** dirección (*ir*, *dirigirse*, *llegar*, etc.) y distancia. | • Se dirigían **a** Valencia. |

| **Hasta:** límite final de un movimiento o acción. | • Llegué **hasta** la puerta, pero no entré. |

IMPERATIVO

El imperativo es la forma verbal para decirle a alguien lo que debe hacer en diferentes situaciones.

- *Gira a la izquierda y luego **sigue** todo recto.*
  Pasad, pasad.

Con las formas de tratamiento *usted* y *ustedes*, se usa el presente de subjuntivo.

- **Perdone**, ¿me puede decir dónde está la Plaza de España?
- **Esperen** un momento, por favor. Ahora les atiendo.

IMPERATIVO NEGATIVO

- Gir**a** a la izquierda.
- Llegu**e** con 40 minutos de antelación.
- Prob**ad** el bocata de calamares.
- Dej**en** la habitación antes de las 12.

- **No** gir**es** a la izquierda.
- **No** llegu**e** con el tiempo justo.
- **No** prob**éis** el calimocho en ayunas.
- **No** dej**en** la habitación más tarde de las 12.

Para dar una orden o una instrucción negativa, se usa el presente de subjuntivo.

POSICIÓN DE LOS PRONOMBRES

Abróchen**se** los cinturones.
Cuidado con el pasaporte. **Llévalo** siempre contigo.
No puedo con las maletas. **Ayúdame**, por favor.
Si os gustó el Guggenheim, **recomendádselo** a un amigo.

No se abrochen aún los cinturones.
Cuidado con el pasaporte. **No lo lleves** en el bolsillo del pantalón.
No me ayudes; puedo yo solo.
Si no os gustó el museo, **no se lo recomendéis** a vuestros amigos.

Los pronombres personales (**reflexivos, CD, CI**) siguen al imperativo afirmativo y forman una sola palabra.
Con el imperativo negativo, en cambio, se colocan delante.

- **Quedad** en la entrada del cine.
- **Quedaos** en casa hasta que os llame.

La persona ***vosotros*** del imperativo pierde la **-d** final cuando se combina con el pronombre ***os***.

EXPRESAR RECOMENDACIÓN

No encuentro lugares divertidos para salir por la noche.

Imperativo
- *Ve al casco antiguo.*
- *Habla con tus compañeros de clase.*

Puedes + infinitivo
- *Puedes*
- *Tienes que*
- *Hay que*
- *Debes*
ir al casco antiguo.
hablar con tus compañeros de clase.

Lo mejor es que + subjuntivo
- *es buena idea*
- *es más razonable*
- *es mejor*
- *lo mejor es*
que *vayas al casco antiguo.*
hables con tus compañeros de clase.

Te aconsejo que + subjuntivo
- *te aconsejo*
- *te sugiero*
- *te propongo*
- *te recomiendo*
que *vayas al casco antiguo.*
hables con tus compañeros de clase.

1. LA HABITACIÓN DEL PINTOR (VINCENT VAN GOGH, 1889)

A. Seguidamente vas a leer una serie de frases relacionadas con el cuadro de Van Gogh y deberás señalar si son verdaderas (V) o falsas (F).

1. ☐ Sobre la cama hay dos almohadas.
2. ☐ Entre la mesa y la cama hay dos sillas.
3. ☐ Junto a la puerta hay una toalla colgada.
4. ☐ Al fondo de esta habitación hay una puerta.
5. ☐ Detrás de la cama hay unos colgadores.
6. ☐ Debajo de los dos retratos hay otros dos cuadros.
7. ☐ A la derecha se encuentra una ventana.
8. ☐ Encima de la cama no hay nadie acostado.
9. ☐ Cerca del vaso hay una jarra para el aseo.
10. ☐ A la izquierda del dibujo hay dos sillas.

B. ¿Cómo es la habitación en la que vives en España? Descríbesela a tu compañero. Mientras tanto, él tendrá que dibujarla.

2. VIAJAR POR ESPAÑA

A. Una opción económica para viajar por España es alquilar un coche entre varias personas. Imagina que ésta es la opción que has elegido para las próximas vacaciones. Observando el mapa con tu compañero, describe el itinerario que, desde la ciudad donde estáis estudiando, os permitiría visitar alguno de los siguientes lugares y monumentos.

- La Giralda (Sevilla)
- La Alhambra (Granada)
- *El entierro del conde de Orgaz* (Toledo)
- El acueducto romano (Segovia)
- El yacimiento de Atapuerca (Burgos)
- Las Rías Bajas (Pontevedra)
- El Museo Dalí (Gerona)

▼ *Para **ir desde** Salamanca **hasta** Gerona, para ver el Museo Dalí, tenemos que **pasar por** Zamora, Valladolid, Palencia y Burgos. **En** Burgos podemos visitar Atapuerca y luego **seguir hacia** el sureste. Tenemos que **pasar por** Zaragoza, Tarragona y Barcelona. Y ya **llegamos a** Gerona.*

3. RECORRIDO CULTURAL

Los viajes nos ponen en contacto con otras gentes y otras costumbres. Durante tu estancia en España, has iniciado una relación con una persona española y quieres presentársela a tus padres. Probablemente, algunos aspectos culturales sean distintos. Por eso, tu novio/a te hace algunas preguntas sobre cómo comportarse durante la presentación. Responde a sus preguntas con la forma adecuada del imperativo del verbo en negrita.

▼ *Cuando me presentes, ¿es mejor **dar** la mano, un beso, un abrazo…?*
◆ ***Da**le la mano a mi padre, pero a mi madre, mejor **da**le un par de besos.*

1. ¿Qué tipo de ropa es más adecuado?, ¿qué me **pongo** para la cena?

2. ¿A qué hora tengo que llegar a vuestra casa?, ¿es mejor que sea muy pronto o un poco tarde? [**venir**]

3. ¿**Hablo** de tú o de usted a tus padres?

4. Si tu padre me pregunta por mis ideas políticas, ¿qué le **digo**?

5. Ahora no tengo trabajo, ¿qué **explico** si me preguntan por mi carrera?

6. ¿Tengo que hablar todo el rato y parecer extrovertida/o, o es mejor **ser** callada/o y parecer reservada/o?

7. ¿**Hago** bromas y cuento chistes, o mejor **intento** parecer seria/o?

8. ¿Intento ir a ayudar en la cocina o **me siento** y espero a que me sirvan la comida?

9. ¿Puedo **tocarte** o besarte delante de tus padres, para que vean que nos queremos, o es mejor **mantener** las distancias?

10. ¿Cuándo termine la cena, **salgo** rápidamente de vuestra casa o **me quedo** hablando con vosotros?

4. PRIMEROS DÍAS

La universidad ofrece una beca de colaboración con el servicio de atención a estudiantes Erasmus de tu facultad. Para conseguirla, hay que pasar una prueba que consiste en resolver los problemas que plantean algunos estudiantes durante sus primeros días de estancia. ¿Podrías añadir algún otro problema habitual? ¿Crees que podrías ser un buen candidato para el puesto? ¿Qué sugerirías a los estudiantes que te plantearan estas cuestiones?

1. No sé dónde buscar piso. ¿Cuál es la mejor zona para vivir?
2. Me han robado el bolso en una discoteca y he perdido mi pasaporte. ¿Dónde hay una comisaría? ¿Cómo se va?
3. ¿Dónde está la Secretaría de la facultad?
4. Me gustaría hacer deporte. ¿Adónde puedo ir?
5. No tengo amigos.
6. ¿Dónde está la estación de trenes?
7. El móvil de mi país no me funciona. ¿Qué puedo hacer?
8. ¿Por dónde puedo salir de fiesta?

A. **Responde a las preguntas de tus compañeros.**

- ¿Conoces alguna película que se haya rodado en tu ciudad de origen?
- ¿Y en la ciudad de España en la que estás disfrutando de tu beca Erasmus?
- Si tuvieras que rodar una película sobre la vida de un grupo de estudiantes Erasmus en esa ciudad, ¿qué zonas elegirías? (parques, plazas, tiendas, bares, museos, calles…) ¿Por qué?

B. **El Ayuntamiento de Barcelona ha colgado en su página web algunas rutas turísticas por la ciudad para conocer los escenarios de algunas películas rodadas en Barcelona. A continuación, tienes la propuesta de un itinerario para visitar los distintos puntos de Barcelona que recorren los protagonistas de la película _Una casa de locos (L'auberge espagnol)_, que son un grupo de estudiantes Erasmus.**

Este recorrido os permitirá conocer los escenarios de la Barcelona de esta película, del director Cédric Klapisch, que rodó tras visitar a su hermana durante su estancia como estudiante Erasmus en Barcelona.

Paradas: Via Laietana (1), Plaza Reial (2), Parque Güell (3), Playa de la Barceloneta (4), Universitat de Barcelona (5), La Rambla (6), La Sagrada Familia (7), el Museo de Arte Contemporáneo de Barcelona (MACBA) (8), el Teleférico del Puerto (9), la Rambla del Mar (10), el Hospital del Mar (11) y la calle de les Caputxes (12).

Itinerario recomendado: Puedes partir de la Plaza Universitat (metro línea 1 y autobuses) y pasear a pie por el jardín de la universidad. Después tienes que coger la calle Tallers y girar a la derecha pasada la plaza Castilla hasta la plaza donde se encuentra el **MACBA (Museo de Arte Contemporáneo de Barcelona)**.

Después de visitar el museo, toma la calle Bonsuccés hasta la Rambla. Bajando la **Rambla**, pasados el teatro del Liceo y el mercado de la Boquería, queda a tu izquierda la **Plaza Reial**. Siguiendo por la Rambla hacia abajo, está la **Rambla del Mar**, donde el protagonista de la película tiene una visión de Erasmo de Rotterdam.

En el Puerto es recomendable coger también el **Teleférico** para disfrutar de una bonita vista aérea de la montaña de Montjuïc. Siguiendo la línea de la costa a pie, llegas a la **Playa de la Barceloneta** y el **Hospital del Mar**, adonde acude el protagonista de la película para que le hagan una visita médica.

Desde allí, bordea el Parque de la Ciutadella, vuelve al Paseo de Colón y, antes de llegar a la Via Laietana, puedes visitar la calle de **les Caputxes**. Después, si estás ya cansado, puedes alquilar una bicicleta para subir por la **Vía Laietana** hasta la Plaza Urquinaona. Girando a la derecha por la calle Ausiàs March llegas al Paseo de Sant Joan. Sube por este paseo hasta la calle Valencia, gira a la derecha y sigue todo recto hasta el templo de la **Sagrada Familia**.

Tras la visita al templo, puedes bajar en bici hasta la Avenida Diagonal y girar a la derecha. Para dirigirte a la parte alta de la ciudad, debes coger el metro al llegar al paseo de Gràcia (línea 3) en dirección a Canyelles y bajar en Vallcarca. Desde allí puedes llegar a pie al **Parque Güell** siguiendo las indicaciones turísticas para peatones que se encuentran por toda la Avenida Vallcarca.

Puedes consultar el plano y marcar la ruta en:
www.barcelonamovie.com/ruta.aspx?IdRuta=4&culture.es

C. **Para dar instrucciones sobre cómo llegar a un lugar utilizamos algunas de las estructuras que se han visto en esta unidad. ¿Cuáles son?**

D. **El itinerario de _La Barcelona de los Erasmus_ está explicado en segunda persona. ¿Cómo transformarías el texto para que tuviera un estilo propio de una guía turística más formal? Sustituye las estructuras subrayadas que tengan marcas de segunda persona por otras equivalentes en forma impersonal. Aquí tienes algunas sugerencias:**

Hay que + infinitivo
Se puede + infinitivo
…

E. El siguiente reportaje publicado en un *blog* propone también un recorrido para estudiantes de español por la ciudad de Alcalá de Henares. Pero su autor, un estudiante Erasmus, todavía no domina demasiado el uso de algunas expresiones de espacio en español. Ayúdale a completar su propuesta con la ayuda del texto anterior y de las indicaciones marcadas en el mapa.

Alcalá de Henares, ciudad declarada Patrimonio de la Humanidad, fue la ciudad natal de Miguel de Cervantes. Este hecho, junto con su animada vida estudiantil, explica que cada año esta ciudad acoja a más estudiantes extranjeros.

Uno de los itinerarios recomendados para estos estudiantes **empieza/sale/pasa** precisamente en la Casa Natal del escritor, que puede visitarse de martes a domingo de 10 a 18 h. Al **entrar/pasar/salir** del museo, **subiendo/girando/bajando** a la izquierda se encuentra la Plaza de los Irlandeses. Justo enfrente de la casa de Cervantes **está/hay/es**

el Colegio de San Patricio. Esta plaza es un lugar de encuentro habitual para los estudiantes, que suelen **coger/tomar** el sol en sus innumerables terrazas. **Viniendo/Subiendo** por los soportales de la calle mayor se **llega/alcanza/encuentra** a la Plaza de Cervantes, llena de *skaters* y niños que corren alrededor de la estatua del escritor. A la izquierda de la plaza **hay/queda/es** la sede de la Universidad: el Colegio Mayor de San Ildefonso. Es especialmente recomendable darse **un giro/un salto/una vuelta** por los patios. Tampoco hay que perderse la visita al paraninfo. Bajo su techo, siglos atrás, los estudiantes

soportaban hasta 20 días seguidos de exámenes. Al terminar la visita, puede observarse el Ayuntamiento, que **es/está/hay** frente a la universidad, al otro lado de la Plaza de Cervantes.

Bajando por la calle de Santa Úrsula, al final de la calle de Escritorios **se llega/se encuentra**, girando a la derecha, el palacio Arzobispal, que bien merece una visita. Para terminar la visita, conviene **ir/pasar/entrar** por La Panadería, un local de la calle Mayor al que suelen acudir los estudiantes Erasmus, a tomarse unas copas y practicar todos los idiomas... ¡menos español!

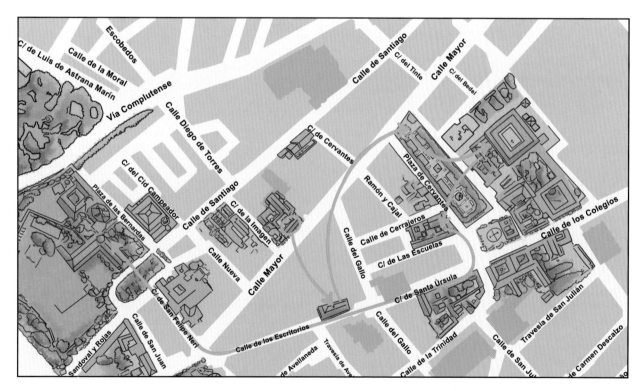

F. Redacta ahora tú un itinerario para el *blog* de la clase de español con una propuesta de recorrido para el próximo fin de semana por la ciudad en la que estáis disfrutando de vuestra beca Erasmus. Debes dar muchos detalles de todo lo que vale la pena ver, y explicar bien el recorrido si deseas convencerlos. Puedes inspirarte en alguna de las propuestas de los ejercicios anteriores.

1. UNA ENCUESTA

A. **¿Cuánto sabes sobre la historia de España? Para comprobarlo, responde a este test.**

1. ¿Después de qué República tuvo lugar la Guerra Civil Española?
a) La Primera República
b) La Segunda República
c) La Tercera República

2. ¿Cuántos años duró la dictadura que siguió a la Guerra Civil?
a) 20
b) 15
c) 40

3. ¿Cómo se llamaba el dictador?
a) Francisco Franco
b) Fernando Franco
c) Faustino Franco

4. ¿Cómo se llama el periodo que va de la dictadura a la democracia?
a) La tradición
b) La transformación
c) La transición

5. ¿Quién es el actual rey de España?
a) Carlos I
b) Juan Carlos I
c) Felipe VI

6. ¿Cuándo se celebraron las primeras elecciones democráticas en España, tras la dictadura?
a) 1957
b) 1977
c) 1997

7. ¿Cuál es el nombre del primer presidente socialista del gobierno español?
a) José Luis Rodríguez Zapatero
b) Felipe González
c) Alfonso Guerra

8. ¿Qué es ETA?
a) Un partido político
b) Una ONG
c) Una organización terrorista

9. ¿Qué presidente del gobierno español apoyó la guerra de Irak?
a) Mariano Rajoy
b) José María Aznar
c) Manuel Fraga

10. ¿Cómo se llama el actual sucesor al trono?
a) Luis
b) Alfonso
c) Felipe

B. En grupos, comentad qué sabéis sobre los siguientes periodos históricos.

- La II República Española
- La Guerra Civil Española
- La dictadura franquista

C. Vas a escuchar a varios profesores de historia que hablan de estos tres momentos. Escúchalos y escribe de qué momento habla cada uno.

Clase 1	
Clase 2	
Clase 3	

D. Escucha y decide con cuál de los tres periodos están relacionados los siguientes acontecimientos.

- ☐ La Iglesia controla el sistema educativo español.
- ☐ El teatro ambulante empieza a recorrer España.
- ☐ Alemania e Italia intervienen directamente en la política española.
- ☐ El general Francisco Franco se autoproclama jefe del Estado Español con el título de «caudillo».
- ☐ Se introducen en España las corrientes de pensamiento científico, cultural y pedagógico de la Europa vanguardista.
- ☐ España vive totalmente aislada del mundo.
- ☐ Las dos Españas, la republicana y la fascista, luchan durante tres largos años.
- ☐ Se aprueba una nueva Constitución.
- ☐ El presidente de los Estados Unidos visita España.

E. ¿Cuáles son los tres acontecimientos más importantes de la historia contemporánea de tu país?

2. EL NUEVO MUNDO

A. Con la llegada de los españoles a América, se produjo el encuentro de dos culturas muy distintas. Señala si los enunciados se refieren a los españoles, los indígenas americanos o ambos.

	Españoles	Indígenas	Ambos
1. Creían en un solo dios.			
2. Habían descubierto la imprenta.			
3. Iban desnudos.			
4. Llevaban barba.			
5. Iban armados con corazas y espadas.			
6. Se dedicaban a actividades diversas, como la ingeniería y la astronomía.			
7. Tenían grandes ciudades.			
8. Usaban carros y arados.			

B. Lee ahora el texto «El encuentro entre españoles y americanos» y comprueba tus respuestas.

El encuentro entre españoles y americanos

Había de todo entre los indígenas de América: astrónomos y caníbales, ingenieros y salvajes de la Edad de Piedra. Pero ninguna de las culturas nativas conocía el hierro ni el arado, ni el vidrio ni la pólvora, ni empleaba la rueda. La civilización que se abatió sobre estas tierras desde el otro lado del mar vivía la explosión creadora del Renacimiento: América aparecía como una invención más, incorporada junto con la pólvora, la imprenta, el papel y la brújula al bullente nacimiento de la Edad Moderna. El desnivel de desarrollo de ambos mundos explica en gran medida la relativa facilidad con que sucumbieron las civilizaciones nativas. Hernán Cortés desembarcó en Veracruz acompañado por no más de cien marineros y 508 soldados; traía 16 caballos [...]. Y sin embargo, la capital de los aztecas, Tenochtitlán, era por entonces cinco veces mayor que Madrid y duplicaba la población de Sevilla, la mayor de las ciudades españolas.

Los indígenas fueron, al principio, derrotados por el asombro. El emperador Moctezuma recibió, en su palacio, las primeras noticias: un cerro grande andaba moviéndose por el mar. Otros mensajeros llegaron después: «mucho espanto le causó el oír cómo estalla el cañón, cómo retumba su estrépito, y cómo se desmaya uno; se le aturden a uno los oídos. Y cuando cae el tiro, una como bola de piedra sale de sus entrañas: va lloviendo fuego...». Los extranjeros traían «venados» que los soportaban «tan alto como los techos». Por todas partes venían envueltos sus cuerpos, «solamente aparecen sus caras. Son blancas, son como si fueran de cal. Tienen el cabello amarillo, aunque algunos lo tienen negro. Larga su barba es...». Moctezuma creyó que era el dios Quetzalcóatl quien volvía. Ocho presagios habían anunciado, poco antes, su retorno. Los cazadores le habían traído un ave que tenía en la cabeza una diadema redonda con la forma de un espejo, donde se reflejaba el cielo con el sol hacia el poniente. En ese espejo Moctezuma vio marchar sobre México los escuadrones de los guerreros. El dios Quetzalcóatl había venido por el este y por el este se había ido: era blanco y barbudo. También blanco y barbudo era Huiracocha, el dios bisexual de los incas. Y el oriente era la cuna de los antepasados heroicos de los mayas.

Texto extraído de Eduardo Galeano, *Las venas abiertas de América Latina*

C. **Vuelve a leer el texto y comenta con tus compañeros las siguientes preguntas.**

1. ¿Qué aspectos de los europeos sorprendieron a los indígenas? Completa el cuadro.

Aspecto físico	
Ropa	
Medios de transporte	
Armas	

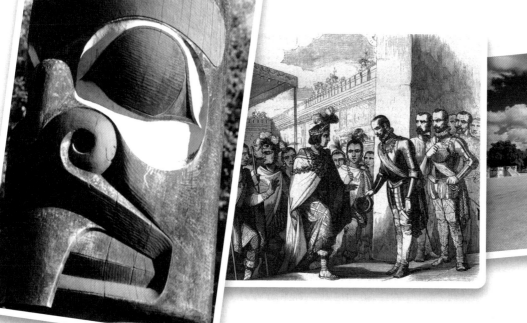

2. ¿Qué aspectos de la cultura indígena facilitaron a los españoles la conquista de América?
3. De acuerdo con la información que suministra el texto, ¿crees que los indígenas americanos eran menos civilizados que los colonizadores europeos? ¿Por qué?

Historias

1. Perífrasis verbales

Inicio inminente de la acción

Estar + a punto de + INFINITIVO

Se usa para señalar que la acción se encuentra en el punto inmediatamente anterior a su inicio.
Con frecuencia se emplea para indicar que la acción se detiene justo antes de comenzar.
Se combina normalmente con tiempos imperfectivos (presente, imperfecto).

- Date prisa, que la película está a punto de empezar.
- Estaba a punto de salir, cuando me llamaron por teléfono.

Ir a + INFINITIVO

Se usa para expresar una intención del hablante.
Tiene un valor similar al del futuro simple.

- Esta tarde voy a ir al cine.

También se utiliza en imperfecto para expresar una acción futura con respecto a una acción anterior.

- Dijo que iba a venir.
- Cuando llegué a casa, iba a llamarte, pero al final me dio mucha pereza y se me pasó.

Inicio de la acción

Empezar / Comenzar a + INFINITIVO

Se usan para señalar el inicio de la acción.

Ponerse / echar(se) / romper a + INFINITIVO

Se emplean para expresar que la acción se inicia de forma brusca e inesperada. *Echar(se)* y *romper* se usan en contextos más formales y sólo con algunos verbos: *echar(se) a reír, llorar, correr, andar;* y *romper a reír, llorar, hervir.*

Estaba a punto de leer, cuando le llamaron por teléfono.

A las 5 se puso a leer.

A las 6 seguía leyendo.

A las 7 dejó de leer.

A las 8 volvió a leer.

A las 10 el libro ya estaba leído.

Desarrollo de la acción

Estar + GERUNDIO

Se usa para señalar que la acción dura un cierto período de tiempo.

- Estoy escribiendo mi tesis doctoral.
- Estaba duchándose cuando la llamaste.

Llevar + unidad de tiempo + GERUNDIO

Se usa para expresar una acción que empezó en el pasado y aún se realiza en el momento del que se habla. Sólo se usa en presente o imperfecto.
Es equivalente a: *hace* + cantidad de tiempo + presente o *hacía* + cantidad de tiempo + imperfecto.

- Lleva tres años viviendo en España.
- Llevaba tres años viviendo en España cuando se conocieron.

Puede omitirse el gerundio cuando la acción se recupera a partir del contexto.

- Lleva tres años en la misma empresa.

Seguir / Continuar + GERUNDIO

> Se usa para expresar que una acción que se ha iniciado en un momento anterior aún se realiza en el momento del que se habla.
> Es equivalente a la expresión «*todavía / aún + verbo*».

- La diversidad cultural y nacional española continúa siendo **(= aún es)** un problema sin resolver para muchos españoles.

Seguir / continuar + sin +INFINITIVO

> Se usa para expresar que una acción está pendiente de realizar.
> Es equivalente a la expresión «*todavía / aún + no + verbo*».

- Mira que se lo he dicho veces, pero sigue sin hacerme caso **(= todavía no me hace caso)**.

FINAL DE LA ACCIÓN

Acabar / terminar de + INFINITIVO

> Se emplean para referirse al final de una acción.

- Terminó de trabajar tarde y se fue directamente a la cama.

> *Acabar de* + INFINITIVO se usa, además, para expresar que la acción ha terminado en el momento inmediatamente anterior al momento del que se habla. Normalmente, se utiliza en presente o imperfecto, aunque también puede usarse en futuro o condicional con valor de hipótesis.

- En estos precisos instantes, el jurado acaba de dar **(= ha dado)** su veredicto.
- Acababa de llegar cuando le dieron la noticia.

Dejar de + INFINITIVO

> Se usa para expresar la interrupción de un hábito.
> Es equivalente a la expresión «*ya no + verbo*».

- He dejado de ir **(= ya no voy)** a las clases de Economía Aplicada, porque no me servían para nada.

RESULTADO DE LA ACCIÓN

Estar + PARTICIPIO

> Se usa para expresar el estado en el que se encuentra el sujeto como resultado de una acción anterior.

- Después de cuatro años de trabajo, las obras del Fórum ya están terminadas.
- Creo que el lector de CD está estropeado.

REPETICIÓN DE LA ACCIÓN

Volver a + INFINITIVO

> Se usa para expresar que la acción del verbo se repite.

- Es necesario que se vuelvan a iniciar las negociaciones para llegar al pacto social.

¿Te has fijado?

Infinitivo
Enfoca la acción completa, antes de hacerla (o después).

Gerundio
Enfoca un momento intermedio del proceso, ya empezado y sin acabar.

Participio
Enfoca el resultado final, lo que queda después de realizar la acción.

Voy a *escalar* la montaña

Estoy *escalando* la montaña

Mi objetivo está *cumplido*

ORACIONES TEMPORALES EN PASADO

- Preparé la cena **antes de que** llegaran los invitados.

> Las oraciones temporales introducidas por *antes de que* se construyen con subjuntivo.

- Preparé la cena **después de que** *terminó / terminara* la película.

> Las oraciones temporales introducidas por *después de que* se pueden construir con indicativo y subjuntivo.

- Preparé la cena **mientras** Ana ponía la mesa.
- Preparé la cena **en cuanto** llegué a casa.
- Preparé la cena **cuando** estabas en clase.

> Las oraciones temporales introducidas por *mientras*, *en cuanto* y *cuando* se construyen con indicativo.

- Envié el mensaje **antes de** comer.
- Envié el mensaje **antes de** que me llamaras.
- Salí de casa **después de** comer.
- Salí de casa **después de** que llegara mi compañera de piso.

> Las oraciones temporales introducidas por *antes de* y *después de* se construyen con infinitivo si tienen el mismo sujeto que la oración principal.

1. CUÉNTAME CUÁNDO FUE

A. **En grupos de tres, responded a las siguientes preguntas. Cada persona ha de utilizar una manera diferente de expresar el tiempo.**

> Tiempo absoluto
> ◷ **De calendario:** el lunes, en enero, en 2006, a las seis de la tarde...
>
> Tiempo relativo
> ⇆ **Respecto al momento de hablar:** hace dos horas, dentro de dos semanas, la próxima semana, ayer por la mañana...
> ⇅ **Respecto a otro momento o suceso:** tres días después de llegar aquí, al cabo de una semana de conocerlo, a los 10 años, dos meses después de empezar a estudiar...

0. ¿Cuándo aprendiste a leer?

   ◷ *En 1992, en verano, me enseñó mi madre.*

   ⇆ *A los cuatro años, un año antes de empezar el cole.*

   ⇅ *Hace casi 20 años ya.*

1. ¿Cuándo hiciste tu primer viaje?, ¿A dónde?

   ◷ _____

   ⇆ _____

   ⇅ _____

2. ¿Cuándo te enfadaste con alguien por última vez?

   ◷ _____

   ⇆ _____

   ⇅ _____

3. ¿Cuándo pensaste «¡qué guapo/a!» por última vez?, ¿y qué pasó luego?

   ◷ _____

   ⇆ _____

   ⇅ _____

4. ¿Cuándo ha empezado esta clase?

   ◷ _____

   ⇆ _____

   ⇅ _____

5. ¿Cuándo fuiste a la playa por primera vez?

   ◷ _____

   ⇆ _____

   ⇅ _____

6. ¿Cuándo saliste de fiesta por última vez?, ¿cómo fue?

   ◷ _____

   ⇆ _____

   ⇅ _____

7. ¿Cuándo mentiste por última vez?, ¿a quién?

   ◷ _____

   ⇆ _____

   ⇅ _____

2. ACONTECIMIENTOS DEL SIGLO XX

A. En el esquema que hay a continuación se han situado una serie de acontecimientos importantes de la historia del siglo XX. Pero, además, hay otros hechos decisivos para la historia contemporánea española que no han sido incluidos. Con la ayuda de tus compañeros, intenta situar los acontecimientos españoles en relación a los acontecimientos mundiales usando los siguientes conectores temporales.

> cuando mientras en cuanto antes de que después de que

a. 1914: Inicio de la Primera Guerra Mundial.

b. 1917: Inicio de la Revolución Rusa.

c. 1918: Final de la Primera Guerra Mundial.

d. 1919: Firma del Tratado de Versalles.

e. 1927: Proyección de la primera película sonora en Nueva York.

f. 1929: Caída de la Bolsa de Wall Street.

g. 1933: Ascenso al poder de Hitler.

h. 1939: Inicio de la Segunda Guerra Mundial.

i. 1945: Final de la Segunda Guerra Mundial.

j. 1947: Independencia de la India.

k. 1959: Triunfo de la Revolución Cubana.

l. 1961: Llegada al espacio de Yuri Gagarin.

m. 1973: Muerte de Mao Tse-tung, presidente de China.

n. 1989: Caída del muro de Berlín.

1. Inicio y final de la Guerra Civil.

2. Inicio de la Dictadura de Franco.

3. Muerte de Franco.

4. Celebración de las primeras elecciones democráticas tras la dictadura.

5. Proclamación de la Segunda República Española.

6. Entrada de España en el Mercado Común (futura Unión Europea).

7. Promulgación de la Constitución Española (aún vigente).

◆ *La dictadura de Franco empezó después de que acabara la Segunda Guerra Mundial.*

▼ *No, no, yo creo que fue un poco antes.*

3. DE PELÍCULA

A. Para crear una escena de una película, el guionista parte de un cuento corto (de un escritor muy aficionado a las perífrasis verbales) y cuenta con la ayuda de un dibujante que va construyendo el guión gráfico (*storyboard*).

Todo sucedió en un pequeño bar, hacia las seis de la tarde del 15 de octubre. **Empezaba a anochecer**, pero todavía había luz y de vez en cuando pasaban coches y algunos peatones.

En el bar había cuatro mesas, una estaba vacía. En la mesa de al lado de la puerta había una pareja, **estaban sentados** uno junto al otro y parecía que **estaban discutiendo**, en voz baja. El camarero estaba aburrido y de mal humor, porque **llevaba trabajando** desde las ocho de la mañana. Por suerte, estaba a punto de llegar el camarero del turno de noche.

En la mesa más cercana a la barra había una chica que **llevaba** un buen rato **hablando** por teléfono. Colgó y se acercó a la barra, pidió otro gin tonic, cogió el periódico, **volvió a sentarse** y **se puso a leer** la sección de necrológicas con gran interés.

En la mesa de al lado de la chica, un hombre de unos cincuenta años, solo, observaba de reojo a la pareja que **continuaba discutiendo**, cada vez más alto. **Terminó de revisar** los papeles que tenía delante, y cuando **iba a guardarlos** en su cartera, se le cayeron todos al suelo.

Su compañero seguía sin llegar, así que el camarero **volvió a pasar** por todas las mesas, preguntando si alguien quería algo más, ayudó al hombre a recoger las hojas desperdigadas y **comenzaron a hablar** de fútbol.

B. El cuento original está inacabado. Mira el dibujo y completa el texto
con las perífrasis y los verbos entre paréntesis.

A las seis y media, la pareja _____ *(discutir)*, aunque
ahora a gritos. La chica se levantó bruscamente y se fue al lavabo y
el chico _____ *(llorar)*.

Al oír los gritos, la chica del *gin tonic* _____ *(leer)* el
periódico, _____ *(beber)* su copa, de un trago, y le pidió
la cuenta al camarero.

El teléfono del bar _____ *(sonar)*, y cuando el camarero
_____ *(cogerlo)*, el hombre de la cartera corrió hacia la
barra y lo cogió. Mientras el hombre _____ *(hablar)*, tras
la ventana _____ *(llover)*.

C. A partir del dibujo, continúa el cuento. Recuerda que, para imitar el estilo del autor,
debes usar todas las perífrasis que puedas.

D. Concluye la historia como quieras. Completa el dibujo dibujando el resto de personajes
y termina de explicar la historia.

A. ¿Qué sabes de la historia reciente de tu país? ¿Y de la de España?

- ¿Cuál ha sido el hecho histórico más importante de tu país en los últimos 10 años?
- ¿Qué hechos han marcado la historia reciente de España?
- ¿Cómo se llaman los principales partidos políticos de España?
- ¿Cada cuánto tiempo hay elecciones en España? ¿Qué es el «día de reflexión»?
- ¿Qué sucedió el 11 de marzo de 2004 en España?
- ¿Qué consecuencias políticas tuvo este suceso?

B. Lee el siguiente texto sobre un hecho reciente de la historia de España y subraya la información que te ayude a completar las respuestas a las preguntas anteriores.

C.

Por este motivo, **durante los días 12 y 13** de marzo de 2004 se produjo un enfrentamiento político entre los partidos de la oposición y el gobierno del Partido Popular. **Mientras** el Gobierno seguía defendiendo la implicación de ETA en los atentados, los medios de comunicación internacionales los atribuían ya al terrorismo integrista islámico. **Simultáneamente**, en la calle se iban produciendo manifestaciones espontáneas y concentraciones silenciosas en contra del atentado y de la reacción del Gobierno. **El 13 de marzo,** en la jornada de reflexión, se efectuaron las primeras detenciones de sospechosos, **al tiempo que** se producían manifestaciones ante las sedes del PP, que reclamaban conocer la verdad de lo ocurrido.

A.

El 11 de marzo de 2004 Madrid se despertó con el mayor atentado de la historia de España: murieron 191 personas y más de 1700 resultaron heridas. **Hacia las 8 de la mañana**, explotaron de forma casi simultánea 10 mochilas situadas en cuatro trenes de la red madrileña de cercanías, en una serie de 10 explosiones que han pasado a la historia del país como los *atentados del 11-M*. Por todo ello, el Parlamento Europeo declaró el día 11 de marzo «día de las víctimas del terrorismo».

B.

El mismo día del atentado se iniciaron las investigaciones. **En un primer momento,** todas las hipótesis señaladas por el Gobierno, los principales partidos políticos y los medios de comunicación apuntaban a un atentado de la banda terrorista vasca ETA. No obstante, **después de realizarse las primeras investigaciones**, algunos indicios empezaban a señalar al terrorismo islamista, de modo que algunos medios de comunicación y los grupos políticos en la oposición (PSOE e IU) comenzaron a interpretar el atentado como una respuesta de los islamistas a la participación española en la guerra de Irak. Además, los atentados se cometieron tres días antes de las elecciones generales del 14 de marzo de 2004.

D.

Un día después se celebraron las elecciones generales. El escrutinio otorgó la victoria al PSOE, liderado por José Luis Rodríguez Zapatero, en unas elecciones marcadas por la mayor participación en número de votantes de España (unos 25 millones). **A partir de ese momento**, el PSOE acusó al PP de haber manipulado la información y haber mentido a los españoles respecto a la autoría del atentado. A su vez, el PP acusaba al PSOE de haber instigado las manifestaciones contra las sedes y miembros del PP para ganar las elecciones.

E.

El cruce de acusaciones siguió durante los años posteriores a los atentados, **paralelamente a** la investigación policial y judicial de los hechos. **Finalmente,** el 31 de octubre de 2007, tras casi tres años de investigación y cuatro meses y medio de juicio, se dictó la sentencia del 11-M, de más de 700 folios, que descartaba la implicación de ETA como autora intelectual de los atentados y condenaba por dichos atentados a 21 miembros y colaboradores de una célula islamista del grupo terrorista Al Qaeda. Esta sentencia ha sido la primera en condenar el terrorismo yihadista internacional en Europa.

C. ¿Qué tipo de texto crees que es el anterior?

☐ Expositivo
☐ Narrativo
☐ Descriptivo
☐ Argumentativo

¿En qué características te basas para decidirlo?

• Organización de la información:
• Expresiones temporales:
• Tiempos verbales:
• _____

D. Ahora vas a comprobar la función de estos marcadores temporales. A continuación, tienes un texto sobre la historia reciente de la Unión Europea, del que se han extraído las oraciones iniciales de cada párrafo. Para que la relación entre párrafos quede más clara, relaciona las frases iniciales de párrafo de la columna derecha con los párrafos correspondientes de la columna izquierda. Los marcadores temporales y tus conocimientos sobre el tema te servirán de ayuda.

1 ☐ **En los años 50**, la Comunidad Europea del Carbón y del Acero (CECA), fundada por Alemania, Bélgica, Francia, Italia, Luxemburgo y los Países Bajos, fue el primer paso de una unión económica y política de los países europeos para lograr una paz duradera. **En 1957** se firmó el Tratado de Roma, por el que se constituyó la Comunidad Económica Europea (CEE) o «mercado común».

2 ☐ Era un buen momento para la economía, favorecido, entre otras cosas, por el hecho de que los países de la UE dejaron de percibir derechos de aduana por las transacciones comerciales.

3 ☐ El número de Estados miembros aumentó a nueve con la entrada de Dinamarca, Irlanda y el Reino Unido. El derrocamiento del régimen de Salazar en Portugal y la muerte del general Franco en España representaron la desaparición de las últimas dictaduras «de derechas» de Europa.

4 ☐ Además, en ese momento se firmó también el Acta Única Europea, tratado destinado a eliminar las trabas a la libre circulación de mercancías a través de las fronteras de la UE, que da origen al «mercado único». La década concluyó con el derribo del muro de Berlín y la reunificación de Alemania.

5 ☐ Esta fue la época también de dos Tratados: el de Maastricht, de la Unión Europea, y el de Ámsterdam. Los ciudadanos se preocupaban por la protección del medio ambiente y por la actuación conjunta en asuntos de seguridad y defensa. Ingresaron tres países más: Austria, Finlandia y Suecia.

6 ☐ Muchos europeos creyeron que había llegado la hora de que Europa tuviera una Constitución, por lo que se inició el debate sobre el futuro de Europa.

a. **Tras el crecimiento económico**, vino el crecimiento de la comunidad.

b. **En la siguiente década** surgió la «cultura joven», con la generación de los Beatles y el Mayo del 68.

c. Las divisiones políticas entre la Europa del este y del oeste se zanjaron definitivamente con la llegada del euro y el ingreso en la unión de 12 nuevos países.

d. La Unión Europea nació **a mediados del siglo XX** para acabar con los frecuentes conflictos entre vecinos que habían culminado en la Segunda Guerra Mundial.

e. **Después de la caída del comunismo**, los europeos se sintieron más próximos y culminó la creación del mercado único.

f. **Una vez asentada la democracia** en estos países, España y Portugal se incorporaron a la Unión, a la que también se había incorporado Grecia, **cinco años antes**.

Texto adaptado de la página web de la U.E: http://europa.eu/abc/history/index_es.htm

E. En el *blog* del curso vais a abrir un nuevo espacio sobre *El acontecimiento del año*. En él cada uno de vosotros va a explicar cuál ha sido, en su opinión, el suceso histórico más importante de este año en su país. Documentaos bien y explicad cómo se sucedieron los hechos y cuáles han sido las repercusiones. No olvidéis indicar por qué lo habéis seleccionado. Después, podéis votar las narraciones para decidir quién ha hecho la mejor elección.

6 Opiniones

1. ¿TE GUSTA EL CINE?

A. Completa el siguiente cuestionario.

1. Tú crees que el cine, ante todo...

☐ es un arte, una forma de creación de obras únicas y valiosas.

☐ no es más que un entretenimiento fácil, más divertido y que cuesta menos que leer.

☐ se ha convertido en un negocio que mueve una cantidad escandalosa de dinero.

☐ es lo que ponen en la tele en los intervalos entre un bloque de anuncios y el siguiente: el momento para ir a la cocina a buscar una cerveza.

2. Mi película favorita es _____,
porque _____.

3. La peor película que he visto últimamente es _____
_____, porque _____
_____.

4. La película que marcó mi infancia fue _____
_____, porque _____.

5. El personaje de película con el que me siento más identificada/o es _____,
de la película _____, porque _____
_____.

6. Para decidirte a ver una película...

☐ prefieres que sea de un director que conoces y te gusta, porque seguramente será similar en calidad y estilo a otras que has visto.

☐ lo más importante es que los actores te gusten. Sea buena o mala, te entretendrás mirándolos.

☐ te encanta que la fotografía y los efectos especiales sean espectaculares. Ya que pagas para verla, que valga la pena.

☐ no soportas que el argumento sea típico y previsible, de esos que lees la sinopsis y ya sabes cómo acabará.

☐ lo que más te influye es que hayas oído hablar de ella, o hayas visto algún anuncio en la tele, o alguna crítica en el periódico.

7. Desde tu punto de vista, descargar películas de Internet o comprar copias pirata es...

☐ un delito y una falta de respeto para los artistas.

☐ una manera de compartir la cultura, de que todo el mundo pueda ver las películas.

☐ lento, muy lento, y luego además se ven mal.

☐ lo normal: no tienes dinero para comprarte DVDs, ni para ir al cine.

8. La mejor manera de ver una buena película es...

☐ en un cine de los de toda la vida, grande, con un sistema de sonido espectacular y una pantalla enorme.

☐ en verano, al anochecer, y proyectada en una pantalla montada en algún espacio al aire libre, mientras estás tumbada/o en el césped o en la arena, comiendo tortilla de patatas y cuscús.

☐ en tu *i-pod* de camino al trabajo, para no tener que mirar las caras aburridas de la gente en el metro o en el tren.

☐ en casa de unos amigos, mientras coméis *chuches* y bebéis cócteles recién inventados, para comentarla, reíros, criticar a los actores y pasarlo bien.

☐ en tu DVD *home cinema*, tumbado/a en tu sofá con una copa de buen vino y con alguien que te parezca más guapo/a que el/la protagonista a tu ladito.

B. **Las palabras que tienes a continuación están relacionadas con el cine. Clasifícalas en el apartado correspondiente.**

banda sonora	versión subtitulada	sinopsis
comedia	película muda	película del oeste
toma	cartelera	drama
tráiler	ciencia ficción	actor
público	salas	taquilla
efectos especiales	butaca	crítico
protagonista	musical	fotograma
director	pantalla	cámara lenta
decorado	foco	primer plano
película de terror	maquillaje	acomodador
guión	fotografía	dibujos animados
versión original	productor	guionista

Géneros cinematográficos:	
Personas que intervienen en la creación y en la recepción de una película:	
Elementos, materiales, objetos, lugares... necesarios para la realización de una película:	
Elementos, lugares, personas, objetos... que se encuentran en las salas de cines:	
Fases y técnicas de realización cinematográficas:	
Posproducción y opciones de proyección:	

2. SINOPSIS DE PELÍCULAS

A. La filmoteca de la ciudad en la que estás estudiando inicia esta semana un ciclo de cine español. A continuación tienes los argumentos de algunas de las películas. ¿Cuál te interesa más?

Manuela, que trabaja en un hospital de Madrid, es una madre que ha criado sola a su hijo, Esteban. El chico siente una profunda curiosidad por conocer a su padre, pero su madre siempre le ha ocultado cualquier información sobre él. El día del cumpleaños de Esteban, madre e hijo van a ver una obra de teatro y, al terminar la función, el joven va en busca de un autógrafo de la actriz protagonista, pero en el intento pierde la vida. Ante tal desgracia, Manuela se va a Barcelona para ponerse en contacto con el padre de Esteban y revelarle que, cuando ella dejó la ciudad hace años, se fue embarazada. No obstante, la búsqueda no será fácil y, mientras se dedica a ella, Manuela se recupera de la pérdida de Esteban rodeada de mujeres muy especiales.

Esta es una historia de amor apasionada y secreta que atraviesa la vida de sus dos protagonistas, Ana y Otto, desde que tienen ocho años hasta los veinticinco. Ellos la cuentan. Todo comienza en 1980, a la salida de un colegio, cuando dos niños echan a correr por distintos motivos. Desde esa tarde en la que se les escapa el mundo, las vidas de Ana y Otto se trenzarán en un mismo círculo, que comenzará a cerrarse diecisiete años más tarde, en Finlandia, en el mismo borde del Círculo Polar.

La película cuenta la historia real de Ramón Sampedro, un marinero que, como consecuencia de un accidente sufrido al saltar al mar desde una roca, queda tetrapléjico y permanece postrado en una cama alrededor de 30 años. Ante su situación personal, Ramón sólo desea morir dignamente. Su mundo es su habitación, y a ella llegan Julia, su abogada, y Rosa, una vecina que intenta convencerlo de lo interesante que puede ser la vida. La gran personalidad de Ramón cambia por completo los principios de las dos mujeres protagonistas.

Una joven solitaria y con problemas auditivos trabaja en una fábrica textil y es obligada por el comité de la empresa a tomar vacaciones. Durante este período de tiempo, y fortuitamente, consigue un trabajo de enfermera en una plataforma petrolífera en alta mar para cuidar a un trabajador accidentado que ha perdido temporalmente la visión. Entre estos personajes y los demás trabajadores de la plataforma se teje la vida secreta de las palabras, y a través de ellas el espectador conocerá los íntimos secretos de los dos protagonistas.

B. Ahora vas a escuchar a tres personas que han asistido al ciclo de cine español. ¿Cuál de las películas anteriores han visto? Anota las palabras que te han ayudado a responder.

	Película	Palabras clave
Diálogo 1		
Diálogo 2		
Diálogo 3		
Diálogo 4		

C. ¿Les ha gustado la película? ¿Qué expresión de valoración han usado? Escucha de nuevo y completa el cuadro.

		¿Le ha gustado?	Expresión
Diálogo 1	Ana		
	Pedro		
Diálogo 2	Pedro		
	Luis		
Diálogo 3	Ana		
	Luis		
Diálogo 4	Pedro		
	Ana		

D. En parejas, comentad la última película que habéis visto.

◆ *¿Cuál es la última película que has visto?*
▼ *Pues, no sé… ¡Ah sí! El otro día vimos* Volver, *de Pedro Almodóvar.*
◆ *¿Y te gustó?*
▼ *Sí, no estuvo mal, pero la vimos en versión original sin subtítulos y a veces no entendíamos nada.*

EXPRESAR UNA OPINIÓN

- **Para mí**, las películas de terror **son** bastante malas en general.
- **Me parece que** el cine europeo **es** más interesante que el americano.

Está claro que María fuma.

Usamos el **indicativo** con verbos (*creo, considero, me parece*, etc.) y expresiones (*desde mi punto de vista, para mí*, etc.) que introducen nuestro punto de vista. Con estas expresiones, no modificamos el contenido de la oración.

Para mí, En mi opinión, Desde mi punto de vista, Me parece + QUE Me imagino + QUE Creo + QUE Opino + QUE Supongo + QUE Considero + QUE	**+ Indicativo**

RECHAZAR UNA OPINIÓN

- – **Para mí**, las películas de terror **son** bastante malas en general.
  – Pues yo **no creo que sean** malas. El otro día vi una buenísima.
- – **Me parece que** Almodóvar **es** muy repetitivo.
  – Hombre, a mí **no me parece que sea** tan repetitivo. A veces, vuelve sobre los mismos temas, pero siempre plantea situaciones nuevas.

Es mentira que María fume.

Usamos el **subjuntivo** con verbos (*no creo, no me parece, dudo*, etc.) y expresiones (*es mentira, es falso*, etc.) que indican que rechazamos el contenido de la oración. Generalmente, con estas estructuras expresamos nuestro desacuerdo con algo que se ha dicho antes.

No me parece + QUE No creo + QUE Dudo + QUE Es mentira + QUE No es verdad + QUE	**+ Subjuntivo**

EXPRESAR UNA VALORACIÓN

- **Es normal que** muchas películas de terror **sean** malas, porque es muy difícil inventar historias que den miedo sin que sean ridículas.

- **Me parece lógico que** Almodóvar **sea** repetitivo. En el fondo, todos los artistas expresan sus obsesiones.

- **Es importante ver** todas las obras de Julio Medem para escribir el trabajo de la asignatura.

Usamos el **subjuntivo** con expresiones (*está bien, me parece una tontería, es normal*, etc.) con las que valoramos el contenido de la oración.
También usamos el **infinitivo** cuando valoramos acciones o situaciones generales. En estos casos, no es necesario especificar el sujeto.

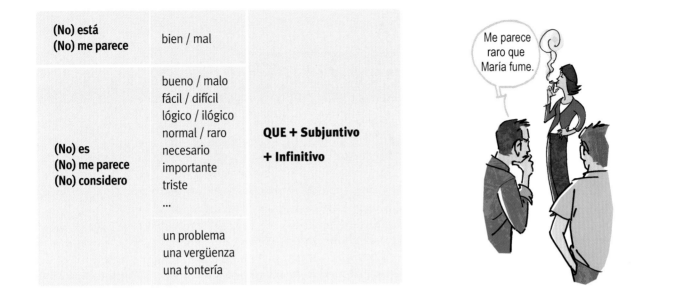

(No) está (No) me parece	bien / mal	
(No) es (No) me parece (No) considero	bueno / malo fácil / difícil lógico / ilógico normal / raro necesario importante triste ...	**QUE + Subjuntivo** **+ Infinitivo**
	un problema una vergüenza una tontería	

Me parece raro que María fume.

EXPRESAR UN SENTIMIENTO

- **No soporto ver** películas de terror en el cine. **Me pone muy nervioso que** la gente **grite** en las mejores escenas; me desconcentra...
- **Estoy cansada de oír** que el cine europeo es más interesante que el americano. Eso es un tópico.

Usamos el **subjuntivo** con expresiones (*no soporto, estoy cansado/a de, me molesta*, etc.) con las que indicamos el sentimiento o la sensación que nos produce una situación. También usamos el **infinitivo** cuando se mantiene la referencia de persona.

(No)	soporto aguanto... me gusta me molesta me divierte Me aburre Me encanta...		**+ Infinitivo** **QUE + Subjuntivo**
(No) estoy	aburrido/a cansado/a contento/a	**de**	
(No) me pone	triste de buen humor enfermo/a contento/a nervioso/a...		
(No) me da	pena rabia asco...		

Me molesta que María fume.

1. *PUES YO NO CREO QUE...*

A. En una mesa redonda sobre cine, algunos de los participantes han expresado opiniones bastante polémicas. A continuación, se recogen algunas de ellas. ¿Cuál es tu opinión? Coméntalo con tus compañeros.

- El cine debe denunciar los problemas sociales.
- El cine europeo no conecta con el gran público.
- El precio de las entradas de cine es bastante barato.
- En Hollywood sólo se producen películas comerciales de poco valor artístico o social.
- Las personas que descargan películas de Internet perjudican al cine.
- Los espectadores no tenemos criterio; nos dejamos convencer por la publicidad.
- Una película doblada pierde todo su encanto.
- Las películas europeas necesitan subvenciones para competir con las de Estados Unidos.

2. *NO LO PUEDO SOPORTAR*

A. ¿Te consideras una persona maniática? ¿Qué es lo que más te molesta en una sala de cine?

- Me pone nervioso que la gente grite, o haga comentarios supuestamente graciosos en voz alta.
- Me pone de mal humor que la gente reciba llamadas o mensajes de móvil.
- No soporto que la gente coma palomitas sin parar y sorba ruidosamente refrescos gigantes.
- Me pone de los nervios que alguien comente con su pareja, en voz baja pero audible, todo lo que pasa en la pantalla.
- Me molesta que alguien me golpee el respaldo desde atrás con las rodillas.
- No soporto que la persona del asiento de al lado ocupe todo el reposabrazos que compartimos.

B. ¿Y en estas situaciones? ¿Qué es lo que más te molesta?

• En el supermercado.	
• En clase.	
• En los transportes públicos.	
• En un avión.	
• En una fiesta en tu casa.	
• En una discoteca.	

3. SISTEMAS DE ENSEÑANZA

A. El funcionamiento de las clases en la Universidad no es igual en todos los países europeos. ¿Qué diferencias existen entre el sistema español y el sistema de tu país?

	En mi país	En España
Profesores (edad, actitud)		
Estudiantes (edad, actitud)		
Clases (contenidos, metodología, prácticas)		
Evaluación (exámenes, trabajos)		

B. Expresa tu valoración sobre los aspectos que sean distintos. Puedes usar, entre otras, las siguientes estructuras:

◆ *Me sorprende que…*
◆ *Me molesta que…*
◆ *Me parece mejor / peor / bien / mal que…*
◆ *Me parece curioso / extraño / divertido / raro que…*

4. COMPAÑEROS DE PISO

A. Hans y Stéphanie llevan seis meses compartiendo piso. Tras una fuerte discusión, deciden que ya no pueden seguir conviviendo. Aquí tienes los argumentos que han expuesto en la discusión. ¿Con quién te identificas más?

Hans:
1. No entiendo que Stéphanie vea culebrones en la televisión.
2. Estoy cansado de que nunca ayude con las tareas domésticas.
3. No me parece bien que traiga amigos al piso cuando tengo que estudiar.
4. Me molesta que tenga la nevera llena de quesos apestosos.
5. Me sorprende que no sepa poner una lavadora.
6. Me da mucha rabia que no vacíe los ceniceros llenos de colillas.

Stéphanie:
1. Me aburren los sermones de Hans.
2. No me gusta la música que escucha.
3. Me sorprende que no recicle las basuras.
4. No entiendo que no quiera tener más vida social.
5. No soporto que sea tan inflexible con el orden.
6. Me molesta que no trate bien a mis amigos cuando vienen a casa.

B. Y a ti, ¿qué te molesta de tus compañeros de piso?

5. NOTICIAS CURIOSAS

A. Las siguientes noticias, procedentes de periódicos «serios», resultan extrañas. Léelas y selecciona las tres que más te llamen la atención.

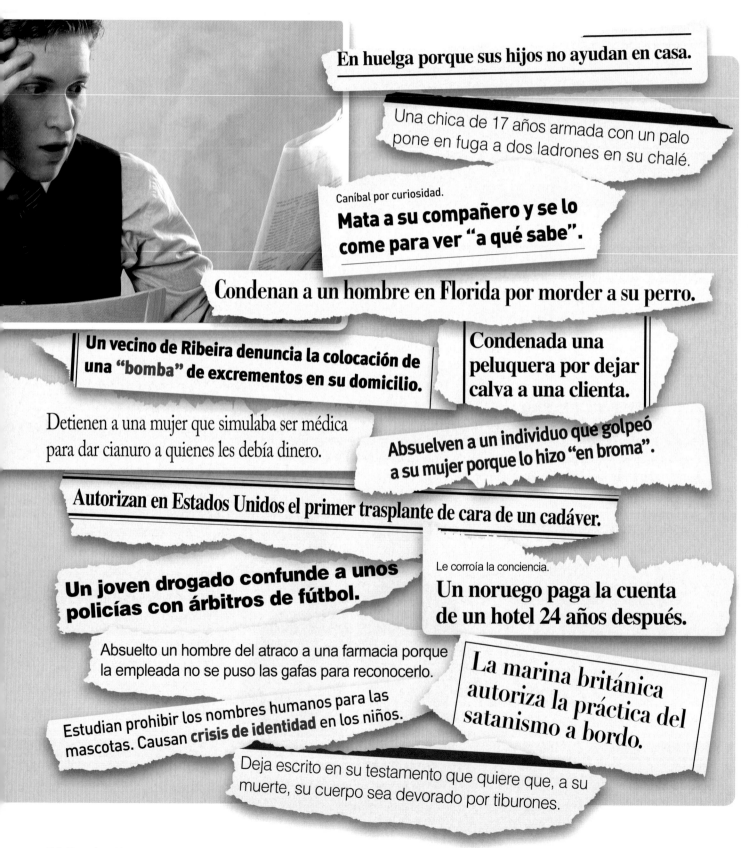

En huelga porque sus hijos no ayudan en casa.

Una chica de 17 años armada con un palo pone en fuga a dos ladrones en su chalé.

Caníbal por curiosidad.
Mata a su compañero y se lo come para ver "a qué sabe".

Condenan a un hombre en Florida por morder a su perro.

Un vecino de Ribeira denuncia la colocación de una "bomba" de excrementos en su domicilio.

Condenada una peluquera por dejar calva a una clienta.

Detienen a una mujer que simulaba ser médica para dar cianuro a quienes les debía dinero.

Absuelven a un individuo que golpeó a su mujer porque lo hizo "en broma".

Autorizan en Estados Unidos el primer trasplante de cara de un cadáver.

Un joven drogado confunde a unos policías con árbitros de fútbol.

Le corroía la conciencia.
Un noruego paga la cuenta de un hotel 24 años después.

Absuelto un hombre del atraco a una farmacia porque la empleada no se puso las gafas para reconocerlo.

La marina británica autoriza la práctica del satanismo a bordo.

Estudian prohibir los nombres humanos para las mascotas. Causan **crisis de identidad** en los niños.

Deja escrito en su testamento que quiere que, a su muerte, su cuerpo sea devorado por tiburones.

B. Valora las noticias que has elegido empleando las estructuras que se ofrecen.

Es / Me parece	raro / increíble / injusto normal / natural / inverosímil divertido / curioso / gracioso...	Que + SUBJUNTIVO
		INFINITIVO
	una tontería / una locura una exageración...	

_____
_____
_____
_____
_____
_____
_____
_____
_____

C. En pequeños grupos, comparad vuestras valoraciones. ¿Estáis de acuerdo?

A mí me parece una exageración que estudien prohibir los nombres humanos para las mascotas.

Pues a mí no me parece tan exagerado. De pequeño...

A. Muchas veces nuestras opiniones sobre las películas no coinciden con las de otras personas. En parejas, vais a discutir sobre la película *Volver* de Pedro Almodóvar: uno defenderá que es una buena película y el otro, lo contrario. Para ello, utilizad la información contenida en estos dos textos.

VOLVER

País: España. **Dirección y Guión:** Pedro Almodóvar.
Fotografía: José Luis Alcaine. **Montaje:** José Salcedo.
Música: Alberto Iglesias. **Intérpretes:** Penélope Cruz,
Carmen Maura, Lola Dueñas, Blanca Portillo,
Yohana Cobo.

Sole y Raimunda son hermanas y viven en un barrio madrileño. Hace unos años, sus padres murieron en un incendio. Raimunda está casada y tiene una hija adolescente. Un terrible acontecimiento y una sorprendente aparición provocarán un gran cambio en sus vidas.

Con esta rocambolesca comedia dramática con elementos sobrenaturales, Almodóvar se recupera del fracaso narrativo y estético que supuso su anterior película: *La mala educación*. *Volver* confirma la buena mano del realizador para las películas chispeantes de protagonismo femenino.

Hay un tema recurrente en la filmografía de Almodóvar: la soledad de las mujeres, tantas veces objeto de la infidelidad del hombre. De nuevo, aparece la figura de la madre como punto de apoyo del núcleo familiar. Almodóvar demuestra una gran capacidad para dirigir a sus actrices, <u>en concreto</u>, a una brillante Penélope Cruz.

Asimismo, los diálogos son frescos y divertidos. La música también forma parte del diálogo, <u>es decir</u>, da vida a los protagonistas y refuerza el tono emotivo.

La fotografía es menos recargada que en películas anteriores, con un predominio de los colores fuertes, usados con acierto en secuencias bien planificadas e iluminadas. El montaje tiene también una gran calidad, que se observa, <u>por ejemplo</u>, en la escena en la que Penélope Cruz canta el tema que da título a la película.

<u>En definitiva</u>, un Almodóvar menos estridente, más tierno y cercano a la gente corriente, crítico con la telebasura, admirador de la mujer, que convence como narrador.

VOLVER, de Pedro Almodóvar

La verdad, después de ver *Volver*, te quedas como si no hubiera pasado nada. La peli no es mala, <u>quiero decir</u>, no es un *film* despreciable, pero queda muy lejos del resto las obras magnas del director manchego. No emociona ni enternece. La trama es demasiado retorcida y presenta locuras con tanta cotidianeidad que a veces resulta insoportable. El guión me pareció previsible desde el comienzo; los personajes, planos. A mí me da la sensación de que esto es un relato perdido en algún cajón de la mesilla de noche del director que tal vez no debería haber llegado a la gran pantalla.

Almodóvar, que tanto nos ha hecho disfrutar con otras películas –<u>pongamos por caso</u>, *Todo sobre mi madre*, aunque también otras menos destacadas por la crítica–, ahora nos decepciona con una película más propia de una ópera prima de algún ganador de festival de cortos. Seamos justos: *Volver* se deja ver, <u>o sea</u>, sigues la historia, participas en ella, pero poco más.

En cuanto a las actrices, tengo que confesar que a mí no me entusiasma Penélope Cruz. Tampoco en esta película. No me la creo y no demuestra en pantalla la amargura que su papel insinúa. En cambio, Carmen Maura y Chus Lampreave están, como siempre, magníficas. Las demás actrices son correctas, pero tampoco destacan ni reflejan la complejidad de sentimientos que implican las situaciones planteadas en el film.

<u>En suma</u>, una historia sin peso, en la que el instinto de Almodóvar se pierde entre el vacío de su imaginación. Lo mejor: lo popular del film, la cercanía con que se nos ofrece la historia. El cine de Almodóvar sigue siendo grande pero, en este caso, nos ha decepcionado. Esperemos, pues, que decida *volver*, y esta vez de verdad, a sorprender.

B. Los dos textos tienen estilos muy distintos. Completa el siguiente cuadro añadiendo ejemplos de los textos. Después, compara con la ayuda de tu compañero los dos estilos.

Rasgos estilísticos	Crítica 1	Crítica 2
Estructuras verbales	- **Impersonales:** - **Con sujeto no personal:** - **Con _se_ en lugar de sujeto:** - **Verbos de opinión sin pronombre personal:**	- **En primera persona:** - **En segunda persona:**
Verbos de opinión **Verbos de valoración**	_Convence..._	_Me pareció..._ _Emociona..._
Adjetivos de valoración	_Rocambolesca..._	_Mala..._
Marcadores de reformulación	- **De concreción:** _por ejemplo,_ - **Explicativos:** - **Recapitulativos:**	- **De concreción:** - **Explicativos:** _quiero decir,_ - **Recapitulativos:**

C. Escribe ahora tu aportación al _blog_ del curso con una crítica de una película actual que quieras recomendar a tus compañeros. Expón brevemente el argumento en la introducción y comenta qué aspectos te han parecido más interesantes (la interpretación, la ambientación, los efectos especiales, el guión, la fotografía, etc.). Concluye tu texto con una valoración crítica.

Recuerda que debes elegir el estilo que más se ajuste a la situación comunicativa. Puede serte útil también el siguiente vocabulario:

Interpretación	Gestos, intensidad, exagerado/a, contenido/a, (in)expresivo/a, un personaje / un papel.
Guión	Trama, argumento, original, tener ritmo, ser lento/a, mensaje, personajes bien / mal construidos, final previsible / inesperado / abierto.
Ambientación	Cuidada, reconstrucción, maquillaje, caracterización, interiores, exteriores, banda sonora, vestuario.
Efectos especiales	Sorprendentes, formales, impactantes, innecesarios.
Fotografía	Imágenes, punto de vista, primeros planos, secuencias, tomas.

1. ¿Y DESPUÉS?

A. Juan, Carlos, Ana y Sonia terminan este año sus carreras y hablan del futuro. Escucha y marca cuáles de estas actividades aparecen en el diálogo.

- ☐ irse al extranjero
- ☐ estudiar otra carrera
- ☐ tomarse un año sabático
- ☐ hacer un curso de idiomas
- ☐ casarse
- ☐ abrir un negocio
- ☐ hacer un máster
- ☐ hacer el doctorado
- ☐ hacer oposiciones

B. Escucha de nuevo y di quién dice las siguientes frases.

- **Es probable que** pida un crédito al banco para poder abrir mi propio negocio. _____
- Pues **es posible que** haga un máster sobre gestión de empresas, pero no estoy seguro. _____
- **Quizás** me vaya a China un par de años para perfeccionar el idioma y **a lo mejor** me sale un trabajo allí. _____
- **Seguramente** empiece a trabajar en el despacho de mi padre. _____

C. El futuro es algo incierto, hablamos de algo de lo que no estamos completamente seguros. ¿Qué palabras transmiten esta idea en las frases anteriores? ¿Qué modo verbal las acompaña? ¿Conoces otras?

D. ¿Y tú? ¿Qué planes tienes para después de la carrera?

▼ *Yo, cuando termine, quizás vaya a trabajar al extranjero.*
◆ *Pues yo seguramente buscaré un trabajo, y a lo mejor hago el doctorado.*

2. UNA CARRERA CON FUTURO

A. **A continuación, tienes algunas afirmaciones sobre las salidas laborales de los universitarios españoles. ¿Crees que son verdaderas o falsas? Coméntalo con tus compañeros.**

1. Los titulados universitarios encuentran trabajos que se ajustan a su preparación académica.
2. Las titulaciones universitarias responden a las demandas del mercado laboral.
3. Casi el 50% de los titulados se sienten insatisfechos con sus estudios.
4. Tres de cada cuatro titulados universitarios tienen trabajo.
5. Los sueldos tras la graduación no superan los 800 euros netos.
6. El desempleo entre los universitarios afecta casi exclusivamente a los titulados en carreras de Letras.

B. **Lee el artículo siguiente y comprueba si las afirmaciones anteriores son verdaderas o falsas.**

El mercado laboral español desaprovecha el talento y la cualificación. España es uno de los países europeos que peor utiliza su capital humano, sobre todo en los niveles de formación superiores, una circunstancia que nos aleja de nuestros principales competidores en el continente.

Cada año salen de las universidades 200 000 **titulados** y los campus acogen ya a 1,5 millones de estudiantes. Sin embargo, para muchos de estos titulados la alternativa será el **paro** o un empleo por debajo de su preparación. Los sueldos, tras la graduación, apenas superarán los 760 euros **netos**, según un reciente informe de la Agencia Nacional de Evaluación de la Calidad y Acreditación (ANECA), una retribución que sólo se duplicará tras varios años trabajando.

Hay demasiada oferta para poca demanda, demasiados universitarios que el mercado es incapaz de absorber, pero sobre todo con cualificaciones diferentes a las que reclaman las empresas. Además, el mercado ha estado primando durante años a los trabajadores sin especialización o con baja cualificación.

Juan José Castillo, de 30 años, terminó la carrera de Historia en la Universidad Complutense hace cuatro años. Tiene un máster de Contabilidad y otro de Gestión de Calidad y un nivel de inglés medio. Ha trabajado, siempre con **contrato temporal**, «en casi todo», reconoce. Hace dos meses se quedó en paro. Castillo está dispuesto a trabajar en lo que haga falta y recientemente se ha acercado a una agencia privada de **colocación**. No podrá cobrar la **prestación de desempleo** porque le faltan 20 días de cotización.

El caso de Castillo es uno más de una larga lista de universitarios en paro, que dedican cinco años –algunos, más– a la universidad, para acabar en las listas del paro. No sólo las carreras de Letras condenan al desempleo, ya que cada vez son más los estudiantes de Ciencias en paro.

Un estudio realizado por el Instituto Valenciano de Investigaciones Económicas (IVIE) destacaba que España, junto a Grecia y Polonia, encabeza la clasificación de países europeos con mayor tasa de paro entre universitarios. Apenas tres de cada cuatro titulados tienen trabajo y a la mayoría de los que lo tienen se les requiere una cualificación menor a la obtenida tras años de estudios. Mientras, el 90% de los que han estudiado Formación Profesional de grado superior están ocupados.

¿Pero merece la pena dedicar cinco años a una carrera conociendo de antemano las escasas **salidas laborales**? Según un reciente informe de la Fundación Universidad-Empresa, el 49% de los titulados se siente insatisfecho con la **carrera** que ha cursado por la falta de expectativas laborales que tiene. Sin embargo, y pese al oscuro panorama laboral, alrededor del 12% reconoce sentirse satisfecho por lo que le aportan sus estudios, puesto que, más que un empleo, buscaban mayor formación y un enriquecimiento personal.

Texto adaptado de negocios.com

C. **Compara la situación que describe el texto con la de tu país: ¿vale la pena estudiar por vocación?, ¿hay que ser prácticos y pensar en la utilidad de determinadas carreras?, ¿se valora la preparación universitaria en tu país?, ¿la Universidad sirve para encontrar un buen trabajo?**

3. CIENCIA

A. **Lee los siguientes textos: descubrirás recientes e increíbles inventos técnicos. Numéralos según la utilidad que crees que tienen y, a continuación, compara y discute tu valoración con la de tus compañeros.**

1. CIBERMASCOTA JURÁSICA

El dinosaurio Pleo es el resultado más evolucionado de un producto que cada vez va a más: la cibermascota. Es el primer robot-dinosaurio-bebé lanzado por la industria robótica. Mide 54 centímetros de largo, por 45 de alto, por 15 de ancho.

Pleo es un *Camarosaurus* (habitante del Jurásico tardío) capaz de ver, oír, caminar y emitir sonidos: tiene cámaras infrarrojas en los ojos y micrófonos en las orejas. Además, es una mascota capaz de reaccionar ante distintos estímulos de manera autónoma: mira atontado a la gente, se avergüenza, avanza dos pasos, retrocede tres, pide mimos, se echa a dormir, se despierta moviendo la cola como un perro y ronronea como un gato.

2. CARGADOR EÓLICO

El invento de Gotwind.org en colaboración con la operadora Orange es un generador eólico muy pequeño que se coloca en la parte superior de la tienda de campaña y genera energía suficiente para recargar el móvil o el iPod. Con aspas de sólo 30 centímetros permite recargar una batería portátil situada en una cajita que viene incluida. El móvil se conecta luego a esta cajita y se recarga en una o dos horas. Es compatible con la gran mayoría de los modelos.

Es bastante interesante: resulta ideal para cuando viajas a la montaña o vas a acampar al aire libre.

3. CARRITO INTELIGENTE

Este carro de la compra, con tecnología RFID (identificación por radiofrecuencia), confecciona el ticket de la compra con solo introducir los productos en él. Además, mediante una pantalla táctil, el cliente puede consultar la lista de artículos que ya ha adquirido, encontrar artículos en el supermercado o incluso ver las ofertas del día. Una vez acabada la compra, el cliente indica que ha terminado presionando un botón. La información del ticket viaja al servidor de la tienda. Ya sólo hace falta pagar en un terminal de autoservicio, sin hacer cola.

4. SMS LUMINOSOS

Determinados modelos de móviles pueden escribir mensajes en el aire a partir de rayos de luz. Estos móviles disponen de una fila de LED, en su parte trasera, que permiten dibujar en el aire un mensaje con el movimiento del teléfono.

5. CASA INTELIGENTE

Esta vivienda dispone de un sistema de reconocimiento de voz que permite controlar todos los sistemas de la casa: encender la cafetera, subir las persianas o poner un poco de música, todo desde el sofá.

Nada más entrar en este peculiar hogar y darle los buenos días, la casa se pone en marcha: sube las persianas, informa de la temperatura y humedad, enciende las luces y pone música de ambiente.

B. **Las siguientes frases se han escapado de los textos. ¿A cuál de ellos pertenece cada una?**

☐ La turbina pesa sólo 150 gramos y es fácil de transportar y montar.

☐ Está pensado exclusivamente para personas mayores y con discapacidad.

☐ Se ha presentado en el Consumer Electronics Show de Las Vegas, en la parte dedicada a robots, donde ha eclipsado a los cibercriados.

☐ Como principales inconvenientes, cabe destacar que el sistema tan sólo permite crear mensajes de hasta 15 caracteres como máximo, y que estos sólo pueden ser leídos a 6 metros de distancia durante el día.

☐ La pantalla le informa del estado de su compra y el importe del mismo, según va poniendo los artículos dentro.

C. **Pep Torres es un artista que crea objetos, inventos extraños, algunos pensados para la vida futura y otros para divertir. Creó una «cama-puzzle» que se parte en dos, adaptada a la precariedad de las relaciones actuales; un «despertador saltarín» que recorre la habitación mientras intentas apagarlo, o el «Ñam, ñam», un plato con espejo para ver el doble de comida cuando estamos a dieta. En pequeños grupos, «inventad» algo gracioso, presentadlo al resto de la clase y elegid el invento más original.**

EXPRESAR TIEMPO FUTURO

Futuro simple y otras formas de futuro (presente, *ir a* + infinitivo)

¿Qué harás mañana?

Me **levantaré** tarde, **desayunaré** en casa,	**Futuro simple**
luego **voy a comer** con unos amigos, porque **vamos a preparar** un viaje.	**IR + *a* + INFINITIVO**
Y por la noche **hago** una fiesta en casa, ¿te **vienes**?	**Presente de indicativo**

Marcadores temporales de futuro

– ¿Cuándo me llamarás?
– Te llamaré...

0	1	2	3	4	...
Hoy	**Mañana**	**Pasado mañana**			
	la semana **próxima** la **próxima** semana el lunes **próximo** el **próximo** lunes la semana **que viene** el lunes **que viene**	**dentro de** dos días / semanas meses / años	**dentro de** tres días / semanas meses / años	**dentro de** cuatro días / semanas meses / años	...

PRESENTE

Oraciones temporales de futuro

– ¿Cuándo me darás mi regalo?
– Te lo daré...

***cuando* + subjuntivo**	***en cuanto* + subjuntivo**	***mientras* + subjuntivo**
cuando *vayamos* a cenar	**en cuanto** *lleguemos* al restaurante	**mientras** *estemos* cenando
cuando nos *traigan* el vino	**en cuanto** nos *traigan* el vino	**mientras** nos *bebamos* el vino
cuando *cierres* los ojos	**en cuanto** *cierres* los ojos	**mientras** *tengas* los ojos cerrados

Oraciones condicionales en el futuro

– ¿Me darás mi regalo?, ¿qué tengo que hacer?
– Te lo daré...

***si* + presente de indicativo**
si *dejas* de fumar
si *vamos* a cenar juntos
si me *das* un beso

EXPRESAR PROBABILIDAD

Marcadores de hipótesis

– ¿Llueve?
– No lo sé, pero...

Debe de Puede	**+ Infinitivo**

- **Debe de** LLOVER.
- La situación económica **puede** HABER empeorado.

A lo mejor Igual Lo mismo Seguramente	**+ Indicativo**

- **A lo mejor** LLUEVE.
- **Igual** la situación económica HA EMPEORADO

quizás tal vez probablemente posiblemente	**+ Indicativo o Subjuntivo**

- **Quizá** LLUEVE/A.
- La situación económica HA EMPEORADO, **quizás**.

Es probable + QUE Es posible + QUE Puede ser + QUE Puede + QUE	**+ Subjuntivo**

- **Puede que** LLUEVA.
- **Es posible que** la situación económica HAYA EMPEORADO.

Futuro con valor de probabilidad

	Lo sé	Me lo imagino
	Presente *Llueve* **Pret. perfecto** Las hojas se han caído	**Futuro simple** *Lloverá* **Futuro compuesto** Las hojas se habrán caído

SITUACIÓN	LO SÉ	ME LO IMAGINO
Vas por la calle y te preguntan la hora.	Miras el reloj: – *Son* las cinco.	No llevas reloj, pero intentas adivinar la hora: – *Serán* las cinco.
Has quedado con un amigo, pero no se presenta a la cita.	Llamas a su casa para saber qué ha pasado y te dice que: a) *Ha perdido* el tren. b) *Se ha olvidado*.	No lo puedes localizar, pero quizá... a) *Habrá perdido* el tren. b) *Es tan despistado que se habrá olvidado*.

1. PROBLEMAS GLOBALES

A. **A continuación hay una serie de problemas que afectan a la población mundial. Imagina cuándo se solucionarán usando «*cuando* + subjuntivo», «*mientras* + subjuntivo» o «*no... hasta que* (no) + subjuntivo».**

- La pandemia de sida en África.
- Las desigualdades económicas entre primer y tercer mundo.
- El terrorismo internacional.
- La vulneración de los protocolos internacionales (p. ej.: Kioto).
- La discriminación real de algunos sectores de la población (sexismo, homofobia, xenofobia...).

▼ *El problema del sida en África no se solucionará hasta que las empresas farmacéuticas dejen de presionar.*
◆ *Sí, mientras haya intereses económicos, los infectados de sida seguirán muriendo.*

2. TU VIDA EN EL FUTURO

A. **¿Cómo ves tu futuro? ¿Crees que te pasarán estas cosas? Haz frases usando los verbos en futuro simple y las expresiones temporales.**

1. Hablar muy bien en español _____
2. Poder dejar de trabajar _____
3. Tomarme tres meses de vacaciones _____
4. Encontrar al hombre / mujer de mi vida _____
5. Encontrar un trabajo mejor _____
6. Volver a España _____
7. Tener un hijo _____
8. Casarme _____
9. Cambiar de casa _____
10. Tener más tiempo libre _____

B. **¿Qué crees que pasará después? Puedes usar *cuando* + SUBJUNTIVO o *si* + INDICATIVO, en función de tu grado de seguridad.**

Cuando / en cuanto **hable** muy bien español, empezaré a estudiar otras lenguas.
Si algún día **hablo** muy bien español, estaré muy contento.

C. **Comenta ahora tus impresiones con un compañero.**

▼ *¿Cuándo crees que hablarás muy bien en español?*
◆ *Pues creo que dentro de un año o dos. ¿Y tú?*
▼ *Pues yo creo que hablaré español muy bien dentro de muchos años.*
◆ *¿Y qué harás después?*
▼ *Si algún día aprendo español muy bien, dejaré de estudiar. ¿Y tú?*
◆ *Yo, cuando aprenda español, empezaré a estudiar portugués.*

3. ESCENAS DE LA VIDA

A. A continuación, tienes tres cuadros del famoso pintor estadounidense Edward Hopper. Míralos e intenta reconstruir lo que ha ocurrido.

¿Dónde está?, ¿cómo ha llegado hasta aquí?, ¿qué está leyendo?

A lo mejor _____

Es posible que _____

Probablemente _____

¿Qué hace?, ¿en qué piensa?, ¿qué está mirando?

Quizá _____

Es muy probable que _____

Seguramente _____

¿Quiénes son?, ¿de qué están hablando?, ¿qué pasará a continuación?

Igual _____

Puede ser que _____

Posiblemente _____

4. UNOS TRES O CUATRO, MÁS O MENOS

A. Por parejas, contestad a las preguntas utilizando expresiones de aproximación numérica como las que aparecen en el cuadro.

> tendrá **unos … / … más o menos … / cerca de …**
> **aproximadamente… 20 años / veintipico años / veintitantos**
> **casi veinte / hacia los veinte / entre 20 y 25**

1. ¿Cuánto medirá la Sagrada Familia?
2. ¿Cuánto pesará un luchador de sumo?
3. ¿A cuánto estará Madrid de aquí?
4. ¿Qué edad tendrá Robert Redford?
5. ¿Cuánto hará que se construyó la Alhambra?

5. ¿LO SABES O LO IMAGINAS?

A. Contesta a las siguientes preguntas de la manera más exacta posible. Si la respuesta no es segura, utiliza expresiones de hipótesis.

¿Sabes...?	Lo sé	Lo supongo
1. ¿cuántas veces deben acudir los musulmanes a La Meca?		*Seguramente, una vez al año.*
2. ¿cuál es la lengua más hablada del mundo?		
3. ¿y de Europa?		
4. ¿cuándo terminó la Primera Guerra Mundial?		
5. ¿en qué año tuvo lugar la Revolución Francesa?		
6. ¿cuántos países forman la Unión Europea?		
7. ¿cuántas lenguas se hablan en España?		
8. ¿en cuántos países de América se habla español?		
9. ¿a qué familia lingüística pertenece el euskera (lengua vasca)?		

1. EL FUTURO DEL PLANETA

A. El cambio climático representa, según los expertos, una de las mayores amenazas para el desarrollo del planeta, ya que afectará a distintos aspectos de la evolución de la sociedad. Pensad, en grupos, algunas predicciones sobre las consecuencias que puede tener este fenómeno en los siguientes ámbitos. Podéis utilizar para ello las expresiones de probabilidad trabajadas en esta unidad.

- **Clima:** _Puede que la temperatura de la Tierra aumente 2 ó 3 grados._

- **Salud:**

- **Economía:**

- **Demografía:**

B. El siguiente texto de una revista especializada predice algunos de los efectos que puede tener el cambio climático en la evolución del planeta. Léelo con atención y confirma o corrige tus hipótesis previas.

El último informe presentado por el Panel Intergubernamental del Cambio Climático de la ONU especifica los impactos que tendrán los fenómenos meteorológicos extremos en diferentes sectores como la economía global o la salud y el bienestar.

Entre los principales fenómenos climáticos que causarán efectos en el planeta destaca el calentamiento global. Según el informe, las temperaturas aumentarán entre 1,5 y 2,5 grados, **por lo que** habrá más cosechas en las zonas más frías y menos en las más cálidas. Otros efectos de las olas de calor serán la desertización y el aumento del riesgo de incendios forestales. También es muy probable que siga avanzando el deshielo de los polos. **Por este motivo**, subirá el nivel del mar, fenómeno que causará la desaparición del 30% de las especies del ecosistema marino.

Estos fenómenos extremos afectarán a la vida en el planeta. Así, por ejemplo, según el balance del informe realizado por la Organización Mundial de la Salud (OMS), el cambio climático tendrá consecuencias directas en la vida humana. Aparte del aumento de la mortalidad **por culpa de** fenómenos meteorológicos extremos como inundaciones, tormentas y olas de calor, también es posible que se incrementen las enfermedades cardiorrespiratorias, **a causa de** las crecientes concentraciones de ozono en la atmósfera. A su vez, se incrementarán la malnutrición y las enfermedades alimentarias debidas a la pérdida de cultivos. No obstante, como aspecto positivo, disminuirá el número de muertes provocadas por la exposición al frío.

Asimismo, se calcula que la sequía y el deshielo dejarán sin agua dulce a mil millones de personas —50 millones de ellas en las cuencas del sur y del este y centro de Europa—, mientras que el aumento del nivel del mar condenará a cientos de millones a padecer inundaciones; **de modo que** es previsible que se produzcan en el futuro nuevos movimientos migratorios.

Finalmente, en los últimos meses el cambio climático se ha convertido en materia de estudio para economistas, analistas financieros y compañías de seguros. De acuerdo con estos especialistas, por ejemplo, si no se toman las medidas adecuadas, el cambio climático puede hacer retroceder hasta un 20% la economía mundial.

No obstante, también habrá empresas favorecidas: entre ellas, las que proporcionan soluciones al problema, como las que investigan sobre energías renovables. Además, en muchos lugares caerá la demanda energética para calefacción, pero aumentará la de refrigeración, **gracias al** aumento de la temperatura del planeta. La sequía y los huracanes beneficiarán también a empresas de sectores como el agua y aseguradoras especializadas.

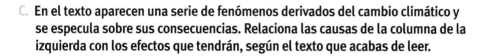

C. En el texto aparecen una serie de fenómenos derivados del cambio climático y se especula sobre sus consecuencias. Relaciona las causas de la columna de la izquierda con los efectos que tendrán, según el texto que acabas de leer.

Aumento de la temperatura del planeta. **a**	**1** Malnutrición.
Subida del nivel del mar. **b**	**2** Más enfermedades respiratorias.
Concentración de ozono en la atmósfera. **c**	**3** Nuevos movimientos migratorios.
Inundaciones. **d**	**4** Aumento de la mortalidad.
Fenómenos extremos (tormentas, calor). **e**	**5** Desaparición de especies marinas.
Pérdida de cultivos. **f**	**6** Mayor demanda de refrigeración.

D. En el texto las causas y consecuencias del cambio climático se enlazan mediante conectores, destacados en negrita. Obsérvalos con atención y completa los cuadros.

Conectores causales

Primera Posición [*como* A, B]	como	*Como no me llamaste, no fui.*	Registro informal.
Segunda Posición [A, *porque* B]	porque	*No fui a la conferencia **porque** no me llamaste*	Conector prototípico.
	por	*No fui a la conferencia **por** ti/tonto.* *No salí **por** adelantar trabajo.*	Registro informal. Seguido de nombre, adjetivo o infinitivo.
Ambas Posiciones [*puesto que* A, B] [A, *puesto que* B]	puesto que ya que dado que	***Puesto que** los intereses han bajado, lo más adecuado es posponer la venta.* *Lo más adecuado es posponer la venta, **dado que** los intereses han bajado.*	Registro formal. Presentan una causa conocida.
	a causa de	*Se incrementarán las enfermedades cardiorrespiratorias, **a causa de** las concentraciones de ozono en la atmósfera.*	Seguido de _____.
	gracias a (que) por culpa de (que)	*Aumentará la demanda de refrigeración, **gracias al** aumento de la temperatura del planeta.* ***Por culpa de** fenómenos meteorológicos extremos como inundaciones, tormentas y olas de calor, aumentará la mortalidad.*	Seguidos de _____ o un verbo. Valoración positiva o negativa de la causa.

Conectores consecutivos

así que	*Hacía mucho frío; **así que** me quedé en casa.*	Registro informal.
de modo que **de manera que** **por lo que**	*Habrá más inundaciones, **de modo que** es previsible que se produzcan nuevos fenómenos migratorios.*	Registro neutro.
de ahí que	*Los países en vías de desarrollo ofrecen mano de obra más barata; **de ahí que** muchas empresas decidan instalarse allí.*	Registro formal. Modo subjuntivo. Consecuencia evidente.
por ello/eso **por esa/tal razón** **por esa/tal causa** **por ese/tal motivo**	*Es muy probable que siga avanzando el deshielo de los polos. **Por este motivo**, subirá el nivel del mar.*	Remiten a la causa previa. Posición _____.
por (lo) tanto **en consecuencia** **por consiguiente**	*El 90% de las lenguas está en peligro y no existen políticas concretas de freno. Es, **por lo tanto**, necesario comenzar algún tipo de acción.*	Registro formal. Posición libre (inicial, media o final).

E. **A continuación tienes tres afirmaciones sobre otros hechos que están experimentando una evolución en la sociedad actual. Escribe dos frases para cada uno de ellos: en la primera, expón una causa y, en la segunda, una consecuencia. No olvides marcar las causas y las consecuencias con los conectores adecuados.**

1. Los puestos de dirección de las grandes empresas están ocupados casi exclusivamente por hombres.
   Causa: _____
   Consecuencia: _____

2. Los niños acceden libremente a Internet.
   Causa: _____
   _____
   Consecuencia: _____
   _____

3. Los países europeos reciben un importante número de inmigrantes cada año.
   Causa: _____
   _____
   Consecuencia: _____
   _____

F. En el *blog* del curso vais a incluir un texto expositivo como el que acabáis de trabajar sobre la evolución reciente de la sociedad española. Para ello, contáis con las anotaciones que habéis tomado de un estudio del Instituto Nacional de Estadística en el año 2006 que habéis encontrado en Internet. A partir de estos datos y de vuestra experiencia en España, elaborad un breve texto sobre la evolución de la vida en España e intentad aventurar algunas predicciones sobre el futuro.

DEMOGRAFÍA

- Las mujeres viven unos 7 años más que los hombres.

- En los últimos 30 años, la proporción de menores de 20 años ha disminuido un 10% y la de mayores de 75 años ha aumentado un 7%.

FAMILIA

- El número de divorcios aumenta en España de forma continuada desde su legalización en 1981.

- La media de hijos por familia es de 1'3.

EMPLEO

- El 34% del profesorado universitario son mujeres y el 66%, hombres.

- La mayor parte de los empresarios (un 73%) son hombres.

- Sumando el trabajo remunerado y el trabajo doméstico, las mujeres trabajan casi una hora más al día que los hombres.

ESTILOS DE VIDA

- El 59% de las personas que viven solas son mujeres.

- Los hombres consumen más tabaco y alcohol que las mujeres.

Información extraída de *Mujeres y hombres en España*, 2006, INE.
Disponible en línea en: http://www.ine.es/prodyser/pubweb/myh/myh.htm

8 Debates

A. Haz el siguiente cuestionario a un compañero para conocer su biografía lingüística.

1. ¿Sabes a qué familia pertenece tu lengua? ¿Qué otras lenguas forman parte de la misma familia?

2. ¿Es lengua oficial en tu país? ¿Sabes desde cuándo? ¿Se habla en otros países?

3. ¿Hay otras lenguas oficiales? ¿Cuáles? ¿Dónde se hablan?

4. ¿Se hablan otras lenguas no oficiales? ¿Tienes contacto con ellas?

5. ¿Qué lengua(s) se habla(n) en tu casa? ¿Es la lengua materna de tus padres?

6. ¿Qué lengua(s) estudias / has estudiado? ¿Puedes hablarlas bien?

7. ¿Cuántas lenguas estudia en tu país un joven hasta los 16 años? ¿Y hasta los 18?

B. A continuación vas a escuchar un reportaje sobre el conocimiento del inglés que tienen los españoles. ¿Qué ideas crees que pueden aparecer?

C. Escucha y comprueba tus hipótesis.

D. Escucha de nuevo y responde a las siguientes preguntas.

1. ¿Cuáles son los países europeos en los que menos se conoce el inglés?

2. ¿Cuáles son las causas históricas de la dificultad de los españoles para aprender inglés?

3. ¿Qué medidas educativas se proponen para mejorar el conocimiento del inglés?

4. De acuerdo con el texto, ¿qué porcentaje de los españoles puede expresarse oralmente en inglés?

5. ¿Por qué en España, Francia o EE. UU. se conocen pocas lenguas extranjeras?

2. LAS LENGUAS EN EUROPA

A. Responde a las siguientes preguntas.

En tu opinión, la multiplicidad de lenguas en el seno de la Unión Europea, ¿es una riqueza o más bien una dificultad?

¿Sabes qué es una lengua adoptiva? ¿Tienes alguna?

B. **El grupo de intelectuales a favor del diálogo intercultural publicó a principios de 2008 sus reflexiones sobre la gestión de la diversidad lingüística de Europa. A continuación, tienes un resumen del documento. Subraya las ideas relacionadas con las dos cuestiones anteriores.**

Un reto provechoso

Propuestas del Grupo de intelectuales a favor del diálogo intercultural creado por iniciativa de la Comisión Europea.

Bruselas, 2008

En toda sociedad, la diversidad lingüística es a la vez fuente de riqueza y de tensión. El criterio seguido por el Grupo de intelectuales en sus reflexiones entre junio y diciembre de 2007 fue el de reconocer la complejidad del fenómeno y esforzarse en destacar los efectos positivos y reducir al máximo los negativos.

La multiplicidad de lenguas dificulta el funcionamiento de las instituciones europeas y conlleva costes en términos de dinero y de tiempo. Aceptar la preponderancia del inglés y el estatuto simbólico del resto de las lenguas en el trabajo de dichas instituciones daría lugar a una evolución contraria al espíritu del proyecto europeo, basado en dos requisitos inseparables: la universalidad de los valores morales comunes y la diversidad de las expresiones culturales; la diversidad lingüística en particular constituye, por razones históricas, un componente fundamental y también una herramienta de integración y armonización.

El enfoque propuesto por el Grupo se basa en dos ideas:

A- Las relaciones *bilaterales* entre los pueblos de la Unión Europea deberían tener lugar más bien en las lenguas de estos dos pueblos y no en una tercera lengua. Esto implicaría que cada una de las lenguas europeas tuviera, en cada uno de los países de la Unión, un grupo significativo de hablantes competentes.

B- Para que estos hablantes puedan formarse, la Unión Europea debería impulsar el concepto de *lengua personal adoptiva*, que no sería una segunda lengua extranjera, sino más bien una segunda lengua materna. Aprendida en profundidad, hablada y escrita con frecuencia, se integraría en el trayecto escolar y universitario de todo ciudadano europeo, así como en el currículo profesional de cada uno. Su aprendizaje iría acompañado de una familiarización con los países en los que se hable esta lengua, con la literatura, la cultura, la sociedad y la historia vinculadas a esta lengua y a sus hablantes.

Una de las principales consecuencias de este enfoque es que todas las lenguas europeas protagonizarían los intercambios bilaterales con los socios europeos, ninguna estaría condenada a desaparecer ni a quedar reducida a dialecto local. Si ignoramos una lengua, corremos el riesgo de que sus hablantes pierdan interés por las ideas europeas. En la medida en que hace hincapié en el carácter *bilateral* de las relaciones lingüísticas entre los distintos países, este enfoque debería incidir positivamente en la calidad de las relaciones entre los europeos.

El enfoque del Grupo, por otro lado, tendría efectos sobre la calidad de vida de los ciudadanos europeos. En una civilización en la que la comunicación es tan importante, la exploración de otro universo

lingüístico y cultural aporta grandes satisfacciones profesionales, intelectuales y emocionales. Desde el punto de vista profesional, todo indica que, si bien el inglés será cada vez más necesario, será cada vez menos suficiente. Incluir en el currículum una lengua que también incluirán todos los demás candidatos no será ninguna ventaja para encontrar un empleo; será necesario poseer otras habilidades que marquen la diferencia.

La elección de la lengua personal adoptiva sería lo más extensa y lo más libre posible; se podría optar por lenguas de otros continentes. A Europa le interesa contar con grupos significativos de hablantes de todas las lenguas del mundo: todas abren horizontes profesionales, culturales o de otro tipo tanto a los ciudadanos como a los países, así como al continente en su conjunto.

La propuesta del Grupo sería idónea para racionalizar la gestión de la diversidad lingüística en el seno de la Unión Europea. Sería deseable disponer, para cada par de países de la Unión, de un organismo bilateral y bilingüe que lanzara iniciativas para desarrollar el mutuo conocimiento y que se preocupara por que los cursos escolares y universitarios de cada país incluyeran estancias prolongadas en el otro y por que instituciones y empresas apoyaran a las personas que hubieran escogido estas lenguas.

En caso de adoptarse la orientación propuesta por el Grupo de intelectuales, habría que estudiar la forma de aplicarla. Lograrlo sería sin duda una de las principales obras de Europa.

C. **Vuelve a leer el texto para completar la segunda parte de las siguientes oraciones condicionales.**

Si el inglés se impusiera como lengua de trabajo en la Unión Europea y el resto de las lenguas tuvieran sólo un papel simbólico...

_____

_____

Si el concepto de lengua personal adoptiva triunfara y se convirtiera en una realidad...

_____

_____

Si un ciudadano de la Unión Europea conoce, además de su lengua materna, el inglés...

_____

_____

Si un ciudadano de la Unión Europea conoce, además de su lengua materna y el inglés, una tercera lengua en profundidad...

_____

_____

D. **En el texto se emplean muchos verbos (y locuciones verbales) de uso frecuente en textos académicos. Para comprender mejor su funcionamiento, completa el siguiente cuadro.**

Verbo (locución verbal)	Preposición (si es necesaria)	Complemento	Significado
Ser fuente	_de_	_riqueza y tensión_	_Ser el origen o la causa de algo._
Conllevar			
Dar lugar			
Constituir			
Basarse			
Implicar			
Integrarse			
Quedar reducido			
Correr el riesgo			
Hacer hincapié			
Tener efectos			
Aportar			
Indicar			
Optar			
Contar			
Disponer			

ORACIONES CONDICIONALES (*SI...*)

A. Quizá sí, quizá no... (*probable*)

Todavía no he pensado qué hacer esta noche: quedarme en casa o salir con unos amigos...

Si... presente de indicativo,	+ presente de indicativo + imperativo + futuro
• **Si voy** a bailar esta noche, • **Si salgo** de fiesta,	• seguro que mañana no **oigo** el despertador... • **despiértame** por la mañana. • mañana **me quedaré** dormido.

B. Creo que no iré... (*improbable*)

Está lloviendo, es tarde, creo que no iré a la playa, pero...

Si... imperfecto de subjuntivo,	+ condicional simple
• Si **fuera** a la playa hoy, • Si **cogiéramos** el tren hasta la playa,	• **me pasaría** todo el rato en el agua. • **nadaría** 3000 metros.

C. No es verdad, pero si lo fuera... (*imposible*)

Nací en Barcelona, soy catalana, no he aprendido alemán nunca, no sé alemán.

Si... pluscuamperfecto de subjuntivo, (irreal, en el pasado) *Si*... imperfecto de subjuntivo, (irreal, en el presente)	+ condicional compuesto (irreal, en el pasado) + condicional simple (irreal, en el presente)
• Si **hubiera nacido** en Alemania, • Si **fuera** alemana,	• **habría aprendido** alemán de pequeña. • **hablaría alemán** correctamente.

PRONOMBRES PERSONALES

Los pronombres que se emplean en una frase (la cantidad y el tipo) dependen de la situación que se describe. Las situaciones se pueden representar como construcciones gramaticales formadas por un verbo y uno o varios participantes.

Estas son las construcciones más frecuentes en español.

A. La construcción transitiva: *hacer*

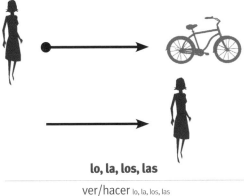

lo, la, los, las

ver/hacer lo, la, los, las

1. Verbos de acción: *comprar, romper, escribir, preparar, construir, leer, limpiar,* etc.

2. Verbos de percepción: *ver, oír, notar, escuchar, mirar,* etc.

B. La construcción reflexiva: *levantarse*

levantar se

1. Verbos de movimientos corporales: *levantarse, sentarse,* etc.

2. Verbos de acciones sobre nosotros mismos: *ducharse, maquillarse,* etc.

3. Otros verbos: *quedarse, parecerse, dormirse, irse, llamarse, casarse, enamorarse,* etc.

C. La construcción ditransitiva: *dar*

yo, ella   **lo, la, los, las**   **le, les**

dar le, les (se)+lo, la, los, las

1. Verbos de transferencia: *dar, enviar, pedir, regalar, permitir, prestar,* etc.

2. Verbos de transferencia de información: *decir, preguntar, comentar, contar, confesar,* etc.

1. CONDICIONALES

A. Las oraciones condicionales llevan a cabo diferentes funciones en la conversación. Lee los diálogos y relaciona las siguientes estructuras condicionales con la función comunicativa que realizan.

—¡Es que tú siempre...!
—¡Si me hablas en ese tono, me marcho! **a**

1 confidencia

—¿Ya has terminado el libro?
—Me faltan diez páginas. Si no te importa, te lo devuelvo la semana que viene. **b**

2 promesa

—¿Qué te pareció la película?
—A mí, si quieres que te diga la verdad, no me acabó de gustar. **c**

3 desacuerdo

—Estábamos con Marcos y Raquel.
—También estaba Pilar, si no me equivoco. **d**

4 amenaza

—Si me dan la beca, te invito a cenar.
—Vale, te tomo la palabra. **e**

5 inseguridad, duda

—Entonces tú dijiste que el título del trabajo no te parecía bien.
—¿Cómo que lo dije yo? ¡Si yo no estaba en esa reunión! **f**

6 petición cortés

2. ¿ERES ADICTO/A AL MÓVIL?

A. Actualmente casi todo el mundo dispone de un teléfono móvil. Ahora bien, hay distintos grados de adicción. En grupos, comentad qué soléis hacer o qué haríais en estas situaciones y decidid quién sufre un grado más alto de adicción. Pensad primero si la situación planteada es probable o improbable en vuestra vida actual.

▼ *A mí, si me suena el móvil en clase, que algunas veces me pasa, me da tanta vergüenza que hago ver que no es el mío.*
▼ *Yo casi siempre lo pongo en silencio, pero si me sonara un día el móvil en clase y fuera una llamada importante, saldría fuera y contestaría al teléfono.*

a. Estás en clase y te suena el móvil. ¿Qué haces?

b. Estás comiendo con un amigo/a, le llaman al móvil y se pone a hablar durante más de diez minutos. ¿Cómo reaccionas?

c. Estás en el cine, con el móvil en silencio, y notas por la vibración que has recibido un SMS. ¿Lo lees en el momento o esperas a salir del cine?

d. Vas en el metro o en el autobús y está tan lleno que ni siquiera hay sitio para sentarse. Te suena el móvil. ¿Contestas?

e. Algunas compañías aéreas están planteándose permitir hablar por el móvil en algunos vuelos. ¿Cómo valoras esta idea (en viajes de trabajo o de ocio)?

f. Estás en el ascensor con un vecino. Le suena el móvil y se pone a hablar. ¿Te sientes incómodo?

g. Estás en una tienda haciendo cola para pagar y te suena el teléfono. Es una amiga a la que hace tiempo que no ves. ¿Le cuelgas y la llamas tú al salir, sales de la cola y descuelgas o te pones a hablar con ella mientras te atiende la dependienta?

3. SI FUERA...

¿Qué cosas cambiarían en tu vida si en lugar de ser una chica fueras un chico, o, si en lugar de ser un chico, fueras una chica? En pequeños grupos, responded a las siguientes preguntas y pensad algunas más.

- ¿Cómo te habría gustado llamarte?
- ¿Habrías estudiado lo mismo?
- ¿Habrías tenido más novios/as?
- ¿Te habrían tratado igual tus padres y tus profesores?
- ¿Cómo te vestirías?
- ¿Hablarías igual?
- ¿Cómo te comportarías en los bares y discotecas?
- ¿Tendrías los mismos hábitos de alimentación?
- ¿Qué aficiones tendrías?

4. HISTORIA-FICCIÓN

A. **La historia se compone de casualidades. ¿Qué habría sucedido si hubiera cambiado alguno de estos sucesos?**

- Según el Génesis, Adán aceptó la manzana que Eva le ofreció y, por ello, los seres humanos fuimos expulsados del Paraíso.

- El 14 de julio de 1789, los parisinos tomaron la Bastilla.

- Al final de la Segunda Guerra Mundial, el ejército estadounidense lanzó una bomba sobre Hiroshima que acabó con la vida de 120.000 japoneses.

- En 1926, a los 34 años, Francisco Franco se convirtió en el general más joven de España.

- En 1620, el Mayflower transportó a los llamados peregrinos desde Inglaterra hasta la costa de lo que ahora es Estados Unidos.

- En 1980, tras su exitoso regreso a la música, John Lennon fue asesinado por uno de sus fans.

- En 313, el emperador romano Constantino I promovió el Edicto de Milán que legalizaba la religión cristiana.

◆ *Si Adán no hubiera aceptado la manzana, Eva se habría enfadado mucho y probablemente no habrían tenido a Caín y Abel. En definitiva, que el Paraíso se habría acabado igual. No sé, ¿tú que crees?*

B. **¿Y en tu vida? ¿Qué acontecimientos han sido decisivos? ¿Cómo habría cambiado tu vida si...? Coméntalo con tus compañeros.**

◆ *Si no hubiera venido de Erasmus a España...*

5. ¿Con (qué) pronombre?

Muchas veces se pueden usar los mismos verbos para describir situaciones diferentes, usando pronombres diferentes. Describe cada una de estas situaciones con el verbo indicado y con los pronombres necesarios.

1. ¿Le pasa o lo hace?

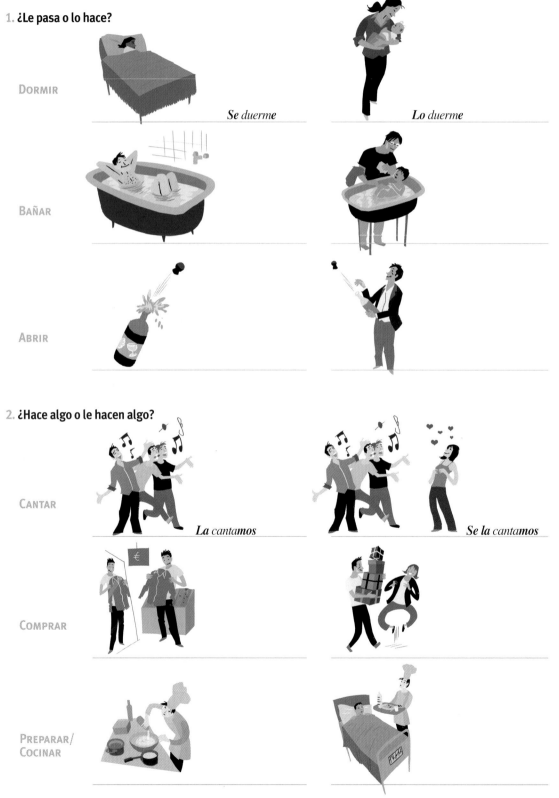

DORMIR — *Se* duerme   *Lo* duerme

BAÑAR

ABRIR

2. ¿Hace algo o le hacen algo?

CANTAR — *La* cantamos   *Se la* cantamos

COMPRAR

PREPARAR/
COCINAR

3. **¿Lo llevo allí, me lo llevo o se lo llevo?**

PONER

Lo pongo allí   *Me lo pongo*   *Se lo pongo*

LANZAR

4. **¿Se ha roto, se me ha roto, se lo ha roto, o lo ha roto?**

ROMPER

CAER

1. LENGUAS «DIFÍCILES»

A. **¿Estás de acuerdo con las siguientes afirmaciones?**

- Existen lenguas muy difíciles de aprender, como el chino, el ruso o el coreano.
- Los hablantes de lenguas difíciles tienen más facilidad para aprender otras lenguas, a diferencia de los hablantes de lenguas más fáciles de aprender, como el inglés y el español.
- Los niños tienen más facilidad que los adultos para aprender una segunda lengua.

B. **Lee el siguiente texto y subraya las ideas con las que estás de acuerdo.**

La facilidad y dificultad de las lenguas

Leemos en una revista de información general que los hablantes de lenguas difíciles como el alemán tienen más facilidad para aprender otros idiomas. **Incluso** se llega a decir que hay pueblos menos dotados para las lenguas que otros. Los españoles podríamos ser uno de esos pueblos. Esta idea, naturalmente, es racista, aunque no causa mucha indignación entre algunos de nosotros, ya que es una idea racista útil: justifica nuestro poco interés por aprender lenguas. Sin embargo, no hay que confundir la dificultad para aprender lenguas con la dificultad o facilidad absoluta de las lenguas.

Para empezar, el aprendizaje de una segunda lengua en la época adulta no es una tarea natural, como la adquisición de la primera lengua en la infancia. Hay que realizar un esfuerzo consciente y constante para ello. Mientras que toda persona está equipada naturalmente para adquirir en la infancia una o varias lenguas, no todas las personas están igualmente dotadas para aprender una lengua en la edad adulta.

Igualmente, hay que señalar que la cuestión de la facilidad o dificultad de aprender lenguas es un problema de mentalidad y de educación. Nuestra supuesta dificultad para aprender lenguas

segundas proviene del hecho de que el sistema educativo que hemos tenido los españoles durante muchos años ha vuelto la espalda al reconocimiento y aceptación de la diversidad lingüística de nuestro propio país. Estamos demasiado acostumbrados todavía hoy día a que sean los demás los que hablen nuestra lengua y no nosotros la suya.

Asimismo, existen muchos prejuicios sobre la facilidad o dificultad de las lenguas; la mayor parte de las veces, estos juicios se realizan desde la lengua o lenguas que se conocen. El portugués o el italiano son lenguas fáciles de aprender para un español si las comparamos con el neerlandés y el polaco. No obstante, para una persona que conoce sólo el checo, el polaco le parece mucho más fácil que el italiano o el portugués. La dificultad de una lengua, entre otros factores, depende de su similitud con la lengua de la que se parte. Por ello, ninguna lengua no es difícil ni fácil en términos absolutos, sino sólo en términos relativos.

En definitiva, podemos afirmar que los españoles –ni ningún otro pueblo– no estamos menos dotados que otros pueblos para aprender segundas lenguas. **Del mismo modo**, nuestra lengua no es más o menos difícil que otras en términos absolutos.

Juan Carlos Moreno Cabrera: *La dignidad e igualdad de las lenguas,* texto reelaborado

C. **Después de leer el texto, intenta completar el siguiente cuadro sin copiar las palabras del texto.**

Estructura	Contenido
Tesis La idea que defiende el texto	
Argumentos Ideas que apoyan la tesis	
Conclusión	

2. CONECTORES ADITIVOS

A. **Observa los conectores destacados en el texto. ¿Cuál crees que es su función en el texto?**

- a. ☐ Ordenar una serie de argumentos.
- b. ☐ Oponer o contrastar dos argumentos.
- c. ☐ Añadir un argumento que va en la misma línea que otro anterior.
- d. ☐ Introducir la conclusión de un razonamiento.

B. **Ahora completa el cuadro con los conectores del texto.**

Valorativos		
además	Luis es diplomado en Empresariales, habla varios idiomas y, **además**, tiene más de cinco años de experiencia en gestión.	Conector más frecuente. Introduce el argumento más importante.
_____	Su nueva casa es inmensa. Tiene varias plantas, diez habitaciones e, _____, piscina.	Introduce el argumento más inesperado.
más aún **es más**	La nueva reforma no avanza en los derechos de los inmigrantes. **Es más**, constituye un claro retroceso frente a la anterior.	Registro formal. Introduce una formulación más contundente del miembro anterior.
No valorativos		
_____	Los alumnos deberán presentar dos trabajos escritos y una exposición oral. _____, deberán asistir al examen.	Registro formal. Presenta un nuevo aspecto del mismo tema.
por otra parte **por otro lado**	La reforma de los estatutos prevé un mayor grado de autonomía. **Por otra parte**, se está llevando a cabo un proceso de renovación de los sistemas de financiación.	Presentan un nuevo aspecto del mismo tema. Pueden tener valor contrastivo.
por su parte **a su vez**	El gobierno ha criticado los atentados. La oposición, **por su parte**, ha pedido responsabilidades políticas.	Registro formal. Contrasta dos acciones realizadas por agentes distintos.

C. **Relaciona los argumentos de las dos columnas con el conector aditivo más apropiado.**

En los años 90 la mayor parte de la producción científica se concentraba en los países desarrollados. →
_____, estos países representaban apenas el 14'4% del contingente demográfico.

La libreta de direcciones de Windows no sólo sirve para almacenar direcciones de correo electrónico. →
_____, es capaz de recopilar muchas otras categorías de información tales como direcciones postales, números de teléfono, fax y móvil, direcciones Web, datos personales, etc.

En cualquier país democrático harían dimitir a cualquier político implicado en casos de corrupción, pero en este no. →
_____, es posible que lo premien.

El paciente manifestó haber realizado durante tres días trabajos de pintura en un lugar cerrado sin ventilación. →
_____, afirmó que había consumido simultáneamente bebidas alcohólicas.

La economía clásica de Smith y otros postulaba que existen fuerzas en el sistema económico que mantienen el pleno empleo e impiden el involuntario, aunque puede darse un desempleo marginal o transitorio. →
_____, la economía marxista de la lucha de clases sostenía que la burguesía está interesada en provocar un exceso de mano de obra para contar con una reserva cuya oferta abarata los salarios.

No fumamos cigarrillos, sino imágenes de cigarrillos; no tomamos bebidas, sino sensaciones mentales de las bebidas. →
_____, es evidente que no compramos cremas suavizantes o rejuvenecedoras, sino imágenes de la juventud, del éxito, del amor.

Las escasas diferencias usadas para tipificar las razas humanas se deben (como el color de la piel) a unos pocos genes. En cambio, la abundante variación normal en la inmensa mayoría de otros caracteres (bioquímicos, anatómicos o conductuales) es común a todas las razas. →
_____, las diferencias entre individuos de la misma raza son más amplias que las diferencias entre razas, por lo que no sirven para discriminarlas.

3. ¿Y TÚ QUÉ OPINAS?

A. **La revista de tu universidad dedica un número monográfico al tema «Lenguas y educación» y solicita la colaboración de los estudiantes. Escribe una argumentación en la que desarrolles tu opinión sobre alguna de las siguientes afirmaciones.**

- El inglés debe convertirse en la lengua común de la Unión Europea.
- Los estudiantes tienen que poder elegir una especialidad a partir de los doce años.
- Todos los ciudadanos de Europa tienen que poder escolarizarse en su lengua materna, sea esta oficial o no.
- No debería existir la enseñanza privada.

9 Mensajes

1. NOTICIAS

A. **¿En cuál de estas secciones podrías encontrar los siguientes titulares?**

- SOCIEDAD
- POLÍTICA
- ECONOMÍA
- DEPORTES
- CULTURA

1. El «Gernika», el grito de Picasso por la paz.
2. El 85% de bares y restaurantes incumple la ley antitabaco.
3. El consumo de las familias se resiente y crece al menor ritmo en 13 años.
4. La fiscalía pedirá la entrega directa de tres de los etarras.
5. Un campeonato gris.

B. **Relaciona los titulares con los siguientes fragmentos de noticias.**

1. Madrid y Barcelona quieren lo mismo, por lo que siempre estarán en conflicto, y no hay duda de que este año el Real Madrid ha sido claro vencedor. Hay quien discute si ha tenido poca oposición; sostiene mucha gente que el Real Madrid ha sido campeón porque los demás han estado a un nivel mediocre. Pero ha sido un justo campeón. _____

2. La Organización de Consumidores y Usuarios (OCU) ha puntualizado en la presentación del estudio que los datos sobre denuncias y sanciones no son oficiales, ya que ocho comunidades no facilitaron cifras sobre el número de denuncias ciudadanas y diez, sobre el número de inspecciones. El mayor número de inspecciones (según los datos facilitados a la OCU por las autonomías) corresponde a Cataluña, con 9.966, de las que se extrajeron 21 sanciones. En Andalucía se produjeron 980 inspecciones y 28 sanciones; en Aragón, 3.383 inspecciones y 213 sanciones; en Asturias sólo obtuvieron datos de 104 sanciones; en Cantabria, una sanción; en Castilla la Mancha, 1.136 inspecciones y 162 sanciones. _____

3. En la contabilidad nacional del INE también se aprecia por primera vez lo que otros indicadores, como los visados de viviendas o las ventas de las inmobiliarias ya anticipaban: la inversión para construir casas retrocedió un 0,2% interanual en el primer trimestre, tras seis años de crecimiento ininterrumpido. El frenazo del consumo privado y la caída de la inversión residencial apenas fueron compensados por el gasto público (en consumo e infraestructuras), que moderó su crecimiento. ____

4. El juez Baltasar Garzón ya tenía decretada la busca y captura de tres de los detenidos en Francia. A López Peña desde el 30 de enero de 2007, tras la detención del etarra Iker Agirre, a quien Thierry había dado cursillos sobre manejo de armas y explosivos, así como sobre la adopción de medidas personales de seguridad. El juez ha ampliado ahora la orden de captura por integración en ETA en grado de dirigente. ____

5. El cuadro estuvo 40 años exiliado en el MoMa de Nueva York hasta su regreso a Madrid en 1981. Picasso lo pintó en París en 1937, conmocionado por el bombardeo de la ciudad vasca de Gernika durante la Guerra Civil española. ____

C. **Responde con tus compañeros a la siguiente encuesta relacionada con los medios de comunicación.**

1. **¿Qué medio prefieres para estar informado?**
   a. Prensa.
   b. Televisión.
   c. Radio.
   d. Internet.

2. **¿Lees el periódico habitualmente?**
   a. Todos los días.
   b. Los fines de semana.
   c. Sólo cuando me interesa ampliar alguna noticia que he escuchado en la radio o en la televisión.
   d. De vez en cuando.

3. **¿Escuchas la radio en la cama para coger el sueño?**
   a. No, nunca.
   b. Sí, escucho programas deportivos.
   c. Sí, escucho música.
   d. De vez en cuando.

4. **¿Cuáles son los programas de televisión más vistos en tu país?**
   a. Del corazón.
   b. Informativos.
   c. Concursos.
   d. Deportivos.
   e. Series y películas.

5. **¿Crees que en tu país se hace buena televisión?**
   a. No, hay mayoría de programas de *telebasura*.
   b. Sí, la oferta televisiva es muy amplia y variada.
   c. No lo sé.

6. **¿Te molesta la publicidad en la televisión?**
   a. Sí, creo que hay demasiados anuncios.
   b. No mucho; hago *zapping*.
   c. No, me gustan mucho los anuncios.

7. **¿Lees prensa amarilla o ves *telebasura*?**
   a. Sí, a veces, por curiosidad.
   b. Sí, es muy divertida.
   c. No, me parece una pérdida de tiempo.

8. **¿Estás *enganchado* a alguna serie de televisión?**
   a. Sí, a más de una.
   b. No, prefiero las películas.
   c. No, no me gusta la televisión, prefiero un libro o ver una película en el cine.

2. COTILLEOS

A. **¿Estás de acuerdo con las siguientes afirmaciones?**

	Sí	No
1. Actualmente se cotillea más que antes.		
2. Los cotilleos suelen transmitir información falsa.		
3. Chismorrear puede tener consecuencias positivas.		
4. Tendemos a creernos los chismes.		
5. La mayor parte del contenido de nuestras conversaciones son chismes.		

B. **Lee el texto *El poder del cotilleo* y subraya los fragmentos relacionados con las afirmaciones anteriores.**

El poder del cotilleo

El cotilleo es omnipresente en nuestras vidas, tiene una fuerte influencia en nuestro comportamiento y, lo que es más sorprendente: lo consideramos creíble.

Probablemente es una costumbre tan antigua como el lenguaje que, en la actualidad, no va de baja, sino todo lo contrario. Un

estudio afirma que en promedio el 63% de nuestras conversaciones está constituido por cotilleo. Es más, hoy la tendencia va en aumento: hay nuevos soportes y plataformas, nacidos del desarrollo tecnológico, como por ejemplo el móvil, que favorecen esa tendencia. Se estima que tres de cada cuatro usuarios utilizan el aparato exclusivamente para cotillear por lo menos una vez a la semana.

¿Somos todos unos cotillas incurables? ¿Tenemos que resignarnos a ser objeto de conversaciones no deseadas? No todo es malo. El cotilleo puede suponer importantes beneficios sociales para la comunidad. Kate Fox, investigadora del Social Issues Research de Oxford cree que «el cotilleo nos ayuda a desarrollar relaciones, aprender costumbres sociales, solucionar conflictos, hacerse amigos e influir sobre la gente».

David Sloan Wilson, antropólogo y autor de varios libros sobre la evolución humana, afirmó en *The New York Times* que el chismorreo sería un ritual protector inevitable que se produce en el seno de cada célula social. Por ello, sostiene, podemos incluso vernos obligados a participar en este juego para que nos acepten en el grupo del que queremos formar parte.

Eso sí, no hay que olvidar que chismorrear tiene una vertiente negativa, en particular cuando se quiere avergonzar o humillar a una persona. Es una de las mayores sanciones sociales, y puede arruinar reputaciones. ¿Y qué ocurre cuando los juicios sobre otras personas no tienen ningún fundamento? Pues la situación es delicada: resulta que es muy complicado demostrar la falsedad de un cotilleo. De hecho, hay un cierto acuerdo en atribuir fiabilidad a la información que procede de un chisme.

En todo caso, no parece que tengamos que preocuparnos demasiado. Un experimento demostraría que, en el 95% de los casos examinados, el contenido del cotilleo correspondió a la realidad. Así que hay que mantenerse a la escucha. Cuando nos encontremos con alguien que maneja alguna información *suculenta*, hay buenas probabilidades de que, más allá del cuento, haya un fondo de verdad.

C. Cotillear es una actividad cotidiana. A continuación vas a escuchar dos conversaciones. Escúchalas y contesta a las siguientes preguntas.

¿De quién hablan?

_____

_____

¿Qué se dice de esas personas?

_____

_____

D. Vuelve a escuchar las conversaciones y ordena los enunciados que componen cada cotilleo.

_____ Ana le explicó que estaba en números rojos y que no podía pagar el alquiler.

_____ Ana le dijo que en cuanto el jefe le pagara, le daría su parte.

_____ Silvia se enteró de que Ana se había ido de viaje en lugar de devolverle el dinero.

_____ Ana no mencionó nada del dinero hasta que Silvia se lo reclamó.

_____ Ana le dijo que no podía pagarle porque la habían despedido.

_____ Ana le pidió a Silvia que la sustituyera en el trabajo.

_____ Pablo le dijo que le enviaría su parte del trabajo una semana después, pero no lo hizo.

_____ José le preguntó que si se acordaba de que tenía que mandarle el trabajo.

_____ José le dijo que no se preocupara, que lo entendía.

_____ Se reunieron y se repartieron el trabajo.

_____ Pablo le ofreció dinero, pero tampoco se lo pagó.

_____ Pablo le pidió que hiciera el trabajo él solo, porque él no podía.

_____ Pablo le contestó que sí, pero que no había podido hacerlo porque estaba viviendo un mal momento. Le pidió a José un poco más de tiempo.

...IVO Y SUBJUNTIVO: REALIDAD Y DESEO

Digo que...

Lleve

digo, repito, sostengo, afirmo, comento menciono, expongo, declaro, manifiesto, opino, anuncio, aseguro, sostengo, cuento, explico...

...que llueve

quiero, deseo, me gustaría, me apetece... **que llueva**

pido, ordeno, invito a, exijo, ruego, sugiero suplico, pretendo, reivindico, reclamo, solicito, propongo... **que te calles**

Quiero que...

Llueva

EL ESTILO INDIRECTO

El estilo indirecto puede llevar a cabo tres funciones:

Repetir un mensaje porque ha habido un fallo comunicativo.	– Ha ●●❋⬚Δdo ⬚◆ ⬚❋∂re. – ¿Qué? – Que ha llamado tu madre.
Transmitir a una persona un **mensaje de otra persona.**	– Dice que mañana es el cumpleaños de tu hermano, que qué le vas a comprar, si lo has pensado ya, y que mejor que le compréis algo a medias.
Hacer referencia a un **discurso pasado.**	– Pues a mí me dijo que mi hermano se había ido de viaje la semana anterior, y que no pensaba celebrar su cumpleaños, porque estaría fuera de la ciudad todo el mes, y el día de su cumple no habría vuelto todavía.

La intención comunicativa

Si la intención del mensaje que reproducimos era sólo **transmitir información**, se introduce con verbos de comunicación y se usa **INDICATIVO**.

Yo pasearé al perro, ¿o ya lo has hecho tú?

No pasees tú al perro, que ya lo he hecho yo.

Si la intención del mensaje reproducido era **hacer actuar** al destinatario, se introduce con verbos directivos y se usa **SUBJUNTIVO**.

Laura...

Me ha dicho que ella paseará al perro.
Me ha preguntado si ya lo había hecho yo.

Me ha dicho que no pasee yo al perro.

Hay verbos específicos para expresar la intención comunicativa de un mensaje, especialmente cuando es una operación propia de la conversación: *saludar, agradecer, felicitar, despedirse, disculparse, recordar, avisar, quejarse, protestar...*

El cambio de situación: los elementos deícticos

Al transmitir las palabras de otros, se altera la situación de comunicación, lo que implica una serie de cambios en el enunciado.

• Cambios en la persona (posesivos, desinencias verbales, pronombres).
• Cambio de perspectiva (demostrativos, verbos deícticos).

YO
Tengo a Pais, mi perro,

ELLA, Laura
Tiene a Pais, su perro, consigo.

Aquí
- Este es Pais.
- He traído a Pais.
- He venido.

Allí
- Aquel es Pais.
- Ha llevado a Pais a casa.
- Ha ido a casa.

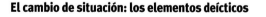

El cambio de situación: los tiempos verbales

Cuando el mensaje original se produjo en un espacio temporal distinto del actual, pasado, las formas verbales —al igual que ciertos elementos temporales— sufren un retroceso.

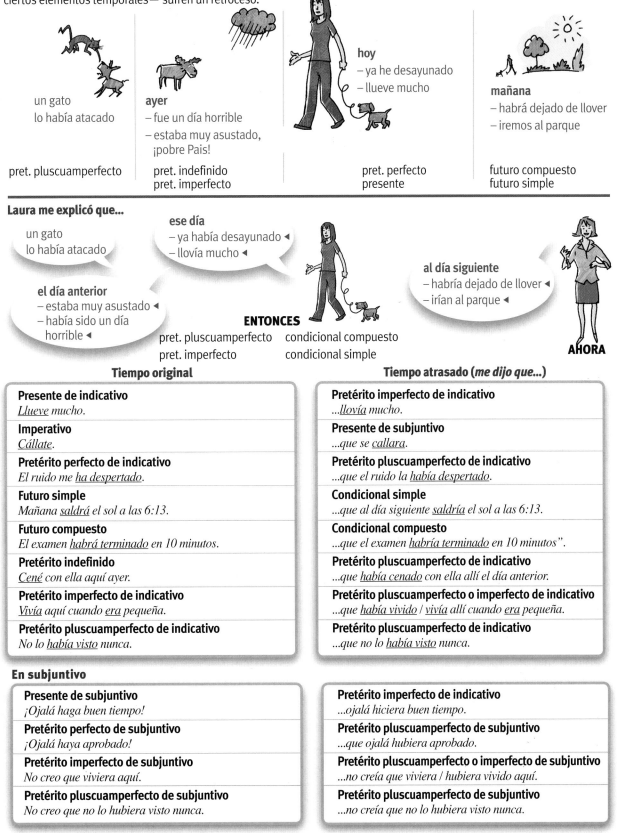

un gato
lo había atacado

ayer
– fue un día horrible
– estaba muy asustado, ¡pobre Pais!

hoy
– ya he desayunado
– llueve mucho

mañana
– habrá dejado de llover
– iremos al parque

pret. pluscuamperfecto

pret. indefinido
pret. imperfecto

pret. perfecto
presente

futuro compuesto
futuro simple

Laura me explicó que...

un gato
lo había atacado

ese día
– ya había desayunado ◄
– llovía mucho ◄

el día anterior
– estaba muy asustado ◄
– había sido un día horrible ◄

ENTONCES

pret. pluscuamperfecto
pret. imperfecto

condicional compuesto
condicional simple

al día siguiente
– habría dejado de llover ◄
– irían al parque ◄

AHORA

Tiempo original	Tiempo atrasado (*me dijo que...*)
Presente de indicativo *Llueve* mucho.	**Pretérito imperfecto de indicativo** ...*llovía* mucho.
Imperativo *Cállate*.	**Presente de subjuntivo** ...que se *callara*.
Pretérito perfecto de indicativo *El ruido me ha despertado*.	**Pretérito pluscuamperfecto de indicativo** ...que el ruido la *había despertado*.
Futuro simple *Mañana saldrá el sol a las 6:13*.	**Condicional simple** ...que al día siguiente *saldría* el sol a las 6:13.
Futuro compuesto *El examen habrá terminado en 10 minutos*.	**Condicional compuesto** ...que el examen *habría terminado* en 10 minutos".
Pretérito indefinido *Cené con ella aquí ayer*.	**Pretérito pluscuamperfecto de indicativo** ...que *había cenado* con ella allí el día anterior.
Pretérito imperfecto de indicativo *Vivía aquí cuando era pequeña*.	**Pretérito pluscuamperfecto o imperfecto de indicativo** ...que *había vivido* / *vivía* allí cuando *era* pequeña.
Pretérito pluscuamperfecto de indicativo *No lo había visto nunca*.	**Pretérito pluscuamperfecto de indicativo** ...que no lo *había visto* nunca.

En subjuntivo

Presente de subjuntivo *¡Ojalá haga buen tiempo!*	**Pretérito imperfecto de indicativo** ...*ojalá hiciera* buen tiempo.
Pretérito perfecto de subjuntivo *¡Ojalá haya aprobado!*	**Pretérito pluscuamperfecto de subjuntivo** ...que ojalá *hubiera aprobado*.
Pretérito imperfecto de subjuntivo *No creo que viviera aquí*.	**Pretérito pluscuamperfecto o imperfecto de subjuntivo** ...no *creía* que *viviera* / *hubiera vivido* aquí.
Pretérito pluscuamperfecto de subjuntivo *No creo que no lo hubiera visto nunca*.	**Pretérito pluscuamperfecto de subjuntivo** ...no *creía* que no lo *hubiera visto* nunca.

1. ¡QUE TE VAYA BIEN!

A. **¿En qué situaciones se dicen los siguientes enunciados?**

¡Que aproveche! **a**	**1** Antes de comer.
¡Que haya suerte! **b**	**2** Antes de un viaje.
¡Que te mejores! **c**	**3** En la despedida, después de visitar a un enfermo.
¡Que descanses! **d**	**4** Antes de un examen.
¡Que tengáis buen viaje y cuidado con la carretera! **e**	**5** Cuando alguien se va a dormir.
¡Venga, que vaya bien! **f**	**6** Cuando alguien se despide.

B. **Escucha las siguientes intervenciones y decide cuál de los enunciados anteriores constituye una respuesta adecuada.**

1. _____
2. _____
3. _____
4. _____
5. _____
6. _____

2. REIVINDICACIONES ESTUDIANTILES

A. **Un grupo de estudiantes españoles descontentos con la nueva ley de educación ha redactado una serie de reivindicaciones. ¿Estás de acuerdo con ellas?**

Tras la entrada en vigor de la nueva Ley Integral de Universidades (LIU), los estudiantes queremos mostrar nuestro rechazo a gran parte de sus contenidos. Consideramos que se trata de una ley que dificulta el acceso a la Universidad a los ciudadanos de clase trabajadora y que pone a la Universidad al servicio de las empresas. Por eso, exigimos:

— Que los horarios permitan compatibilizar los estudios con un trabajo.
— Que las prácticas en empresas sean remuneradas.
— Que aumenten el número y la cuantía de las becas.
— Que las clases no estén masificadas.
— Que se reduzca la cantidad de trabajo por asignatura.

B. Seguro que como estudiantes Erasmus también tenéis vuestras propias reivindicaciones. En grupos, escribid un pequeño manifiesto para la mejora de las condiciones de los estudiantes Erasmus.

C. Presentad vuestra lista de reivindicaciones al resto de la clase.

3. TODO SOBRE MI MADRE

¿Has visto la película de Pedro Almodóvar *Todo sobre mi madre*? Te proponemos reproducir algunos fragmentos de la película a partir de una explicación de lo que dicen los personajes.

A. El diario de Esteban.
Al principio de *Todo sobre mi madre*, vemos a Manuela con su hijo Esteban, charlando y viendo una película. Poco después el hijo muere atropellado por un coche. Después del accidente de tráfico en el que muere Esteban, Manuela lee su diario.
A partir de la explicación de Manuela, intenta reproducir la página del diario de Esteban prestando especial atención a los cambios de tiempo y persona.

El día anterior, Esteban había escrito que al día siguiente cumpliría 17 años, pero que parecía mayor, porque a los chicos que vivían solos con sus madres, como él, se les ponía una cara especial, más seria de lo normal, como de intelectual o de escritor. Él consideraba que en su caso era normal, porque él era un escritor.

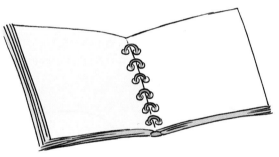

B. El viaje de Manuela.
Tras la muerte de su hijo, Manuela decide volver a Barcelona. Cuando ya está llegando a la ciudad, Manuela empieza a recordar otro viaje. Escribe sus pensamientos a partir de la siguiente descripción. Presta atención a los pronombres, a los adverbios de lugar (*aquí, ahí, allí*), a los demostrativos (*este, ese, aquel...*) y a los verbos direccionales (*ir / venir, traer / llevar*).

Manuela recuerda que 17 años antes también había hecho aquel mismo trayecto, pero al revés, de Barcelona a Madrid. También entonces iba huyendo, pero no estaba sola, llevaba a Esteban dentro de ella. En aquel viaje huía del padre de Esteban, mientras que en este va en su busca.

C. **Conversaciones de ascensor.**

Ya en Barcelona, Manuela se reencuentra con una amiga de hace años, Agrado, y empieza a trabajar para Huma, una actriz famosa. También conoce a una joven monja embarazada, Rosa, a la que acoge en su casa. Después de estar las cuatro mujeres hablando en casa de Manuela, Huma y Agrado salen juntas del edificio y mantienen una breve conversación. Inventa un posible diálogo a partir de las indicaciones de lo que dice cada una.

1. Huma le comenta a Agrado que las dos hermanas, Manuela y Rosa, son muy distintas.
2. Agrado se extraña de que Huma piense que Manuela y Rosa son hermanas.
3. Huma le explica que lo piensa porque Manuela así se lo ha dicho.
4. Agrado admite que puede ser cierto puesto que Manuela lo dice.
5. Huma ve que pasa algo raro y critica suavemente a las tres mujeres, a las que considera mentirosas, aficionadas a confundir a los demás.
6. Agrado no lo niega, pero dice que no son malas cuando se las conoce bien, cuando se sabe por dónde van y cómo tratarlas.
7. Huma cambia de tema y le pregunta a Agrado si sabe conducir.
8. Agrado dice que sí, puesto que cuando era joven fue camionero.
9. Huma le pide más detalles, interesada por la historia.
10. Agrado explica que eso sucedió en París, antes de operarse e implantarse pechos, pero que más tarde dejó de trabajar como camionero para pasar a trabajar como prostituta.
11. Huma exclama que le resulta muy interesante.
12. Y Agrado está de acuerdo en que es muy interesante.

D. **El monólogo de Agrado.**

Agrado ayuda a Huma en el teatro y, un día en el que la función se suspende, llega su oportunidad de actuar ante el público. Es su monólogo estrella. Intenta reconstruirlo a partir de las notas que tomó el director antes de escribir la escena.

Introducción:

1. Informa de la suspensión de la función por problemas personales de las dos actrices principales. Explica al público que:
   a. o bien el precio de la entrada les será devuelto en taquilla, o bien:
   b. si permanecen en la sala (les anima a ello), ella actuará para ellos, los entretendrá explicando la historia de su vida.
2. Despide al público que abandona la sala.
3. Anima al público restante a manifestar su aburrimiento con toda libertad, si su actuación les aburre.

Desarrollo:

1. Explica el motivo de haber elegido su nombre, Agrado: porque ha intentado siempre agradar a todo el mundo.
2. Explica su concepto de «ser auténtica»: es auténtica puesto que todo su cuerpo lo ha modificado a su gusto.
   • Rasgado de ojos, 80.000 ptas.
   • Rinoplastia, 200.000 ptas. (comentario del incidente violento que terminó con su nariz rota poco después de la operación).
   • Implantes mamarios, 70.000 ptas. cada pecho (comentario sobre lo rentable que resulta esta operación).
   • Silicona en: labios, frente, pómulos, caderas, nalgas. Precio aproximado: 100.000 pesetas por litro.
   • Depilación láser, 60.000 ptas. la sesión, multiplicado por de 2 a 4 sesiones, según la persona.

Conclusión:

Ser auténtica es ser tal como se ha soñado, y es un objetivo por el que vale la pena gastar el dinero que sea necesario.

4. NOTAS

A. Hasta hace dos semanas, Marta compartía piso con Elke, una estudiante sueca, que ha tenido
que regresar a su país inesperadamente. Por eso, Marta todavía recibe mensajes para ella
en el contestador. Escucha los mensajes y completa la tabla.

	¿Quién llama?	¿Cuándo llama?	¿Qué dice?
Mensaje 1			
Mensaje 2			
Mensaje 3			

B. Las llamadas a Suecia son un poco caras. Por eso, Marta decide enviarle un correo electrónico
a Elke para darle la información. ¿Podrías redactar el correo?

Mail   Archivo   Edición   Visualización   Buzón   Mensaje   Formato   Ventana   Ayuda
Nuevo mensaje
Enviar   Chat   Adjuntar   Agenda   Tipo de letra   Colores   Borrador
Para:
Cc:
Asunto:

A. **Lee los textos y responde a las preguntas.**

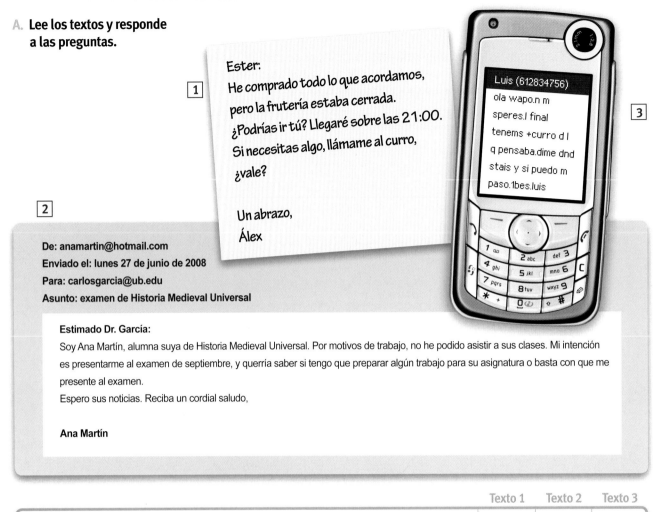

1

Ester:

He comprado todo lo que acordamos, pero la frutería estaba cerrada. ¿Podrías ir tú? Llegaré sobre las 21:00. Si necesitas algo, llámame al curro, ¿vale?

Un abrazo,
Álex

2

De: anamartin@hotmail.com
Enviado el: lunes 27 de junio de 2008
Para: carlosgarcia@ub.edu
Asunto: examen de Historia Medieval Universal

Estimado Dr. García:

Soy Ana Martín, alumna suya de Historia Medieval Universal. Por motivos de trabajo, no he podido asistir a sus clases. Mi intención es presentarme al examen de septiembre, y querría saber si tengo que preparar algún trabajo para su asignatura o basta con que me presente al examen.
Espero sus noticias. Reciba un cordial saludo,

Ana Martín

3

Luis (612834756)

ola wapo.n m
speres.l final
tenems +curro d l
q pensaba.dime dnd
stais y si puedo m
paso.1bes.luis

	Texto 1	Texto 2	Texto 3
¿Qué tipo de texto es?			
carta			
mensaje de correo electrónico			
nota			
anuncio			
sms			
...			
¿Con qué intención comunicativa se escribió?			
narrar			
describir			
influir en el otro			
¿Con qué grado de formalidad está escrito?			
muy formal			
estándar			
informal			
muy informal			
¿Qué marcas del texto indican formalidad / informalidad?			
vocabulario			
formas de tratamiento			
encabezado			
...			

B. El texto que sigue es un correo electrónico que una alumna envía a su profesor. Corrige las expresiones inadecuadas para la situación: el encabezamiento, la despedida, la forma de tratamiento y las expresiones en negrita.

> ¡Hola, profe!
>
> Ayer fui a tu despacho a la hora de visita para **charlar** contigo de mi examen. **Aluciné** cuando vi que estaba **cateada**. **Claro que** las preguntas eran **superdifíciles**, pero **¡con lo que había empollado...! A ver si** me **cuentas** dónde la he **cagado** para que el próximo **me salga** mejor. Volveré a tu despacho mañana a la misma hora. **¡A ver si** estás!
>
> Nos vemos,
> Laura

C. Una de las estudiantes erasmus con las que compartes piso, Kerstin, ha tenido que regresar por un tiempo a su país, así que ahora sólo estáis en el piso Hans (tu otro compañero) y tú. Kerstin, que lleva dos semanas fuera, ha estado recibiendo llamadas durante este tiempo, así que has decidido enviarle un e-mail para darle los recados. Completa el correo electrónico que le has escrito con los datos que tienes en las notas que habéis ido dejando junto al teléfono. Fíjate bien en las fechas y cambia, cuando sea necesario, los tiempos verbales, los marcadores temporales, los pronombres personales y las expresiones deícticas. Puedes alternar el uso de alguna fecha con expresiones temporales como hace unos días.

7/5/08
Acaba de llamar Laurie, la amiga inglesa de Kerstin. Dice que la llame en cuanto vuelva porque el día 25 viene a España a visitarla.
H.

15/5/08
Para Kerstin:
Han llamado los del banco. Dicen que ayer notaron un movimiento irregular en la cuenta. Quieren hablar con ella urgentemente.
Karl

15/5/08
Para Kerstin:
Han llamado los del banco. Dicen que ayer notaron un movimiento irregular en la cuenta. Quieren hablar con ella urgentemente.
Karl

16/5/08
Karl,
La dueña reclama el alquiler urgentemente. ¿Sabes si Kerstin nos ha hecho ya el ingreso? Si le escribes o hablas con ella mañana, pregúntaselo. Gracias.
H.

```
De: karlgross23@hotmail.com
Enviado el: viernes 17 de mayo de 2008
Para: kerstinwein@hotmail.com
Asunto: mensajes desde España
```

Hola, Kerstin:

¿Qué tal por Alemania? ¿Cómo van esas entrevistas de trabajo que tenías que hacer? Por aquí todo va bien. Hans sigue tan desastre como antes o incluso un poco más ahora que no estás tú para poner orden. Pero no te preocupes, que todo estará bien para cuando vuelvas. ¡Lo prometo! Por cierto, ¿sabes ya cuándo vuelves?

Bueno, en realidad te escribo este mail porque ya no nos caben más notas para ti en la mesita del teléfono y, como alguna parece urgente, he decidido ponerte al día de tus mensajes.

Para empezar, _____ llamó Laurie. Dijo que _____ porque _____. ¿Crees que ya estarás por aquí para entonces?

Vamos a las noticias "desagradables". La primera: _____ llamó _____ . Dice que _____ el 20 de mayo. La segunda es que _____ los del banco para decirte que _____ . _____ hablar urgentemente _____ .

Finalmente, Hans me preguntó _____ _____ . Tendríamos que saberlo pronto porque la dueña del piso nos reclama el dinero.

Bueno, guapa. Pues creo que no me dejo nada. Bueno, sí, que a ver cuándo vuelves, porque el gato está muy triste y todos tenemos ganas de verte...

Un abrazo y hasta pronto,
Karl

D. Se acercan los exámenes y te acaban de llamar para decirte que tienes que volver a tu país inmediatamente. Escríbele un mensaje de correo electrónico a tu profesora de Derecho Romano para explicarle:

- Que has de volver a tu país antes de lo previsto. Comunícale el motivo.
- Que no podrás hacer el examen de su asignatura.
- Sugiérele una alternativa para que pueda evaluarte.

Argumentos

1. MAYO DEL 68

A. **¿Qué sabes del Mayo del 68? Estos son algunos de los eslóganes que se difundieron entonces. En pequeños grupos, comentad si estáis de acuerdo con lo que en ellos se afirma o se propone.**

- Sed realistas: pedid lo imposible.
- No queremos un mundo donde la garantía de no morir de hambre supone el riesgo de morir de aburrimiento.
- Están comprando tu felicidad: róbala.
- No vamos a reivindicar nada, no vamos a pedir nada. Tomaremos, ocuparemos.
- El patrón te necesita, tú no necesitas al patrón.
- Olvídense de todo lo que han aprendido. Comiencen a soñar.
- Somos demasiado jóvenes para esperar.
- ¡Viva la comunicación! ¡Abajo la telecomunicación!
- Prohibido prohibir. La libertad comienza por una prohibición.

B. **El Mayo del 68 supuso una revolución en las ideas sociales. A continuación, tienes una lista de ámbitos relacionados con la vida social. Piensa en cinco palabras que asocies con cada uno de ellos.**

- Las relaciones sentimentales y la sexualidad.
- La economía y el consumo.
- La política y las ideologías.
- El ocio.
- Las convenciones sociales.

C. **Lee el artículo *Legado del 68* y busca información sobre los temas anteriores.**

Legado del 68

Cuando se levantaban los adoquines de París en busca de la simbólica pero inexistente playa, yo tenía quince años. No lo viví; sin embargo, mi generación fue el principal beneficiario de aquella fructífera aunque efímera revuelta. Los que tenían tres o cuatro años más hicieron toda la carrera ahogados por la corbata, así como por la no menos obligatoria castidad. Gracias al espíritu de los nuevos tiempos, nosotros, en cambio, lucíamos vaqueros y creábamos comunidades dentro de las cuales explorar nuevas formas de relaciones humanas en las que la familia patriarcal estaba muy mal vista y el sexo pasaba de tabú a tótem. Aquello, para quienes lo vivimos, fue una fiesta, una fantástica explosión. En nuestro ámbito, bajo el franquismo, sin aquel mayo, nuestra juventud habría transcurrido tan a oscuras como la de nuestros hermanos mayores. El agradecimiento por tanta luz, incluso por los excesos lumínicos, es pues obligado.

Los que no lo vivieron se han hecho una imagen más o menos distorsionada de lo que aquello significó, pero deben considerar que si el divorcio pasó a estar bien visto fue a consecuencia del vuelco sesentayochesco. Incluso los que son más de derechas disfrutan de los cambios que treinta años atrás recorrieron occidente incendiando las resecas convenciones sociales que hasta entonces habían dominado, y amargado, una infinidad de existencias. Si después no ha aumentado la felicidad todo lo deseado, no es por culpa de los nuevos planteamientos, según los cuales cada cual es dueño de su vida, sino de las dificultades inherentes a la asunción de la propia libertad. Después de abrirse las posibilidades en abanico, la mayoría puede preferir continuar por los caminos vitales más trillados, a pesar de tener que renunciar a llevar las riendas de su vida. Allá cada cual, pero ya son bien pocos, en las sociedades avanzadas, quienes pueden alegar alienación o intimidación de la sociedad, el sistema o los poderes públicos. En el mundo rico, las mayores cotas de infelicidad provienen de la mala gestión de las existencias individuales, así como de la nula digestión de la propia experiencia.

El 68 propone derribar los espesos muros de las convenciones que impedían la generalización de la libertad. El primer muro que destruir era el que hermana todas las formas de dictadura, por eso los comunistas se pusieron en contra desde el primer minuto: temían, incluso más que la burguesía, perder el poder de conducir la vida de los demás. Aunque tardaron años, pese a que se resistieran y luego se apuntaran a defender las libertades personales, perdieron mucho más que este poder: perdieron la aspiración a disponer de él.

En toda revolución hay mucho extremismo, exceso y radicalidad. Pero a diferencia de todas las revoluciones anteriores, el 68 no trajo consigo un periodo de terror, ni el menor derramamiento de sangre. Porque todas las anteriores habían aspirado a dirigir, y aquella, bendita sea, sólo aspiraba a que cada cual se dirigiera a sí mismo, sin más cortapisas que el derecho al bienestar y a la libertad de los demás. Algunos todavía no han comprendido que esta receta no tiene contraindicaciones. O no tiene otra, como había dicho Erich Fromm, que el miedo a la libertad.

Xavier Bru de Sala, *La Vanguardia*, 2 de mayo de 2008, texto adaptado.

D. **¿Crees que el autor del texto sostiene las siguientes afirmaciones? Responde y compara tus respuestas con las de tu compañero.**

- La revolución del 68 fue muy breve pero, a pesar de ello, dio muchos frutos.
  ☐ SÍ ☐ NO

- Los de la generación del autor se beneficiaron de los logros del 68. Mientras tanto, sus hermanos mayores vivían oprimidos por las rígidas convenciones sociales de su época.
  ☐ SÍ ☐ NO

- Aunque ahora somos más dueños de nuestra vida, no somos todo lo felices que nos gustaría a causa de los nuevos planteamientos post-sesentayocho.
  ☐ SÍ ☐ NO

- A pesar de que se puede vivir hoy sometido a la moral social, raramente se puede culpar de ello al sistema o a los poderes públicos.
  ☐ SÍ ☐ NO

- En todas las revoluciones hay violencia. Sin embargo, la del 68 no tuvo víctimas porque por primera vez no se proponía alcanzar el poder.
  ☐ SÍ ☐ NO

E. **En grupos, comentad las siguientes cuestiones.**

- ¿Los jóvenes de hoy son más conservadores que los de entonces? ¿Por qué?
- ¿Podría producirse hoy un fenómeno como el Mayo del 68?
- ¿Qué convenciones sociales crees que sigues?
- ¿Qué usos le das a tu libertad personal?

2. EL VELO: ¿DERECHO U OBLIGACIÓN?

A. **Actualmente, algunas mujeres musulmanas defienden su derecho a llevar el velo como acto de libertad. Escucha las siguientes declaraciones y contesta a las preguntas.**

- ¿Qué aspectos de la vida de las dos chicas son diferentes?
- ¿En qué argumentos coinciden Mariam y Aya?

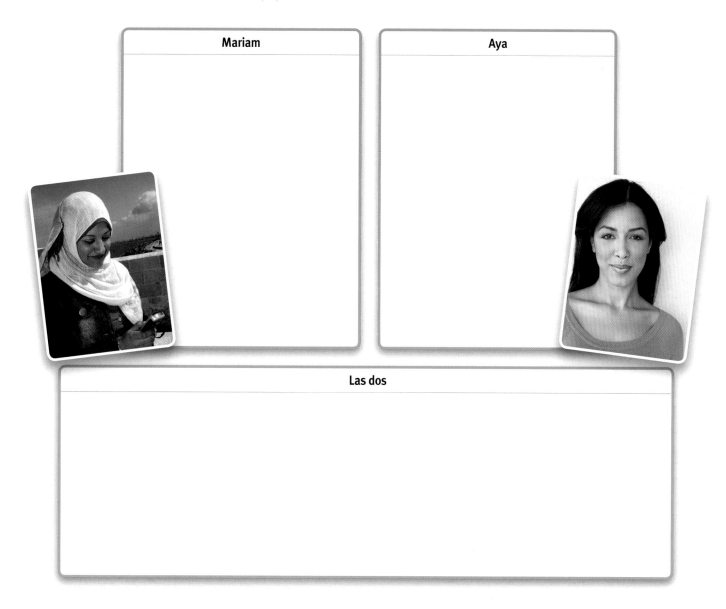

Mariam	Aya

Las dos

B. **Vuelve a escuchar y completa los enunciados, según las opiniones que has escuchado.**

- Mariam decidió ponerse el velo, aunque...
- Mariam afirma que puede parecer raro, pero...
- Aya es extranjera, pero...
- Aunque parece discriminatorio que una mujer no pueda mostrar su cuerpo,...

C. **¿Estás de acuerdo con los argumentos de Mariam y Aya? Coméntalo con tus compañeros.**

LAS ORACIONES CONCESIVAS: FORMAS VERBALES

Hay dos tipos de oraciones concesivas:
- **a.** las que admiten que es **cierta** la objeción, y
- **b.** las que **dudan** que sea verdadera la objeción.

A. Es verdad, pero...

AUNQUE + INDICATIVO
Introduce una objeción nueva.
Informa de un hecho por primera vez.

*Aunque **hace** mucho deporte...*

AUNQUE + SUBJUNTIVO
Retoma una objeción conocida.
Ya se ha dicho o se presupone.

*Aunque **haga** mucho deporte...*

—¿Qué pasa con Eloy últimamente? Siempre está cansado.
—Sí, es verdad, últimamente se cansa enseguida, <u>aunque</u> **hace** mucho deporte.
—¿De veras? Pues no lo parece.
—Sí, sí, de verdad. Y bastante, además.
—Bueno, pero <u>aunque</u> **haga** mucho deporte, si sigue fumando tanto y saliendo cada noche, de poco le va a servir.
—Sí, eso sí.

B. No creo que sea verdad, pero...

AUNQUE + SUBJUNTIVO pasado
Reacciona a una objeción que es muy improbable, que parece que no es verdad.

*Aunque **hiciera/se** mucho deporte...*

— ¿Qué pasa con Eloy últimamente? Siempre está cansado. ¿No hacía deporte?
— ¿Deporte? Que yo sepa, no. Pero, vaya, <u>aunque</u> **hiciera** deporte, podría estar cansado por otro motivo.
— También es verdad. A ver si puedo hablar con él.

CONECTAR ARGUMENTOS CONTRARIOS

2.1. Introducir un argumento débil

ARGUMENTO DÉBIL [conector A, B]	aunque	*Aunque estudió mucho, no aprobó el examen.* *Aunque me insistas, no aceptaré.*	Conector más frecuente. Seguido de un verbo en indicativo o subjuntivo.
Introduce un obstáculo que no impide el cumplimiento de la frase principal.	a pesar de (que) pese a (que)	*A pesar de que se lo advertimos, decidió presentarse.* *A pesar de su corta edad, tiene mucha experiencia.*	Registro formal. Pueden ir seguidos de un infinitivo, un nombre o un verbo en indicativo o subjuntivo.

2.2. Introducir un argumento fuerte

ARGUMENTO FUERTE **[A, conector B]** Introduce un argumento, en segunda posición, que se impone al argumento anterior.	**pero**	*Asistió a clase, **pero** no aprobó el examen.*	Conector más frecuente. Primera posición. Normalmente, relaciona oraciones.
	sin embargo **no obstante**	*Existe una gran demanda social en favor de programas televisivos de calidad. La mayoría de ciudadanos afirma en las encuestas ver programas culturales. Los resultados de las audiencias son, **sin embargo**, distintos: ganan por mayoría los llamados programas de «telebasura».*	Registro formal. Posición inicial o media. Normalmente, relacionan varios enunciados o párrafos.
	ahora bien	*La reflexión en torno a la didáctica de la gramática en el aula de lenguas es necesaria. **Ahora bien**, no se puede perder de vista que el objetivo de la enseñanza es lograr la competencia comunicativa.*	Registro formal. Posición inicial. Relaciona bloques de texto y señala un cambio en la orientación del discurso.

2.3. Expresar contraste

CONTRASTE **[A, conector B]**	**en cambio** **por el contrario**	*En la península hace bastante frío. **En cambio**, en Canarias hace calor.*	Registro formal. Posición inicial de un nuevo enunciado, seguido de pausa.
	mientras que	*La esperanza de vida de las españolas es de 79,6 años, **mientras que** la de sus compañeros es de 73,2.*	Posición inicial. No va seguido de pausa.

2.4. Rechazar una información

REFUTACIÓN **[No A, conector B]**	**sino**	*No fue en 1997, **sino** en 1999.*	Señala que el primer miembro no es válido.

1. CONVENCIONES CULTURALES

A. Las relaciones entre las ideas no sólo dependen de los conectores que se usen. Los hablantes de una misma lengua comparten ciertas convenciones que explican por qué algunas combinaciones resultan normales, mientras que otras son extrañas. A continuación, tienes algunos enunciados que resultan normales para un español. Relaciona las dos columnas.

Manuel es sevillano, **1**   **a** se entiende muy bien lo que escribe.

Aunque es vasco, **2**   **b** siempre que va con sus amigos a tomar algo invita él.

Pese a que está jubilado, **3**   **c** es del Barça.

Aunque es un pueblo muy pequeño, **4**   **d** es un chico muy sensible.

María tiene 19 años; **5**   **e** sin embargo, habla muy bien inglés.

Aunque trabaja en la portería, **6**   **f** sin embargo, es una persona muy centrada.

Felipe, el nuevo director, es español; **7**   **g** no es nada cotilla.

Aunque es catalán, **8**   **h** la gente va mucho a su aire.

Aunque es madrileño, **9**   **i** pero es bastante soso.

Aunque es médico, **10**   **j** es un hombre muy ocupado.

B. ¿Cómo continuarías los siguientes enunciados?

A pesar de ser actor, _____

Aunque es hijo único, _____

Aunque no terminó la carrera, _____

A pesar de que está en el paro, _____

Aunque es profesor, _____

...sin embargo, ha empezado a estudiar una carrera.

...pero no es feliz.

2. BATALLA ARGUMENTAL

A. Ángel y Carmen estrenan piso y han estado discutiendo sobre los muebles del comedor. Aquí tienes alguna de sus intervenciones. En cada una de ellas, aparecen dos ideas contrapuestas. Señala en cada enunciado qué idea resulta argumentativamente más fuerte para cada uno de ellos.

ÁNGEL: ¿Qué te parece esta mesa? Es un poco grande, **pero** nos cabría bien si la ponemos contra la pared, ¿no?

CARMEN: No sé... No lo acabo de ver claro. Es que, **aunque** la pusiéramos contra la pared, nos ocuparía medio comedor y entonces, ¿dónde ponemos las sillas? Además, es mejor una mesa redonda, que siempre cabe más gente.

ÁNGEL: Cabe más gente, **pero** te tienes que sentar con las patas entre las piernas.

CARMEN: Vale. ¿Y qué tal cuadrada? **Aunque** sólo quepan cuatro personas, podría alargarse si algún día viene gente a comer.

ÁNGEL: No es mala idea. Entonces, ¿aquella mesa cuadrada que vimos en *Casa joven* te parecería bien? Era un poco cara, **pero** se veía de buena calidad.

CARMEN: Es verdad, no estaba mal. ¿Recuerdas con qué sillas iba? Porque creo que eran de madera y tú dijiste que de madera no te gustaban. **Aunque** aquellas eran realmente originales...

ÁNGEL: ¿Yo? ¡Pero si fuiste tú quien dijiste que no, que las querías más modernas! De hecho dijiste que **aunque** eran de madera, no se veían muy clásicas.

CARMEN: ¿Qué quieres decir? A ver, es verdad que normalmente no me entusiasman, porque son muy duras, **pero** creo recordar que aquellas eran bastante cómodas.

ÁNGEL: Mira, por mí perfecto. ¡Con tal de dejar de discutir soy capaz de comprarlas hasta con pinchos!

B. **Ahora vas a discutir con tu compañero/a. Tenéis que preparar juntos una exposición oral para la carrera, pero necesitáis elegir a un tercer compañero. Dudáis entre Christian y Pauline. Tú prefieres a Christian, pero Pauline es la mejor amiga de tu compañero/a. Intentad poneros de acuerdo en función de las características, positivas y negativas, de la personalidad de cada uno de ellos.**

Christian

- Es muy organizado.
- Es muy bueno con el *power point*.
- No tiene horarios muy flexibles, es un chico ocupado.
- Su español no es muy bueno.
- Es muy cumplidor y responsable.
- Cree que sus ideas son las mejores, lo suyo no es escuchar.
- Se le da bien hacer esquemas.
- Gesticula demasiado cuando habla.

Pauline

- Nunca contesta al móvil, no hay quien la localice.
- Tiene mucha fluidez en español.
- Tiene voz «de pito», excesivamente aguda.
- Es creativa, suele tener buenas ideas.
- Es demasiado dispersa, se despista fácilmente.
- Es muy cooperativa, sabe trabajar en equipo.
- Llega tarde por sistema.
- No pisa una biblioteca ni por error.

3. QUEJAS

A. **Un grupo de alumnos Erasmus insatisfechos ha hecho llegar un conjunto de quejas a su profesor tutor de la universidad de origen. Estas son algunas. ¿Tienes tú alguna otra?**

- Seguro que suspendo todos los exámenes.
- La familia española con la que vivo come y cena muy tarde.
- Los estudiantes españoles no hablan conmigo.
- Los profesores hablan muy rápido.
- Los cursos de español son muy caros.
- Tengo pocas clases prácticas. Todo es demasiado teórico y muy aburrido.
- No tengo oportunidades de practicar el español.
- Los españoles gritan mucho.
- Los españoles fuman en todas partes.
- Pago muchísimo de alquiler.
- Con el dinero de la beca no puedo pagar nada.
- ...

B. Como tu profesor sabe que eres una persona optimista y resolutiva, te ha pedido que hables con estos estudiantes e intentes hacerles ver la parte positiva. Para ello, te puede resultar útil usar *aunque* seguido de un verbo en subjuntivo.

◆ *Aunque suspendieras algún examen, podrías repetirlo en septiembre. Y, si no, podrías volver a hacer la asignatura el año que viene. Lo importante es la experiencia personal.*

C. ¿Qué dificultades puede encontrar un estudiante español que decida hacer una estancia en tu ciudad? Haz una lista de dificultades y réstales importancia usando una construcción con *aunque* seguido de un verbo en indicativo.

◆ *Aunque los pisos en París son carísimos, es una ciudad muy bonita.*

D. En grupos, poned en común las dificultades que podría plantear vuestra ciudad a un estudiante español y decidid cuál sería la más adecuada.

4. EDUCACIÓN PARA LA CIUDADANÍA

A. Recientemente, se ha introducido en los planes de estudio de Secundaria y Bachillerato la asignatura Educación para la Ciudadanía, en la cual deben estudiarse los principios y derechos fundamentales que recogen las leyes españolas. La puesta en marcha de esta asignatura ha creado una gran polémica. A continuación, tienes un artículo de opinión que defiende los contenidos de la asignatura y los testimonios de algunos padres que se oponen a que sus hijos la cursen. Lee los textos y complétalos con el conector contraargumentativo más adecuado.

Educar sobre lo real

El Gobierno ha incluido la enseñanza de distintas formas de familia dentro de la nueva y controvertida asignatura de Educación para la Ciudadanía. _____ al final ha suavizado el texto definitivo por las presiones de la Iglesia católica y sus colectivos educativos afines, el texto sigue incluyendo la enseñanza de que existen núcleos familiares formados por matrimonios homosexuales, por un solo cónyuge o por parejas de hecho. Es la realidad sancionada por la ley, ni más ni menos.

_____ las quejas que suscite el texto por parte de los colectivos más conservadores, no sería razonable evitar que los adolescentes sepan que existe en nuestra sociedad una diversidad de opciones: el conocimiento es condición para la tolerancia y el respeto. Los padres de ideologías conservadoras son muy libres de enseñar a sus hijos que no hay más familia que la heterosexual, _____ deben ser igualmente conscientes de que la escuela tiene obligación de informar de que hay otras opciones perfectamente legales, con las que deben acostumbrarse a convivir quienes no las aceptan.

La inclusión en esta asignatura de referencias a la necesidad de que los alumnos aprendan a respetar la libertad de opción sexual es una de las aportaciones más novedosas. El combate a los prejuicios y las actitudes tanto homófobas como sexistas o racistas debe hacerse desde la escuela. _____ valores como la educación medioambiental se imparten dentro de otras materias (como Filosofía o Ciencias Naturales), los valores relativos a la libertad personal se tratan como una materia concreta, lo cual aporta una mayor garantía de que se va a dedicar un tiempo específico a tratar estas cuestiones. La defensa de un modelo determinado de familia no puede privar a ningún alumno del conocimiento de las realidades sociales diversas que existen, de su libertad para elegir la que prefiera y del respeto a los que escojan otras distintas.

El País, 31/10/2006, texto adaptado

Objeción de conciencia

La plataforma Profesionales por la Ética propone el rechazo a través de la objeción de conciencia a la imposición de la Educación para la Ciudadanía y los Derechos Humanos tal y como ha sido diseñada por el Gobierno, como asignatura obligatoria y evaluable, en toda clase de centros, puesto que considera que el Gobierno no debe, tras la idea de «promover una ciudadanía democrática», invadir el derecho y la libertad de los padres de educar a sus hijos según sus propias convicciones morales.

Se han presentado miles de objeciones por parte de padres que, alegando motivos de conciencia y acogiéndose a sus derechos constitucionales, no quieren que sus hijos asistan a esta clase. Estas cifras, _____, pueden seguir aumentando debido a que muchos padres han objetado y no lo han comunicado a las organizaciones que están recabando datos a diario en toda España.

Lourdes ha asegurado que presenta objeción de conciencia para que sus hijos no reciban esa asignatura precisamente porque quiere que sus hijos sean buenos ciudadanos. «Esta asignatura no los hará mejores ciudadanos, _____ que los adoctrinará en función de los criterios morales e ideológicos del Gobierno de turno. Y no es una opción libre, _____ una imposición que no podemos consentir».

Carmen, por su parte, cree que, _____ Educación para la Ciudadanía se pueda adaptar al ideario de un colegio religioso,

«las consecuencias de la asignatura se notarán en toda la sociedad, que será influida por este instrumento de adoctrinamiento. El problema no es lo que van a estudiar mis hijos en el colegio; _____, por primera vez desde el franquismo, el Estado va a tomar bajo su responsabilidad la educación moral de nuestros hijos. Y eso, además de ser ilegal desde que se aprobó la Constitución, es inaceptable».

(Información extraída de *profesionalesetica.com*)

B. **Vuelve a leer los textos y subraya los argumentos con los que estés de acuerdo.**

C. **Teniendo en cuenta los argumentos que has subrayado, comenta las siguientes preguntas con tus compañeros.**

1. ¿Existe una asignatura similar en tu país? En caso contrario, ¿crees que debería existir?
2. ¿Qué contenidos debería tener la asignatura, además de los mencionados en el texto? ¿Qué objetivo tendría incluirlos?
3. ¿Crees que los padres deben decidir si sus hijos cursan una asignatura de este tipo?

1. El zapato chino

A. **Lee la siguiente noticia y responde a las preguntas que tienes a continuación.**

> Una protesta de cerca de medio millar de personas contra la competencia del calzado chino acabó en la tarde de ayer, tras diversos incidentes, con una nave industrial incendiada en el Polígono Industrial del Carrús, en Elche. Los manifestantes protestaban contra la presencia de los almacenistas y empresarios asiáticos porque entienden que suponen una competencia desleal para el sector, ya que, según sostienen, venden sus productos sin control alguno por parte de la Administración. Durante la protesta, se lanzaron piedras contra almacenes propiedad de ciudadanos chinos.
>
> *El País*, 17/9/04

1. ¿Qué sucedió? ¿Quiénes fueron los participantes del suceso?
2. ¿Por qué crees que se produjo? ¿Se producen sucesos similares en tu país?
3. ¿Cómo crees que evolucionarán este tipo de problemas en el futuro próximo?
4. ¿Qué medidas podrían tomarse para evitar problemas como este?

B. **Dada la relevancia social de la noticia, el periódico *El País* dedicó uno de sus editoriales a exponer su opinión sobre los hechos. Léelo y responde a las preguntas.**

> Elevar una anécdota a teoría es error. Por lo tanto, es falso concluir que el condenable ataque contra intereses comerciales chinos la semana pasada en Elche sea fundamentalmente una muestra gravísima de racismo y de odio hacia la población china en España.
>
> Resulta obvio que hay tintes xenófobos en quienes invitaron a incendiar almacenes de calzado regentados por chinos. Y, evidentemente, es preocupante que la policía tuviera una conducta pasiva y que sucesos parecidos puedan repetirse. Sin embargo, sería engañoso no reflejar la delicadísima crisis de un sector industrial tradicional, como el del zapato, que se hunde ante la falta de atención pública, de una regulación del mercado y de normas laborales mejores; ante la incapacidad de innovación y, sobre todo, la agresiva competencia desleal de unos fabricantes extranjeros que fijan a tres euros lo que sus competidores españoles venden siete veces más caro.
>
> Se trata de la recurrente historia del *dumping* social que practican China y otras economías emergentes en este mundo globalizado, gracias a sus bajos costes laborales, la falta de protección social y monstruosos horarios. No obstante, es necesario reconocer la calidad del producto y la habilidad de sus artesanos. Además, es muy probable que quienes promovieron el incendio o participaron en el vandalismo se muevan en la economía sumergida de contratos irregulares y sobreexplotación mucho más que los injustamente agredidos.
>
> Lo cierto es que en buena parte este incidente es responsabilidad de las autoridades locales, autonómicas y centrales. Las primeras por no prever lo que podía ser una amenaza inminente y no vigilar la existencia de almacenes clandestinos; las segundas, por privilegiar objetivos cuestionables antes que salvar el tejido industrial regional, y las terceras, por no ser rigurosas en el cumplimiento de normas aduaneras, fiscales y laborales.
>
> *El País*, 23/09/04, texto adaptado

1. ¿Cuál es la opinión que se defiende en el texto? ¿En qué párrafo se expone?
2. Para defender su opinión, el autor del texto ofrece argumentos favorables a su opinión, pero también rebate argumentos contrarios. ¿Cuáles son los argumentos que rebate? ¿Qué mecanismos lingüísticos emplea?

2. Objetividad e implicación

A. **Vuelve a leer el texto anterior y busca las formas que señalan al escritor del texto. ¿Qué expresiones se emplean para introducir opiniones y valoraciones? ¿Por qué crees que el escritor ha elegido esas expresiones?**

B. Clasifica las estructuras que introducen opiniones o valoraciones en el texto según su función. ¿Qué modo verbal utilizan?

Expresar certeza	Expresar probabilidad	Expresar improbabilidad	Valorar positiva o negativamente	Poner de relieve un aspecto

C. Añade al cuadro anterior las siguientes expresiones.

> Es cierto   Es posible   Es imposible   Es evidente   Hay que reconocer
>
> Es adecuado   Es improbable   Hay que destacar   No hay que olvidar

D. Estas opiniones, formuladas en primera persona, resultan poco adecuadas en una argumentación formal. Reescríbelas empleando alguna de las expresiones anteriores.

a) Recomendamos que se revise el primer apartado del acuerdo.
   Es recomendable que se revise el primer apartado del acuerdo.

b) Me atrevo a asegurar que en España cada vez hay más jóvenes que renuncian al matrimonio.
c) Considero errónea la última decisión del Gobierno.
d) No creo que el 0,7% del PIB destinado a ayudas a países en vías de desarrollo sea suficiente.
e) En mi opinión, otro elemento importante que debemos tener en cuenta es que, gracias a la inmigración, en España ha aumentado el índice de natalidad.

3. TU PROPIO EDITORIAL

C. Te han pedido que escribas el editorial de un periódico universitario. El texto debe centrarse en alguna de las noticias que tienes a continuación. Para escribirlo, puedes seguir los siguientes pasos:

- Decidir la tesis propia a partir del tema general. Para elegir la tesis, es conveniente pensar en los argumentos a favor y en contra del tema propuesto.
- Una vez decidida la tesis, es necesario concretar los argumentos que la apoyan y seleccionar los más importantes informativamente.
- Una argumentación eficaz no sólo debe presentar buenos argumentos a favor, sino que también debe prever los posibles contraargumentos, y refutarlos. En el texto *El zapato chino* aparecen varios ejemplos de este recurso. Pueden ser de utilidad estructuras como «*A pesar de que ..., hay que reconocer que ...*».
- Una vez seguidos estos pasos, ya es posible comenzar a redactar el texto teniendo en cuenta el estilo objetivo, la selección del vocabulario y el uso de marcadores discursivos.

Dos meses de prisión para un francés por intercambiar películas en la Red.

Un tribunal de Nantes, localidad situada al oeste de Francia, condenó ayer a dos meses de cárcel y una multa de 40.000 euros a un internauta por haber descargado películas de Internet.

Perder la nacionalidad por una boda gay.

Frédéric Minvielle, de 37 años, ha perdido la nacionalidad francesa al casarse con su compañero en Holanda porque Francia no reconoce el matrimonio homosexual, según revela la revista francesa de la comunidad homosexual Têtu. Instalado en Holanda desde 2002, Minvielle se casó en diciembre de 2003 y adquirió la nacionalidad holandesa en 2006. Cuando se inscribió en las listas electorales del consulado de Francia en Ámsterdam, a finales de 2006, para poder votar en las presidenciales francesas de 2007, descubrió que había perdido su nacionalidad de origen.

El Instituto de la Mujer pide la retirada de un anuncio de viajes por «sexista».

El Instituto de la Mujer se dirigió ayer a la agencia de viajes Mundoviaje.com para pedirle la retirada de uno de sus anuncios —publicado en varios periódicos— por considerarlo «discriminatorio» y «sexista». El anuncio muestra el torso de una mujer en bikini encabezado por la leyenda «lo único que tenemos pequeño es el precio». El organismo de igualdad considera que este anuncio «denigra a las mujeres al utilizar su cuerpo como mero objeto para elevar las ventas de un producto».

Otras actividades

1 · Otras actividades

EJERCICIO 1

La Agencia Nacional Española Erasmus ha publicado el siguiente folleto para dar a conocer el programa a los universitarios españoles. Lee el texto y responde a las preguntas.

AGENCIA NACIONAL ESPAÑOLA ERASMUS

La Agencia Nacional Española Erasmus desarrolla el Programa *Sócrates/Erasmus* de la Con el 14 de marzo de 1995.

1. UNIVERSIDADES SIN FRONTERAS

5   El Programa Erasmus es el primer gran programa europeo en materia de enseñanza superior y ha cosechado un gran éxito desde su inicio en 1987. Contiene una serie de medidas encaminadas a apoyar las actividades europeas de las instituciones de enseñanza superior 10 y promover la movilidad de profesores y estudiantes universitarios.

   Este Programa tiene como objetivo principal incrementar la conciencia de ciudadanía europea a través de una movilidad organizada que permite efectuar una parte 15 reconocida de los estudios en otro país de la Comunidad.

   Este objetivo se enmarca en un Programa que contempla, por un lado, una serie de acciones dirigidas a las universidades y los profesores y, por otra parte, las bolsas de la ayuda financiera con las que se incentiva y 20 facilita los desplazamientos y la estancia de los estudiantes en otros países de la Unión Europea.

2. LOS ESTUDIANTES

   Los estudiantes reciben ayuda para realizar un periodo de estudios comprendido entre tres meses y un año en otro 25 país miembro de la Unión Europea.

   No obstante, son necesarias algunas precisiones: es importante conocer que las ayudas ERASMUS no cubren la totalidad de los gastos ocasionados durante el periodo de estudios en el país de destino puesto que sólo tienen por 30 objeto compensar los costes de movilidad producidos por el desplazamiento a otro país comunitario, tales como viajes, diferencia del coste de vida y, en caso necesario, preparación lingüística.

Estas ayudas además son complementadas por el Ministerio de Educación, Política Social y Deporte, así como con ayudas procedentes de la propia Universidad, de la Comunidad Autónoma o de otro tipo de institución pública o privada de carácter local o regional.

Perfil de un estudiante Erasmus

   Para tener acceso a las AYUDAS ERASMUS para Movilidad de Estudiantes es necesario cumplir los siguientes requisitos:

1) Estar inscrito en una Universidad o Institución de Enseñanza Superior.
2) Cursar estudios en el marco de un contrato institucional.
3) Ser ciudadano de:
   - Uno de los 27 Estados Miembros de la Unión Europea.
   - Uno de los tres países de la AELC: Noruega, Islandia, Liechtenstein.
   - Uno de los países candidatos: Turquía.
   - Otros países, a condición de que posean el estatuto de residente permanente, de apátrida o de refugiado en el país participante desde el que deseen salir al extranjero en el marco de SÓCRATES/ERASMUS.
4) Haber cursado el primer año de carrera.

   En el marco Erasmus, todo estudiante disfrutará de los beneficios de los acuerdos de cooperación: exención de pago de tasas académicas en el país de destino y reconocimiento académico.

3. ECTS: MONEDA DE CAMBIO

65 El ECTS es un sistema de reconocimiento del periodo de estudios ERASMUS que literalmente significa: «Sistema Europeo de Transferencia de Créditos»

Las Universidades deberán garantizar a sus estu-diantes, por escrito y con antelación, el reconocimiento 70 académico del periodo de estudios efectuado en una Universidad con la que se haya establecido un acuerdo de cooperación.

El ECTS es el sistema más utilizado de asignación y transferencia de créditos académicos, cuyo objetivo 75 es facilitar el proceso de reconocimiento académico a través de mecanismos eficaces.

Resumiendo: el ECTS es una garantía de reco-nocimiento académico de los estudios cursados en el exterior por nuestros alumnos ERASMUS: una 80 especie de moneda de cambio con la que validar en la Universidad de origen los estudios realizados en otra Universidad de las participantes en el Programa.

4. SELECCIÓN DE CANDIDATOS

85 La distribución de las ayudas a los estudiantes y su selección se realiza por la Universidad de origen del estudiante.

Los criterios de selección se basan fundamen-talmente en tres aspectos:

90 A) El expediente académico.

B) El conocimiento de la lengua del país de destino.

C) La motivación para realizar intercambios en otras Instituciones.

Los estudiantes Erasmus están exentos del pago de 95 cualquier tasa de inscripción en la Universidad de acogida. Asimismo, continuarán percibiendo íntegramente cual-quier beca o préstamo normalmente otorgado por las autoridades nacionales para cursar estudios en su Universidad de origen.

100 Las ayudas de movilidad son gestionadas en cada país a través de las Agencias Nacionales y de la Universidad de origen del estudiante.

PARA OBTENER MÁS INFORMACIÓN

En las Universidades existe una **Unidad Erasmus** que generalmente depende del Vicerrectorado de Relaciones 105 Internacionales o del Vicerrectorado de Alumnos, donde se informa de los intercambios previstos para cada curso académico, así como de todos los aspectos relativos al programa y de las condiciones y requisitos que deben reunir los interesados para participar en el mismo.

A. Señala en qué apartado del texto se encuentra la siguiente información.

1. El Programa Erasmus hace posible que a un estudiante universitario europeo se le reconozca en su universidad una parte de sus estudios que habrá cursado en una universidad extranjera.

_____

2. Los Erasmus no han de pagar las tasas de la universidad a la que van con la ayuda Erasmus.

_____

3. El estudiante Erasmus tiene asegurado antes de iniciar su periodo en el extranjero el reconocimiento por su universidad de los estudios que realice fuera.

_____

B. Di si las afirmaciones siguientes son VERDADERAS (V), FALSAS (F) o INCOMPLETAS (I), según el contenido del texto.

1. El objetivo del Programa Erasmus es incentivar la movilidad de los estudiantes universitarios europeos.

_____

☐ V   ☐ F   ☐ I

2. Los estudiantes que reciben una beca Erasmus pueden seguir disfrutando de otras ayudas económicas.

_____

☐ V   ☐ F   ☐ I

3. Solo los estudiantes universitarios nacidos en países europeos pueden obtener una ayuda Erasmus.

_____

☐ V   ☐ F   ☐ I

4. Para conceder las ayudas se tienen en cuenta sólo tres criterios: las notas, el conocimiento de la lengua del país de acogida y la motivación para realizar intercambios de los candidatos.

_____

☐ V   ☐ F   ☐ I

5. A través de los ECTS, la universidad de origen puede decidir si, una vez el estudiante ha finalizado su periodo de estudios en el extranjero, le reconoce a efectos académicos dicha formación.

_____

☐ V   ☐ F   ☐ I

EJERCICIO 2

A. Relaciona un elemento de la columna de la izquierda con otro de la columna de la derecha que signifique (casi) lo mismo, (casi) lo contrario o una situación (casi) complementaria.

Acabar la carrera **a**
Aprobar un examen **b**
Pedir una ayuda **c**
Trasladarse **d**
Darle a alguien una beca **e**
Buscar trabajo **f**
Buscar alojamiento **g**

1 Mudarse
2 Compartir piso
3 Suspender un examen
4 Licenciarse
5 Encontrar un empleo
6 Conceder una ayuda
7 Solicitar una beca

B. Ahora, completa el diálogo que tienes a continuación con elementos del ejercicio anterior.

▼ Oye, ¿tú viviste en Holanda, verdad?

● Sí, hace unos años. Decidí que quería irme al extranjero cuando me quedaba una asignatura para _____. Me presenté al examen y lo _____, o sea que tuve que esperarme a la siguiente convocatoria para volver a presentarme. Entonces lo _____ y estuve dudando entre _____, porque me apetecía empezar a ganar dinero, o _____ para seguir estudiando en alguna ciudad de Europa. Al final pensé que, si seguía estudiando, después podría _____ mejor. Tuve suerte, _____ y me fui para Nimega. Allí me instalé en una residencia de estudiantes, pero no me gustó y me puse a _____. Fue entonces cuando conocí a Martín: encontré una habitación en la casa donde él vivía. _____ con dos estudiantes más durante seis meses y luego ya _____ a otro para nosotros solos.

EJERCICIO 3

Pablo Picasso es uno de los personajes españoles más importantes del siglo XX, uno de los *españoles de la historia*. A continuación, tienes su biografía. Complétala con los verbos que se ofrecen en la persona adecuada del pretérito indefinido.

> continuar convivir empezar ser iniciar mantener morir nacer (2)
> casarse instalarse relacionarse retirarse trasladarse tener (2) vivir volver

Pablo Ruiz Picasso _____ en Málaga, el 25 de octubre de 1881. En 1895 _____ con su familia a Barcelona, donde el joven pintor se rodeó de un grupo de artistas y literatos que frecuentaban el bar *Els Quatre Gats*.

Entre 1901 y 1904, Picasso _____ entre Madrid, Barcelona y París; mientras tanto, su pintura entró en la etapa denominada *período azul*, fuertemente influida por el simbolismo. En la primavera de 1904, _____ definitivamente en París, donde _____ con numerosos artistas.

Hacia finales de 1906, el pintor _____ a trabajar en un cuadro que revolucionó el arte del siglo XX: *Les demoiselles d'Avignon*. A partir de esta obra, Picasso _____ una revisión de buena parte de la herencia plástica vigente desde el Renacimiento: _____ el inicio del Cubismo, una de sus grandes aportaciones a la pintura. Sin embargo, su extensa trayectoria incluyó estilos diversos, como el Surrealismo o el Expresionismo, además de trabajos de escultura en diversos soportes (hierro y cerámica, entre otros).

Su vida sentimental también fue intensa. En 1919 _____ con la bailarina rusa Olga Koklova, con la que _____ un hijo: Paulo. En 1935 _____ su hija Maya, de una nueva relación sentimental, Marie-Therèse, con quien Pablo Picasso _____ abiertamente a pesar de seguir casado con Olga Koklova. A partir de 1936, ambas compartieron al pintor con una tercera mujer, la fotógrafa Dora Maar. En 1943 conoció a Françoise Gilot, con la que _____ dos hijos: Claude y Paloma. Finalmente, en 1961 _____ a casarse: con Jacqueline Roque _____ su última relación sentimental de importancia. Convertido ya en una leyenda en vida, el artista y Jacqueline _____ al castillo de Vouvenargues, donde el creador _____ trabajando incansablemente hasta que _____, en 1973.

Información extraída de www.biografiasyvidas.com

EJERCICIO 4

¿Cuándo ha sucedido? Lee las frases y marca la expresión de tiempo adecuada.

1. **Desayuné con Luis.**
   a. Ayer por la mañana
   b. Esta mañana

2. **No he ido a clase porque se me han roto las gafas.**
   a. Esta mañana
   b. Ayer por la mañana

3. **Terminé la carrera.**
   a. Hace un año
   b. Este año

4. **He estudiado tres cursos de inglés.**
   a. Esta semana
   b. En toda mi vida

5. **Me operaron de apendicitis.**
   a. En enero
   b. Este mes

6. **¡He conocido al hombre de mi vida!**
   a. El mes pasado
   b. Este fin de semana

7. **¿Viste la película de Woody Allen?**
   a. En toda tu vida
   b. Ayer por la noche

8. **No me he duchado porque me he dormido.**
   a. El lunes
   b. Hoy

EJERCICIO 5

Estos son fragmentos de conversaciones que mantienen unos estudiantes antes de que llegue su profesor un lunes por la tarde. Completa con la forma correspondiente del pretérito perfecto o el indefinido del verbo adecuado.

1. estar, hacer, pasarse, salir

● ¿Qué tal? ¿Qué _____ este fin de semana?

◆ Nada. El sábado por la mañana _____ estudiando. Y luego, por la noche, _____ de fiesta con unos amigos. Y el domingo, _____ todo el día durmiendo y viendo la tele.

2. acostarse, dormir, levantarse

● Tienes mala cara. ¿ _____ bien?

◆ Pues no mucho. Anoche _____ a las dos y esta mañana _____ a las seis para terminar el trabajo de Psicopatología; así que imagínate...

3. decir, hablar, poder, terminar

● Oye, ¿al final _____ entregar el trabajo el viernes?

◆ ¡Qué va! Lo _____ el sábado por la noche. Esta mañana _____ con el profesor, pero me _____ que ya era muy tarde.

4. estar, ir, pasárselo, ver, venir

● ¿Qué tal te va con Rubén? ¿Le _____ estos días?

◆ Sí, tío, ayer _____ todo el día juntos. _____ a buscarme por la mañana y nos _____ a la playa hasta las siete o las ocho. _____ genial.

EJERCICIO 6

Anna, Hanna y Anne se han conocido en una fiesta Erasmus y han empezado a hablar de sus vidas. Completa sus diálogos con alguna de las preposiciones del cuadro.

> a desde en hacia hasta por sobre de

1.

● ¿Y _____ cuándo estáis en Sevilla?

◆ Pues yo llegué _____ agosto. _____ el 20 de agosto; no me acuerdo del día exacto.

▼ Pues yo tampoco me acuerdo del día... Pero más tarde que tú, Anne, _____ mediados _____ septiembre. Eso sí, llegué un lunes _____ mediodía y hacía un calor terrible.

2.

● ¿Y es la primera vez que estáis en España?

◆ No, yo vine con mis padres _____ los 12 años, creo que fue _____ agosto _____ 1995. Estuvimos en Cataluña y en Valencia.

▼ ¡Qué casualidad! Yo también estuve _____ 1995, pero vine _____ primavera, como viaje de fin de curso, a Mallorca.

3.

● Hablas muy bien español, Hanna. ¿Hace mucho tiempo que lo estudias?

◆ Pues sí, voy a clases de español _____ los 14 años.

▼ Yo también empecé a estudiar español _____ los 14 años, pero lo dejé.

4.

● Oye, yo ya me tengo que ir, que mañana me levanto _____ las seis en punto.

◆ ¡Qué pronto! Yo me levanto _____ las nueve o las diez, no me pongo el despertador. No tengo clases _____ la mañana.

▼ ¡Qué suerte tienes! Yo tengo clases toda la mañana, _____ las 14h.

A. Las vidas de Lola y de Felisa han sido muy diferentes. Un reportero las ha entrevistado, pero sus notas son confusas y las respuestas están mezcladas. Reconstruye las dos entrevistas relacionando cada pregunta con su respuesta.

---

1. — ¿Cuándo naciste, Lola?
2. — Hola Felisa, dime, ¿cuántos años tienes?

a. — *Pues, hace ya 56 años.*
b. — *62 años, aunque parezco más joven, ¿verdad?*

---

3. — ¿Cuánto tiempo fuiste a la escuela?
4. — ¿Hasta cuándo estudiaste?

a. — *Terminé de estudiar hace unos diez años, hasta hace muy poco, ya ves, he estado estudiando toda la vida.*
b. — *En total, apenas cuatro años, de los seis a los diez.*

---

5. — Y después, ¿te pusiste a trabajar?
6. — Y, durante los estudios, ¿trabajabas?

a. — *Mientras tanto también trabajaba, claro.*
b. — *Entonces empecé a trabajar, en el mercado, porque en casa hacía falta el dinero.*

---

7. — ¿Cuánto tiempo pasó hasta que nació tu primer hijo?
8. — ¿Cuándo nació tu primer hijo?

a. — *Llevaba ya siete años trabajando cuando nació Íker.*
b. — *A los 25, cuando acabé el doctorado, tuve a mi hija, Raquel.*

---

9. — Ya estabas casada, ¿verdad? ¿Cuándo te casaste?
10. — No estabas casada, ¿verdad? ¿Cuándo te casaste?

a. — *Me casé al año, estábamos en contra del matrimonio y todo eso...*
b. — *Me había casado dos años antes.*

---

11. — Cuando nació Alicia, ¿estabas casada con Luis todavía?
12. — Cuando nació tu segundo hijo, ¿te habías separado ya?

a. — *Todavía no, mi primer matrimonio duró diez años, y Aina se lleva cinco años con su hermana.*
b. — *Ya no, tardé tres años en separarme de mi marido y nació a los dos meses de separarme.*

---

13. — Y, ¿qué has hecho desde entonces?
14. — Y, ¿qué hiciste después?

a. — *Tras el divorcio, me trasladé con los dos niños a vivir a Estocolmo.*
b. — *Tras el divorcio, descubrí que me encanta viajar y las niñas y yo hemos estado por toda Europa.*

---

15. — ¿Cuándo volviste a San Sebastián?
16. — ¿Desde cuándo vives en San Sebastián?

a. — *Cuando decidí estudiar vasco, hace ya cinco años, compré una casa en San Sebastián, y desde entonces estoy aquí.*
b. — *Al cabo de veinte años, me apetecía regresar.*

B. ¿Has entendido bien todas las expresiones de tiempo? Completa el resumen siguiente de las fechas importantes en la vida de las dos teniendo en cuenta que la entrevista se realizó en enero de 2008.

1. Lola nació en _____ .
2. Desde _____ hasta _____ estuvo estudiando.
3. En _____ nació su primer hijo, _____ .
4. En _____ nació su segundo hijo.
5. De _____ a _____ estuvo casada.
6. En _____ se estableció en San Sebastián.

7. Felisa nació en _____ .
8. Hasta _____ estuvo estudiando.
9. En _____ nació su primera hija, _____ .
10. En _____ nació su segunda hija.
11. De _____ a _____ estuvo casada.
12. En _____ se estableció en San Sebastián.

EJERCICIO 8

Laura Jiménez es profesora de español y ha enviado su currículum, acompañado de una carta de presentación a una escuela de idiomas. Completa su carta con las palabras de la lista.

> trasladé en(2) espera atentamente amplia adjunto
> enseñanza consideren despide dirijo remito a(2)
> disposición puesto ruego complementaria solicitar noticias

Granada, 25 de septiembre de 2007

Estimados Sres.:

Me [1]_____ a ustedes y les [2]_____ mi currículo para [3]_____ un

[4]_____ de profesor de español en su escuela.

Después de finalizar mis estudios de Sociología en la Universidad de Salamanca, me [5]_____

a Alemania, donde he trabajado durante varios años impartiendo cursos de español [6]_____

diferentes centros, tanto en escuelas de idiomas o de Comercio y Dirección de Empresas como en organismos

de formación continuada para adultos. El trabajo realizado durante esos años me ha permitido adquirir una

[7]_____ experiencia [8]_____ la [9]_____ del español general y del ámbito de los

negocios.

Les [10]_____ [11]_____, a la vista del currículo que les [12]_____, la posibilidad de una

colaboración profesional.

Estoy [13]_____ su [14]_____ para cualquier información [15]_____.

Quedando [16]_____ la [17]_____ de sus [18]_____, se [19]_____

[20]_____,

Laura Jiménez

Otras actividades

Lee el texto y responde a las preguntas.

Aunque parezca extraño, la especialización de las grandes ciudades es un fenómeno que está muy relacionado con la globalización. El mundo global exige que cada ciudad se defina, se especialice y se simplifique, para ser más fácilmente digerible como producto de consumo. Tal como han señalado desde Teodor W. Adorno y Mark Horkheimer hasta Jeremy Rifkin y George Ritzer, la ciudad ha entrado también en la lógica de la industria del consumo cultural, que exige que toda creación cumpla unas pautas de simplificación. Por lo tanto, la ciudad, como objeto del turismo de masas, se ha convertido en espacio comercial.

Sin embargo, según la masa crítica, cultural y política de las ciudades, este proceso comporta resultados diversos. Puede haber ciudades en las que predominen sus museos –como en Londres, París, Helsinki y, especialmente, en las ciudades medias alemanas–, pero si estos museos son activos y mantienen una estrecha relación con los intereses culturales de los ciudadanos, la ciudad no se museifica ni se tematiza; lo esencial es que la ciudad continúe viva. Hay ciudades, en cambio, que entienden el museo como institución estática, detenida en el tiempo, y aplican la misma lógica para su centro histórico. Venecia y Florencia serían emblemas de esta museificación de manera definitiva y total, y el centro de Praga está en camino de serlo en breve. Son ciudades dormidas en la ensoñación de sus colecciones, restauraciones y recreaciones, como Carcasona en Francia o Tallin en Estonia. Williamsburg, en Estados Unidos, representa un caso extremo de museificación y tematización; sus habitantes disfrazados son parte de una escenografía historificada.

La tematización comporta una serie de invariantes. Conceptualmente es resultado del turismo –la primera industria del mundo– y exige la máxima facilidad de comprensión para el visitante, lo cual implica simplificar la complejidad de la propia historia para ofrecer un discurso digerible; se trata de ofrecer facilidades para recorrer la ciudad cn un par de itinerarios turísticos, sin bajar del autocar. Funcionalmente significa el predominio de la oferta hotelera y sus derivados. De esta manera se van elaborando entornos hiperreales que ofrecen al visitante una imagen concentrada del tema de cada ciudad. Ello conlleva que los habitantes reales se vayan convirtiendo en simpáticos y sonrientes comparsas de un decorado y que, en definitiva, los argumentos de cada ciudad se vayan infantilizando dentro de una sociedad global que pretende la infantilización total.

Ambos procesos, museificación y tematización, están relacionados con la dependencia plena del turismo de masas. En Barcelona se dan los dos a la vez. Por una parte la museificación, al haber entregado su parte histórica, el llamado barrio gótico, al turismo y a un progresivo embalsamamiento. Por otra parte, la tematización, el convertirse en la ciudad del modernismo al precio de haber borrado su memoria industrial y obrera, esta memoria que tanto disgustaba a los *noucentistes* y sigue disgustando a muchos de sus gestores e intelectuales *tardonoucentistes*.

La tematización, en definitiva, exige la topificación y especialización funcional de la ciudad, que renuncie a su complejidad. Más allá de su propia dinámica, las ciudades son presionadas para que se tematicen (sean como un parque de atracciones) y se museifiquen (se embalsamen en su estado histórico), y ambos procesos a menudo se mezclan y confunden potenciando la ciudad como mero centro comercial al aire libre. Pero ambos pueden ser mortales para la vitalidad de las ciudades.

Josep Maria Montaner - 19/11/2003, *El País*, texto adaptado

A. Di si las afirmaciones siguientes son verdaderas (V) o falsas (F) según el contenido del texto.

☐ La tematización es el resultado de la industria del turismo. Se pretende simplificar la cultura y la historia de las ciudades al máximo.

☐ Actualmente ya no existen ciudades que no estén tematizadas o museificadas.

☐ Si los museos responden a los intereses culturales de los ciudadanos, no se produce tematización o museificación en las ciudades.

☐ En Barcelona, el turismo de masas ha favorecido procesos como la tematización y la museificación.

B. Señala dónde dice en el texto que:

1. El patrimonio cultural e histórico de las ciudades se va simplificando para ser consumido fácilmente por el turismo de masas.

2. La tematización de las ciudades distorsiona la imagen real de la cultura y de la vida de sus ciudadanos.

3. Las ciudades no se tematizan si la ciudad se mantiene viva culturalmente.

C. Relaciona un elemento de la columna de la izquierda con otro de la columna de la derecha que te ayude a comprender su significado.

Férreas normas de conducta	**a**	**1**	Como una momia
Entornos hiperreales	**b**	**2**	Personajes, actores secundarios
Comparsas de un decorado	**c**	**3**	De hierro
Embalsamarse en su estado histórico	**d**	**4**	Sueño, fantasía, magia
Ensoñación de sus colecciones	**e**	**5**	Exagerados, distorsionados

EJERCICIO 2

A. Relaciona un elemento de la columna de la izquierda con otro de la columna de la derecha que signifique (casi) lo mismo.

Pasar por alto	**a**	**1**	Indiscutiblemente
Tener en cuenta	**b**	**2**	No poder llegar a todo
No ser el caso	**c**	**3**	Considerar
Taxativamente	**d**	**4**	Lamentarse de
Quejarse de	**e**	**5**	La situación es otra
No dar abasto	**f**	**6**	No dar importancia

B. Ahora, completa los diálogos que tienes a continuación con elementos de la columna de la izquierda del ejercicio anterior.

1. ◆ ¡Estoy harta de mi compañera de piso! Es una aburrida y, además, es una maniática del orden y del silencio. Si tuviera dinero, me iría hoy mismo de casa. Me alquilaría un pisito para mi sola, cerca del centro, practicaría el violín sin malas caras...

▼ Ya, ya, pero este _____ . Lo cierto, es que estás sin blanca, así que vas a tener que compartir piso por mucho tiempo.

◆ Eso ya lo veremos.

2. ◆ ¿Me perdonas?

▼ Está bien, por nuestra amistad, voy a _____ lo que has dicho.

◆ Te aseguro que no sentía lo que decía. No era cierto...

▼ Te creo. Yo ya lo he olvidado.

3. ◆ ¿Qué te pasa? Te veo muy cansada.

▼ Es que con los gemelos, el trabajo y la casa

_____ .

◆ ¿Y por qué no buscas a alguien que te ayude con la casa?

▼ ¿Conoces a alguien de confianza?

4. ◆ Perdona, pero, para ti, la vida es un problema. Te _____ todo: de tu jefe, de tu trabajo, de tus compañeros, de tus vecinos, de la economía, del tráfico,... ¡relájate, hombre!

5. ◆ ¿Y cómo es que lo eligió a él para el trabajo?

▼ Lo cierto es que a la hora de decidir quién era el mejor candidato para el puesto _____ , sobre todo, la capacidad comunicativa y la credibilidad de la persona.

◆ Ya. ¿Y no les influyó saber que estaba embarazada?

6. ◆ La ley, en este punto, se expresa _____ : si tu ex marido te envía un solo mensaje de móvil, como tiene una orden de alejamiento, irá a la cárcel. Y no hay más que hablar.

A. En español existen muchos nombres que se forman a partir de verbos. Las palabras que se proponen a continuación están extraídas del texto *La ciudad ideal*. Completa la tabla.

Verbo	Nombre	Verbo	Nombre
opinar	opinión	considerar	
elegir		aportar	
solicitar			apreciación
	comunicación		situación
componer			acción
	tratamiento		ejemplificación
	expresión		contaminación
	conservación		cumplimiento

B. Ahora, completa estas frases con alguno de los nombres anteriores.

1. Verás, para solicitar un puesto de trabajo en esta empresa debes hacer una _____ formal, por escrito, y contestar este cuestionario.
2. Para tratar esta enfermedad es necesario aplicar un _____ de quimioterapia.
3. Actualmente, las políticas medioambientales promueven la recogida selectiva y el reciclaje de los residuos urbanos para minimizar la _____ del planeta.
4. Recientes investigaciones demuestran que las _____ musicales de Mozart tienen efectos positivos en el desarrollo de la inteligencia del feto en el vientre materno.

5. Según mi _____ , debemos actuar de inmediato.
6. Hace unas horas, el presidente ha comunicado su dimisión a la población a través de los principales medios de _____ del país.
7. Tras el terremoto, el gobierno ha abierto una cuenta corriente para recoger _____ voluntarias para ayudar a las víctimas.
8. A mí me gustan las películas de _____ .
9. Al final, se divorciaron porque la _____ era insostenible.
10. El estado de _____ de este edificio es deplorable.

A. En ocasiones, los nombres se forman a partir de adjetivos mediante diversos sufijos recurrentes. En el texto *La ciudad ideal*, hay muchísimos ejemplos. Crea los nombres correspondientes a partir de los adjetivos.

> limpio probable individual humano idealista eficaz fácil difícil objetivo subjetivo estética
> sociable idóneo aparente moderno diverso estable criminal natural vital monumental

–ISMO		–DAD		–CIA		–EZA		–URA	
Adjetivo	Nombre	Adjetivo	Nombre	Adjetivo	Nombre	Adjetivo	Nombre	Adjetivo	Nombre
progresista	*progresismo*	*hospitalario*	*hospitalidad*	*ausente*	*ausencia*	*cierto*	*certeza*	*dulce*	*dulzura*

B. Ahora, completa la siguiente regla gramatical con la ayuda de la tabla anterior.

- Son femeninos los nombres que terminan en [–ción] / [-sión] / [-tad] / _____
- Son masculinos los nombres que terminan en [–aje] / [-or] / _____

C. Clasifica los siguientes nombres en femeninos o masculinos según sus terminaciones.

Femeninos	Masculinos

ciudad · prudencia
producción · tristeza
turismo · individualismo
color · entereza
fortaleza · garaje
sociedad · globalización
dolor · calor
paisaje · dificultad
prisión · antigüedad

EJERCICIO 5

A continuación hay una serie de palabras relacionadas con la ciudad. Completa con ellas las siguientes frases realizando las modificaciones que sean necesarias.

> farola contenedor reciclaje banco acera barrio alcalde guardería zona verde
> centro comercial semáforo claxon carretera peatonal casco antiguo

1. Sólo a cinco minutos de mi casa hay cuatro _____ : uno, para la basura orgánica; otro, para el plástico; otro, para el papel; y otro, para el vidrio.

2. En los últimos años ha aumentado la concienciación sobre la necesidad del _____ ; es decir, sobre la reutilización de algunos de los materiales que tiramos a la basura.

3. En algunas zonas, como por ejemplo, cerca de los hospitales, está prohibido tocar el _____ .

4. Los parques, los jardines; esto es, las _____ constituyen los pulmones de las ciudades.

5. Para muchas mujeres que trabajan fuera de casa y deciden ser madres sólo hay dos opciones: dejar a los hijos con las abuelas o en la _____ .

6. Han remodelado el parque del barrio: han plantado más árboles y han puesto más _____ para sentarse.

7. El nuevo _____ ha prometido crear más plazas de aparcamiento, pero el anterior también lo prometió hace cuatro años, así que no sé qué creer.

8. Los pequeños comerciantes han visto disminuidos sus beneficios con la creación de los dos nuevos _____ de la ciudad.

9. Hijo, no vayas por la _____ que te puede pillar un coche; ve por la _____ , y, sobre todo, no cruces con el _____ en rojo.

10. En el _____ , es decir, en el centro histórico de la ciudad, el paso de vehículos está restringido y casi todas las calles son _____ .

11. En mi _____ han decidido poner más _____ para que las calles estén mejor iluminadas de noche. La gente está un poco asustada desde los últimos robos.

EJERCICIO 6

Completa los enunciados con los verbos *ser* o *estar* en la forma adecuada.

1. Ana _____ arquitecta. _____ inteligente y despierta, pero hoy _____ cansada, porque últimamente trabaja demasiado.
2. Esa mesa _____ una pieza de coleccionista. _____ de una madera especial, creo que _____ belga. _____ en este museo desde hace un tiempo. Pero creo que hace unos años _____ en el museo de diseño de París.
3. Ahora _____ viviendo en Londres, pero _____ de Barcelona. Bueno, ya no sé de dónde _____ .
4. Este libro _____ muy especial. _____ uno de los pocos ejemplares de la primera edición, _____ de un papel muy caro y _____ muy difícil de encontrar. Así que cuídamelo.
5. Últimamente _____ muy cansado. Me duele mucho la espalda. El médico me ha recomendado que haga natación. Me ha dicho que nadar _____ muy bueno para la espalda.
6. Creo que ese libro _____ tuyo, _____ escrito, y el mío _____ nuevo, aún no le he puesto ni el nombre.

7. La última película de Almodóvar no _____ tan buena como las anteriores. _____ un poco fría, _____ difícil identificarse con los protagonistas.
8. —Oye, ¿sabes dónde _____ la facultad de Filología?
   —Sí, hombre. _____ en la Plaza de la Universidad. _____ ese edificio antiguo que _____ justo enfrente del metro.
9. —¿Conoces a Helena Ortiz? Es que tengo que hablar con ella.
   —Sí, _____ una profesora de español. _____ una chica rubia, de pelo largo. _____ muy maja, siempre _____ de buen humor. Creo que ahora _____ en clase. Pero sobre las cinco suele _____ en la sala de profesores.
10. Creo que ya _____ muy tarde. Si queremos llegar a tiempo a la película, tendríamos que irnos ya, que el cine _____ bastante lejos y, además, Jorge _____ muy puntual, y seguro que ya nos _____ esperando.

EJERCICIO 7

Completa los enunciados con los verbos *ser* o *estar* en la forma adecuada. Presta atención a los adjetivos que cambian de significado.

1. Cuidado con esa pieza. _____ muy delicada, se puede dañar fácilmente.
2. En clase de economía siempre _____ aburrido. El profesor _____ realmente aburrido.
3. Carla nunca _____ atenta a mis explicaciones. Y, además, _____ molesta cuando le pregunto.
4. Esa película _____ realmente triste. La visión del mundo que plantea _____ bastante fatalista. Cuando salimos del cine, _____ todos desanimados.
5. Desde hace unos días _____ muy triste. Normalmente _____ un perro muy alegre. No sé, quizás _____ enfermo.
6. _____ una persona muy callada. Siempre _____ solo, no habla con nadie.

7. No sé cómo pueden estar tan tranquilos. El problema que les he planteado _____ muy grave: alguien ha desviado fondos de la empresa.
8. Ese niño _____ realmente malo. _____ muy violento y, además, _____ muy listo. Se pasa el día pensando cómo te puede engañar. En cambio, su hermano _____ muy bueno. _____ un niño muy atento, que te ayuda en cuanto puede.
9. La verdad es que ya _____ cansado de esta situación. _____ muy molesto por lo que me dijiste ayer.
10. Ya _____ listo. Cuando quieras, podemos salir.
11. Chico, este plato que has preparado _____ muy rico, y eso que el aguacate aún _____ un poco verde.
12. No te fíes de Luis: _____ muy interesado.

EJERCICIO 8

Elige la respuesta adecuada para cada una de las siguientes preguntas.

¿Dónde es el concierto? **a**
¿Dónde está el concierto? **b**
¿Dónde es la cena? **c**
¿Dónde está la cena? **d**
¿Dónde es la obra de teatro? **e**
¿Dónde está la obra de teatro? **f**
¿Dónde es el examen? **g**
¿Dónde está el examen? **h**

1 En el teatro Romea, el de la calle Hospital, cerca de las Ramblas.
2 En la carpeta de las partituras de compositores barrocos, allí, encima de la mesa.
3 ¿El de mañana? En el aula 104, a las once y media. Y yo, además, tengo otro a las nueve. ¡Vaya día!
4 En la nevera. Si quieres calentártela, métela un par de minutos en el microondas.
5 En aquel sitio donde estuvimos comiendo con Carlos y Pepe, ¿te acuerdas?
6 Lo rompí y lo tiré a la basura en cuanto llegué a casa. ¡Con lo que había estudiado! ¡No entiendo cómo pude hacerlo tan mal!
7 En la estantería, con los otros libros del mismo autor.
8 En el Palau de la Música, creo.

EJERCICIO 9

Selecciona la forma correcta en esta poesía de Mario Benedetti.

Ser y Estar
Mario Benedetti

Oh marine
oh boy
una de tus dificultades consiste en que no sabes
distinguir el ser del estar
para ti todo es *to be*
así que probemos a aclarar las cosas

por ejemplo
una mujer *es/está* **buena**
cuando entona desafinadamente los salmos
y cada dos años cambia el refrigerador
y envía mensualmente su perro al analista
y sólo enfrenta el sexo los sábados de noche

en cambio una mujer *es/está* **buena**
cuando la miras y pones los perplejos ojos en blanco
y la imaginas y la imaginas y la imaginas
y hasta crees que tomando un martini te vendrá el coraje
pero ni así

por ejemplo
un hombre *es/está* **listo**
cuando obtiene millones por teléfono
y evade la conciencia y los impuestos
y abre una buena póliza de seguros
a cobrar cuando llegue a sus setenta
y sea el momento de viajar en excursión a capri y a parís
y consiga violar a la gioconda en pleno louvre
con la vertiginosa polaroid

en cambio
un hombre *es/está* **listo**
cuando ustedes
oh marine
oh boy
aparecen en el horizonte
para inyectarle democracia

EJERCICIO 10

Este cuadro de Velázquez, que se titula *Vieja friendo huevos*, te ha impresionado. Cuéntale por carta a un amigo tuyo, amante de la pintura, cómo es. Se trata de que vuelvas a escribir el siguiente texto, que resulta demasiado formal, sustituyendo las expresiones que aparecen en cursiva por otras con *ser*, *estar* o *haber*.

En este cuadro de Velázquez *se pueden ver* dos personajes, un chico y una vieja, en una cocina. La vieja, que *se encuentra* en la parte derecha del lienzo, *parece mirar* algo que *queda* fuera de los límites del cuadro. *La vemos* sentada, friendo huevos en una cazuela *hecha de barro puesta* sobre un fogón de carbón. El niño, que seguramente *le hace de* recadero, *permanece* de pie, con aire pensativo. *Tiene la parte derecha de la cara intensamente iluminada*. Lleva una botella de cristal en la mano izquierda y una calabaza en la derecha. *Se trata de* una fruta que, *una vez vacía, servía para* transportar líquidos. Aunque ambos *realizan* acciones, estos personajes *parecen* tan inmóviles como los objetos que *los rodean*. Encima de la mesita, junto a la mujer, un plato con un cuchillo, unas guindillas, un mortero, una cebolla y dos jarritas componen una espléndida naturaleza muerta. Detrás de la vieja *se aprecian* también unas lámparas de aceite y un cesto, *colgados* de la pared.

Aquí tienes extractos de conversaciones de la cafetería de la Facultad. Completa con los verbos en indicativo o subjuntivo, según convenga.

1. A: Esta noche hay una fiesta en casa de Henri, ¿iréis?

B: Yo quiero ir (ya sabes que me gusta), pero no sé qué ponerme. ¿Tienes algo para dejarme?

C: No tengo nada que te _____ (ir) bien. Mi ropa te irá grande.

A: Pues yo tengo ropa que te _____ (poder) ir bien. ¿Te la quieres probar?

B: Vale, genial.

2. A: Oye, Louis, ¿has visto a ese chico inglés que _____ (venir) con nosotros a clase de Economía Europea Moderna?

B: ¿Ese chico que _____ (sentarse) siempre al lado de Anika?

A: Sí, ese mismo.

B. Pues no. ¿Por qué?

A: No, por nada. Para devolverle unos apuntes que me _____ (dejar) el otro día.

3. A: ¿Hay alguien que _____ (poder) dejarme los apuntes sobre el Barroco?

B: Yo los tengo. Toma.

A: Ah, gracias. Por cierto, no tendrás algún libro que _____ (tratar) sobre el Renacimiento, ¿no?

B: ¿Sobre el Renacimiento? Sí, en casa tengo varios. Pasa esta tarde y coge el que _____ (necesitar).

A: Gracias, Frank, me haces un gran favor.

4. A: Estoy buscando otro piso. ¿Conoces a alguien que _____ (querer) compartir piso?

B: Creo que en el piso de Pietro hay una habitación que _____ (quedar) libre. ¿Si quieres se lo comento?

A: ¿En casa de Pietro! No, ni hablar. Busco a gente tranquila, que no _____ (montar) fiestas cada día, que _____ (mantener) en orden la casa y que _____ (pensar) en estudiar. No quiero una casa en la que _____ (reinar) el caos.

C: ¿Por qué no pruebas en un convento? Ahí seguro que encuentras el tipo de gente que _____ (buscar).

A: ¡Qué gracioso!

B: Creo que en el piso de Frank necesitan a alguien que les _____ (alquilar) una habitación. Y son gente tranquila. Llámalo de mi parte. Su móvil es el 643349712.

A: Gracias. Lo llamaré esta tarde.

Hans ha visitado durante las vacaciones la ciudad de Santiago de Compostela y ha tomado notas de sus impresiones en su diario. Complétalas con un relativo y una preposición, si es necesaria, y elige el verbo adecuado.

> que a la que donde por la que en el que al que

El último lugar [1] _____ he visitado con unos amigos **es/está** una ciudad [2] _____ se llama Santiago de Compostela, [3] _____ **es/está** a 50 Km. de La Coruña, en Galicia. Santiago **es/está** la capital de Galicia y **es/está** el final del Camino de Santiago, [4] _____ **es/está** el camino [5] _____ siguen los peregrinos desde la Edad Media para acudir al Sepulcro del apóstol Santiago, en la Catedral. La Catedral **es/está** impresionante. **Es/Está** compuesta de estilos y tendencias arquitectónicas diferentes [6] _____ se han ido superponiendo a lo largo del tiempo. El esquema de la Catedral **es/está** el típico de las iglesias de peregrinación: planta de cruz latina con tres naves en el sentido longitudinal y tres en el crucero. La verdad **es/está** que he visitado muchos monumentos y exposiciones. Una de las exposiciones [7] _____ más me han gustado es el Pabellón de Galicia, [8] _____ se exhibe una exposición [9] _____ muestra, con imágenes y objetos, la cultura, las tradiciones y la historia de Galicia, con especial énfasis en el Camino de Santiago. También **ha sido / ha estado** genial pasear por la ciudad,

especialmente por el casco antiguo. **Es/Está** una ciudad que tiene mucha vida, sobre todo por la noche. Me encantan los bares y las tabernas y las tiendas y los mercados callejeros. Descubrimos un par de sitios [10] _____ íbamos todos los días: una taberna típica, [11] _____ **es/estaba** en una de las calles [12] _____ se llega a la catedral, [13] _____ comimos platos típicos gallegos y vino ribeiro a un precio muy asequible; y un bar musical [14] _____ **era/estaba** lleno cada noche de gente joven, la mayoría estudiantes como nosotros.

Lo que menos me gustado **ha sido / ha estado** la pensión [15] _____ nos hemos alojado. **Era/Estaba** bonita y **estaba/era** cerca de la Catedral, pero hemos pasado mucho frío. Pero Santiago **es/está** una ciudad [16] _____ vale la pena visitar. Tiene algo mágico, supongo que **es/está** por sus orígenes y los siglos de peregrinaje. Me alegro de haberla visitado.

EJERCICIO 13

A continuación tienes una descripción del museo Guggenheim de Bilbao. Complétala con las siguientes palabras.

hay	es	fue	arquitectónico	industrial	a	en	entre	por
había	es	fue	contemporáneo	materiales	de	en	para	sobre
está	es	ser	estilo	tamaño	de	en	por	
está	son	están	exhibición		de	en	por	

Terminado [1] _____ octubre [2] _____ 1997, el edificio [3] _____ en una zona industrial en la orilla de la ría del Nervión, en Bilbao, [4] _____ el solar en el que antes [5] _____ unos astilleros. Además de [6] _____ un lugar para la exhibición de arte [7] _____ , se ha convertido [8] _____ un hito [9] _____ de la ciudad. Sus inusuales formas y las cualidades de los materiales empleados establecen un nexo [10] _____ la arquitectura histórica y la zona [11] _____ de Bilbao. Proyectado [12] _____ Frank Gehry, el museo [13] _____ fruto [14] _____ la colaboración entre el Gobierno vasco y la Fundación Guggenheim. El proyecto, a base de volúmenes de titanio, vidrio y piedra caliza, [15] _____ ganador en un concurso internacional convocado en 1991. El edificio tiene una superficie edificada de 24.290 m, de los cuales 10.560 [16] _____ destinados [17] _____ salas de [18] _____ . El vestíbulo central tiene una altura de 50 m. La luz natural inunda el interior a través de varios lucernarios y de muros vidriados con estructura de acero. Este lugar [19] _____ el foco principal tanto [20] _____ la distribución interior como para la expresión exterior del edificio. Muy cerca del vestíbulo [21] _____ el espacio de mayores dimensiones que [22] _____ dentro del museo, una gran sala en forma de nave que, al carecer [23] _____ completo de soportes interiores, permite exponer sin obstáculos obras de gran [24] _____ . Frank Gehry (Canadá, 1929) [25] _____ uno de los arquitectos más influyentes de la actualidad. [26] _____ los años 70 [27] _____

uno de los pioneros de la arquitectura minimalista en los Estados Unidos, que se caracterizaba por el empleo de [28] _____ baratos e inusuales. Su [29] _____ de finales de los 80 se puede englobar dentro de la arquitectura deconstructivista [30] _____ su espíritu anticlásico y el gusto por lo asimétrico y por las tramas y ángulos encontrados. Dice Gehry: «Los museos de arte, en todas las grandes ciudades del mundo, [31] _____ , [32] _____ sentido literal y figurado, puntos de intersección. El solar de este proyecto –en un meandro de la ría– da la oportunidad [33] _____ crear una de estas intersecciones en Bilbao».

Lee con atención el siguiente texto de Mario Benedetti.

LOS BOMBEROS

Olegario no sólo fue un as del presentimiento, sino que además siempre estuvo muy orgulloso de su poder. A veces se quedaba absorto por un instante, y luego decía: «Mañana va a llover.» Y llovía. Otras veces se rascaba la nuca y anunciaba: «El martes saldrá el 57 a la cabeza.» Y el martes salía el 57 a la cabeza. Entre sus amigos gozaba de una admiración sin límites.

Algunos de ellos recuerdan el más famoso de sus aciertos. Caminaban con él frente a la Universidad, cuando de pronto el aire matutino fue atravesado por el sonido y la furia de los bomberos. Olegario sonrió de modo casi imperceptible, y dijo: «Es posible que mi casa se esté quemando.»

Llamaron un taxi y encargaron al chofer que siguiera de cerca a los bomberos. Estos tomaron por Rivera, y Olegario dijo: «Es casi seguro que mi casa se esté quemando.» Los amigos guardaron un respetuoso y afable silencio; tanto lo admiraban.

Los bomberos siguieron por Pereyra y la nerviosidad llegó a su colmo. Cuando doblaron por la calle en que vivía Olegario, los amigos se pusieron tiesos de expectativa. Por fin, frente mismo a la llameante casa de Olegario, el carro de bomberos se detuvo y los hombres comenzaron rápida y serenamente los preparativos de rigor. De vez en cuando, desde las ventanas de la planta alta, alguna astilla volaba por los aires.

Con toda parsimonia, Olegario bajó del taxi. Se acomodó el nudo de la corbata, y luego, con un aire de humilde vencedor, se aprestó a recibir las felicitaciones y los abrazos de sus buenos amigos.

Mario Benedetti, La muerte y otras sorpresas

Ordena las siguientes frases que resumen la historia.

- [ ] Tal y como había presentido Olegario, él y sus amigos comprobaron que su casa se estaba quemando.
- [ ] Al ver a los bomberos, Olegario supo lo que ocurría.
- [ ] Su premonición más conocida tuvo lugar de camino a la Universidad.
- [ ] Olegario demostraba continuamente su poder de premonición y sus amigos lo admiraban por ello.
- [ ] Siguieron a los bomberos hasta la casa de Olegario.

Los siguientes adjetivos aparecen en los distintos textos de esta unidad. ¿Sabes cuál es su antónimo?

a. sabio _____

b. bella _____

c. respetuoso _____

d. sencillo _____

e. famoso _____

f. humilde _____

g. enferma _____

EJERCICIO 3

A. Relaciona los verbos de la primera columna con su sinónimo correspondiente. Fíjate en las preposiciones que acompañan a estos verbos.

convertirse en	**a**	**1**	comprender, percatarse de
coquetear	**b**	**2**	flirtear
disponerse a	**c**	**3**	prepararse para
darse cuenta de	**d**	**4**	descender, salir de
estar orgulloso de	**e**	**5**	sentirse/estar satisfecho de
bajar de	**f**	**6**	transformarse en

B. Completa estos pequeños textos con los anteriores verbos.

Tu jefe [1]_____ un *donjuán*, no para de [2]_____ con todas las oficinistas. Cuando las chicas [3]_____ que se acerca o [4]_____ ascensor lo huyen como una mala enfermedad y todas en grupo [5]_____ ir al aseo. Y, fíjate, él [6]_____ su comportamiento que a veces, incluso, roza la grosería.

EJERCICIO 4

En los siguientes grupos de palabras hay una que no guarda relación con las demás. Señálala e intenta explicar el porqué de tu elección.

1. televisión – espejo – mesita de noche – tocador

2. sabio – bobo – astuto – listo

3. decir – anunciar – creer – explicar

4. claustrofobia – nerviosidad – agorafobia – neurosis

5. burlarse – admirar – estar orgulloso – guardar respeto

6. casa – planta – ventana – astilla

7. quemar – doblar – tomar – seguir

EJERCICIO 5

Los siguientes fragmentos se refieren a la famosa película *Lo que se viento se llevó* (*Gone with the Wind*). Las frases de la primera columna son correctas, tanto con el verbo en indefinido, como con el verbo en imperfecto, pero el significado es diferente, y lleva a conclusiones diferentes.
Relaciona cada texto de la primera columna con el texto de la segunda que sea su continuación razonable.

1.

La fiesta de la primavera en «Los doce robles» **era/fue** impresionante, espectacular, todo un acontecimiento.

Pista: ¿De cuántas fiestas habla?

era •
fue •

• **a** Y yo, cada año, preparaba cuidadosamente el vestido que luciría, con meses de antelación.

• **b** Yo llevaba un vestido fantástico, apenas podía respirar, pero mi cintura era la más esbelta de todas. Allí conocí a Rhett.

2.

Pero estalló la guerra, todos los jóvenes iban al frente a luchar contra los yanquis. Y, lo peor de todo, mi adorado Ashley **se casaba/se casó** con su prima y **se iba/se fue** al frente.

Pista: ¿Aún es posible convencerlo?

se casaba/se iba •
se casó/se fue •

• **a** Nos dejó en cuanto terminó la boda y yo pensé que me moriría de pena allí sola con Melania.

• **b** Le supliqué, lloré, le confesé mi amor... hice todo lo que pude para retenerlo y finalmente se quedó.

3.

Melania tuvo un hijo, estaba muy enferma, así que decidí volver con ella a Atlanta, a Tara, con mi madre. La guerra estaba acabando y el viaje era muy peligroso. Me aterroriza el fuego, y todo **ardía/ardió** a mi paso...

Pista: ¿Dónde está el fuego?

ardía •
ardió •

• **a** A mi alrededor había fuego, por todas partes, y tenía que cruzar campos incendiados.

• **b** A mi espalda quedaban ranchos quemados y yo huía hacia mi casa, hacia los campos todavía verdes.

4.

Cuando llegamos a Tara la situación era horrible: mi padre no me **reconoció/reconocía**...

Pista: ¿Estaba loco o sólo fue un momento de confusión?

reconoció •
reconocía •

• **a** Supongo que fue la impresión, no esperaba verme. Enseguida se recuperó y me abrazó y me besó emocionado.

• **b** Se había vuelto loco con tantas desgracias: mi madre muerta, sin comida....

5.

Juré no volver a pasar hambre nunca más y, al año siguiente, cuando me casé con mi segundo marido, monté un próspero negocio de madera, con el que **gané/ganaba** más de 100 dólares...

Pista: ¿Cuánto dinero en total?

gané •
ganaba •

• **a** ...en un mes. Luego vendimos el negocio y nos dedicamos a gastar el dinero alegremente.

• **b** ...al mes. En poco tiempo fuimos los más ricos del lugar.

6.

Cuando pensaba que mi vida con Rhett podía ser feliz, Bonny, nuestra niñita **se moría/se murió** tras caerse del caballito en el que cabalgaba.

Pista: ¿Murió al final?

se moría •
se murió •

• **a** Por suerte los médicos pudieron evitar la desgracia y Bonny se recuperó poco a poco y pudimos ser felices los tres.

• **b** Rhett no pudo superarlo nunca, él la adoraba... pocos días después me abandonó.

EJERCICIO 6

¿Quieres conocer el final de la leyenda urbana de *La dama del Garraf*?
Completa la historia con la forma de pretérito imperfecto o indefinido del verbo entre paréntesis y lo descubrirás.

Cuentan que esto sucedió una noche de niebla espesa, en las curvas de Garraf, una sucesión de curvas cerradas y muy peligrosas que hay en la carretera hacia Sitges, hace muchos años, mucho antes de construir la autopista que ahora cruza la montaña de Garraf. (ser)_____ noche cerrada, (caer)_____ una lluvia suave pero ininterrumpida y la niebla (cubrir)_____ la noche, impidiendo ver más allá de 15 metros.

Un hombre (conducir)_____ su coche por las curvas, deseoso de llegar a su casa y reencontrarse con su mujer y sus dos hijas después de un largo fin de semana de trabajo. En una de las curvas del camino, (ver)_____ a una autoestopista, una joven rubia, demacrada y pálida, que (estar)_____ empapada por la lluvia, con un largo vestido blanco desgarrado y sucio de barro. Este hombre (compadecerse)_____ de la joven y (decidir)_____ llevarla consigo para acercarla hasta el siguiente pueblo.

Durante gran parte del trayecto, el hombre y la joven hablaron de cosas triviales, pero, de repente, justo antes de llegar a una de las curvas más cerradas y peligrosas de las cuestas, la joven le (pedir)_____ que redujera la velocidad hasta casi detenerse y que pasara muy poco a poco por allí.

El hombre lo (hacer)_____, y (comprobar)_____, asustado, que (haber)_____ un barranco en esa curva que no había visto antes. Le (dar)_____ las gracias por haberle salvado la vida, a lo que la joven (contestar)_____: –No me lo agradezcas, es mi misión; en esa curva (matarse)_____ yo hace más de 25 años, en una noche como ésta...

Y después de pronunciar estas palabras, (desaparecer)_____, dejando como única prueba de su espectral aparición el asiento del acompañante húmedo por sus ropas mojadas...

EJERCICIO 7

Pablo, Lucas y Rosa son compañeros de piso que, frecuentemente, tienen algunos problemas de convivencia... Completa con la forma correspondiente del pretérito perfecto, indefinido o pluscuamperfecto los siguientes diálogos.

1. L - ¿Alguien *(comprar)* _____ leche esta mañana?

P - No. ¿Por qué?

L - Porque ayer por la noche cuando *(llegar, yo)* _____ , ya *(acabarse)* _____ .

P - Lo siento, pero ya sabes que yo tomo el café solo.

2. P - ¿Cuándo *(ser)* _____ la última vez que *(limpiar, tú)* _____ el baño?

R - Pues creo que la semana pasada.

P - ¡Qué dices! La semana pasada *(ser)* _____ yo el que *(limpiar)* _____ el baño y no *(hacer, yo)* _____ nada en la cocina porque Lucas ya *(fregar)* _____ los platos. Creo que esta semana te toca a ti.

3. P - Todavía no *(cobrar, yo)* _____ . ¿Me prestas algo de dinero?

R - ¿Ya te *(gastar, tú)* _____ el dinero que te *(dejar, yo)* _____ el viernes?

P - Sí, es que *(tener, yo)* _____ gastos imprevistos y...

EJERCICIO 8

Una serie de personas llama a un programa de radio para contar la anécdota más extraña que les ha sucedido. Completa sus historias con la forma del pretérito imperfecto o indefinido del verbo adecuado.

1. ▼ Hola, buenas noches, ¿con quién hablo?
   ◆ Con Maribel.
   ▼ ¿Desde dónde nos llamas?
   ◆ Desde Murcia.
   ▼ Adelante, Maribel, cuéntanos...
   ◆ Bueno, pues, ¿os acordáis de aquel anuncio publicitario de una marca de desodorante llamada «Impulso», en el que un hombre regala un ramo de flores a una mujer en medio de la calle y se enamora de ella locamente por el desodorante que usa?
   ▼ ¡Ah!, sí, ya recuerdo: «Si un desconocido, de repente, te regala flores, eso es Impulso»...
   ◆ Exacto. Pues bien, el otro día, *(pasar, yo)* _____ por delante de una perfumería y *(ver, yo)* _____ un montón de desodorantes Impulso que *(estar)* _____ de oferta.
   ▼ ¡Anda!, yo creía que ya no existía esa marca.
   ◆ Y yo, pero ahí estaban. Por supuesto, *(entrar, yo)* _____ en la tienda y *(comprar, yo)* _____ uno. En el lavabo de un bar, *(rociarse, yo)* _____ todo el cuerpo con Impulso. ¿Pues, os podéis creer que cuando *(salir, yo)* _____ del bar un desconocido me *(regalar)* _____ una rosa y me *(invitar)* _____ a un café?
   ▼ ¿Y tú aceptaste?
   ◆ ¡Hombre!, ¿tú qué crees?

2. ▼ Tenemos otro oyente al teléfono. Buenas noches, ¿con quién hablo?
   ◆ Con Julián.
   ▼ ¿Desde dónde nos llamas, Julián?
   ◆ Desde Madrid.
   ▼ ¿Y qué quieres contarnos?
   ◆ Pues veréis, hace tres semanas me colé en una fiesta de Erasmus. *(Fingir, yo)* _____ ser extranjero. No fue difícil. Mi padre es inglés, así que hablo perfectamente el inglés. Es más, los pocos españoles que *(haber)* _____ en la fiesta también *(creer, ellos)* _____ que yo *(ser)* _____ inglés. Confieso que finjo muchas veces ser inglés.
   ▼ ¿Y eso por qué?
   ◆ Pues, porque me va mejor como inglés que como español, sobre todo en las relaciones personales...
   ▼ Curioso...
   ◆ Sí, bueno, pero el caso es que, en aquella fiesta, *(hacer, yo)* _____ buenos amigos, incluso me he matriculado con ellos en un curso de español.
   ▼ ¿Pero qué me estás contando?...
   ◆ Nada, es que en el grupo de Erasmus hay una francesa que me vuelve loco...

▼ Un momento, Julián, me dicen que tenemos a tu amiga francesa al teléfono. Hola, ¿con quién hablo?

● Me llamo Elodi. Sólo quiero decir que antes *(pensar, yo)* _____ que Julián *(ser, él)* _____ un tío muy divertido y legal, pero ahora me parece patético...

▼ ¡Julián!, ¿sigues con nosotros?... ¿Julián? Parece que Julián ha colgado, ¿Elodi?... Pues también ha colgado. *(Estar, ella)* _____ un poco enfadada, ¿no? Me pasan otra llamada...

3. ▼ Buenas noches, ¿con quién hablo?
   ◆ Con Victoria.
   ▼ ¿Desde dónde nos llamas, Victoria?
   ◆ Desde Barcelona, pero soy italiana.
   ▼ ¿Y qué haces en España?
   ◆ Soy estudiante Erasmus...
   ▼ ¡No me digas que tú también conoces a Julián!
   ◆ No, no, ¡qué va! Llamo porque ayer noche me pasó algo increíble.
   ▼ ¡Venga!, ¡cuéntanoslo!, te escuchamos.
   ◆ Pues veréis, mi compañera de habitación es sonámbula, y ayer yo estuve despierta hasta muy tarde porque tenía que estudiar para un examen. De pronto, mi compañera, que se llama Anne, *(levantarse, ella)* _____ de la cama y *(llamar, ella)* _____ por teléfono a un *telepizza* que está abierto las 24 horas. El repartidor vino enseguida. Anne *(tener, ella)* _____ el dinero exacto en su bolsillo y le *(pagar, ella)* _____. Luego, *(dirigirse, ella)* _____ a la cocina y, en un *plis-plas*, se *(comer, ella)* _____ la pizza enterita.
   ▼ Ya veo, realmente es una experiencia casi paranormal. Pero, escucha una cosa, yo creía que los sonámbulos no hablaban...
   ◆ Pues ya ves que sí.
   ▼ Gracias por tu llamada, Victoria. Queridos oyentes, se nos ha acabado el tiempo. Pero mañana seguimos con más historias increíbles, aquí, en la Cadena Amiga, en «Cuéntanoslo».

EJERCICIO 9

A. Lee el texto y señala si las siguientes afirmaciones son verdaderas (V) o falsas (F).

El sabor de la fama

*En mi primer viaje a los Estados Unidos, un periodista de televisión chicano, **después de** la conferencia, se acercó a mí para hacerme una entrevista. **Mientras** un compañero rodaba la escena con la cámara en el hombro, el periodista*
5 *puso el micrófono ante mi boca y dijo: «Está con nosotros el muy conocido e importante escritor español... ¿cuál es su nombre?» Y **cuando** respondí, con un tono de voz poco audible, oscurecido por la sorpresa, el periodista insistió, imperturbable: «¿Puede repetirlo?». Años **más tarde**, en una de mis visitas a*
10 *esas islas, me presentaron, en una caseta de la feria del libro, a un popular autor local, al que pidieron que me firmase su libro más divulgado. El autor local, que debía de ser un poco sordo, **antes de** la firma me preguntó cómo me llamaba. Como no acababa de aclararse, me vi obligado a buscar uno de mis*
15 *libros, que por casualidad estaba en la caseta, para que lo*

*transcribiese. Al excelente escritor fulano tal y tal, con toda mi admiración y cordialidad, escribió. **Esta vez**, en la feria del libro de otra lejana ciudad de provincias, me dispongo a firmar los supuestos ejemplares de mi obra más reciente. Alguien se ha equivocado, y aunque el autor tiene también nombre* 20 *compuesto y su apellido las mismas sílabas y número de letras que el mío, y empieza por la eme, no cabe duda de que se trata de otro que no soy yo. Mas a estas alturas de la vida ya no me inmuto, y al puñado de libreros, organizadores y algún que otro curioso les voy firmando el libro ajeno: Con toda simpatía, a* 25 *mengano, este libro que no es mío, pero que dedico en nombre del autor; El fantasma del autor mueve la mano que firma este libro a zutano, y así. **Al final**, no sólo me he sentido autor del libro, sino también dueño de su fama.*

José María Merino, *Cuentos del libro de la noche.*

1. ☐ La primera vez que visitó los Estados Unidos, el narrador dio una conferencia y, a continuación, concedió una entrevista a la televisión.
2. ☐ Un cámara filmó la conferencia.
3. ☐ Al cabo de unos años, en la feria del libro, un autor local le dedicó al narrador su libro más famoso.
4. ☐ El autor local exigió al narrador que buscara uno de sus libros para poder copiar su nombre.
5. ☐ En la feria del libro en la que encontramos al narrador al final del texto, él cree firmar libros que no ha escrito.

B. Relaciona las palabras de la primera columna, extraídas del texto, con expresiones equivalentes de la segunda columna.

por casualidad **a**	**1** filmar
rodar **b**	**2** quiosco
local **c**	**3** prepararse
caseta **d**	**4** conocido
imperturbable **e**	**5** autóctono
popular **f**	**6** por azar
inmutarse **g**	**7** alterarse
disponerse a **h**	**8** inmutable

C. «Fulano» es una expresión con la que en español designamos a una persona indeterminada. En el texto hay dos expresiones equivalentes a esta. ¿Cuáles son?

D. ¿Podemos sustituir las siguientes expresiones temporales del texto por las otras que proponemos?

Línea 2. después de ⇢ más tarde ☐ SÍ ☐ NO
Línea 3. mientras ⇢ al mismo tiempo que ☐ SÍ ☐ NO
Línea 7. cuando ⇢ en el momento en que ☐ SÍ ☐ NO
Línea 9. más tarde ⇢ después ☐ SÍ ☐ NO

Línea 13. antes de ⇢ en cuanto ☐ SÍ ☐ NO
Línea 17. esta vez ⇢ ahora ☐ SÍ ☐ NO
Línea 28. al final ⇢ por fin ☐ SÍ ☐ NO

Lee el texto y responde a las preguntas.

Las voces, las calles, los taxistas

Encogido en un rincón del taxi, intentaba hacer como que no oía la conversación del taxista con un compañero a través de la emisora. Se trataba de un diálogo amoroso, dominado por la pasión de los celos. Mi conductor estaba a punto de echarse a llorar, pero el del otro coche hablaba ya entre _hipidos_. Me dirigía a una clínica de urgencias situada en la zona de Ópera, porque acababa de _rodar_ por una escalera y tenía el tobillo izquierdo hecho polvo.

– Te digo que ahora estoy haciendo un servicio –decía el taxista.

– Me _engañas_ –decía el otro.

– No te engaño, estoy en Serrano y voy hacia Ópera. Vete hacia allá, tomamos un café y hablamos.

– Es que yo sí que estoy haciendo un servicio.

– Mentira. Si no quieres verme, prefiero que lo digas.

El tráfico estaba fluido; enseguida llegaríamos a Cibeles. El tobillo había dejado de dolerme, pero sentía en torno a él una aureola como de algodón. No _me atreví_ a bajar la mano para tocar el _bulto_ por miedo a que el chófer interpretara el cambio de _postura_ como un deseo de escuchar mejor. El otro dijo que estaba en Doctor Esquerdo y que se dirigía a Diego de León. Sus destinos se separaban como la carne inflamada de mi hueso. Entre la Puerta de Alcalá y Cibeles escuché unos _sollozos_. Finalmente el del otro coche, para demostrar que estaba haciendo un servicio, pidió a la señora que llevaba detrás que dijera unas palabras.

– Hola, soy la señora que se dirige a Diego de León. Es muy doloroso verlos discutir así. Déjenlo, por favor.

– No me engañas; eres tú, que has sido _ventrílocuo_ antes de trabajar el taxi –insistió el mío.

La voz de la señora me golpeó en algún registro íntimo y me sedujo, de manera que, adelantando el cuerpo, hablé en dirección al micrófono.

– Yo soy el usuario que se dirige a Ópera. Lleva usted razón, señora, se están torturando inútilmente.

– ¿Adónde va usted? –preguntó ella.

– A Ópera –respondí–, me acabo de _torcer_ el tobillo en una escalera y me han recomendado un servicio de urgencias.

– Yo voy al hospital de la Princesa, el de Diego de León con Conde de Peñalver. Soy médico y entro de servicio dentro de un rato. ¿Por qué no viene hacia acá y le miramos ese pie?

Mi taxista me hacía <u>señas</u> para hacerme creer que estaba siendo engañado, pero yo ya me había enamorado perdidamente de la voz, porque tenía ese tono de las mujeres que nos hablan en los sueños.

– A Diego de León –ordené.

Dimos la vuelta y comprobé que en esa dirección el tráfico y mi ansiedad eran más densos que en la otra. Durante el trayecto, construí un cuerpo para la voz e imaginé sus dedos deambulando con sabiduría por mi tobillo. El taxista vigilaba mis emociones a través del espejo. Se detuvo en la puerta de urgencias.

– Ahí está –dijo señalando el taxi de delante. No vi a nadie en la parte de atrás, pero <u>cojeé</u> hasta la ventanilla del conductor y pregunté por la doctora. Entonces, al otro lado del cristal, un rostro que parecía emerger de las profundidades de mi conciencia me contempló con lentitud, y al abrir su boca de pez emitió el sonido del que me había enamorado. Mientras huía <u>arrastrando</u> el pie izquierdo en dirección a Juan Bravo, escuché una <u>carcajada</u> doble a mis espaldas.

Juan José Millás (texto adaptado)

A. **A continuación tienes las definiciones de las palabras que aparecen subrayadas en el texto. Relaciona cada definición con la palabra correspondiente.**

1. Risa ruidosa. _____
2. Caer dando vueltas. _____
3. Porción de masa dura sobresaliente en la superficie de una cosa. _____
4. Persona que sabe modificar su voz y darle distintas entonaciones. _____
5. Doblado, pequeño. _____
6. Movimiento y sonido que alguien hace cuando llora con mucho sentimiento. (2 palabras) _____ _____
7. Gesto con el que queremos comunicar algo. _____
8. Posición del cuerpo. _____
9. Dañar una parte del cuerpo con un movimiento violento. _____
10. Hacer creer a alguien una cosa que no es verdad. _____
11. Mover algo sin levantarlo del suelo. _____
12. Sentirse capaz de hacer algo. _____
13. Andar con dificultad. _____

B. ¿Verdadero o falso?

1. ☐ En este texto hay tres personajes, aunque parece que haya cuatro.
2. ☐ En un primer momento, el narrador no quiere escuchar la conversación entre los dos taxistas.
3. ☐ En la primera parte del texto, los dos taxis se alejan el uno del otro.
4. ☐ Entre Serrano y Ópera había mucho tráfico.
5. ☐ El taxista no cree que su compañero lleve un pasajero, ni siquiera cuando escucha una voz de mujer. El narrador tampoco.
6. ☐ El hospital de la Princesa está en una esquina.
7. ☐ Cuando el taxista cambia de dirección por deseo del narrador, encuentra más circulación.
8. ☐ El taxista para delante de la puerta de urgencias del hospital de la Princesa.
9. ☐ Los dos taxistas le han gastado una broma al narrador.
10. ☐ El narrador se toma la broma con humor y todos se ríen.

EJERCICIO 2

Completa la siguiente narración de un viaje con las expresiones que tienes a continuación.

visado	dejar (alguna cosa) bastante / mucho que desear
repleto	estar harto
hacer falta	trámite
azafata	engorroso

El año pasado fui con unos compañeros de Facultad a pasar todo el mes de julio a Honduras para conocer el país y practicar un poco de español. Compramos los billetes en una compañía de vuelo muy barata, a través de Internet. La verdad es que nos salieron los pasajes muy bien de precio, aunque el servicio de vuelo [1]_____: las [2]_____ no nos hacían ningún caso, los lavabos estaban sucísimos y el avión parecía que de un momento a otro iba a estrellarse. Cuando llegamos, por fin, al aeropuerto de Tegucigalpa –el Aeropuerto Internacional Toncontín–, y después de pasar el [3]_____ de cruzar la aduana tras la verificación de nuestros [4]_____, fuimos a la primera oficina de cambio de moneda que encontramos en el vestíbulo del aeropuerto. Lo cierto es que nos [5]_____ cambiar moneda, pues allí no se utiliza el euro, sino la moneda local, la lempira. De hecho, necesitábamos lempiras para coger algún medio de transporte y poder ir hasta el centro de la capital hondureña con el fin de encontrar alojamiento. Estuvimos por lo menos una hora hasta que nos tocó nuestro turno para cambiar los euros que llevábamos: [6]_____ de tanto esperar.

Finalmente, a la salida del aeropuerto, encontramos un autobús que llegaba hasta el centro de la capital hondureña. Pensábamos que había pocos kilómetros hasta Tegucigalpa, pero el camino fue largo y muy [7]_____ : el clima era húmedo y hacía mucho calor, estábamos a 28 °C, y es que justo en el mes de julio es cuando finaliza la estación lluviosa. Y, además, el autobús, [8]_____ de gente y sin poder sentarnos, primero pasaba por Comayagüela, que está en el sector occidental de la ciudad y próxima al aeropuerto, y luego tomaba la carretera paralela al río Grande o Choluteca, en cuyo margen derecho se encuentra Tegucigalpa. Tras una hora de camino y asfixiados de calor llegamos al centro urbano y empezó allí uno de los meses más inolvidables de nuestras vidas: un viaje para no olvidar y muy recomendable.

EJERCICIO 3

A. Relaciona los elementos de las columnas siguientes para formar expresiones.

Equipaje **a**   **1** aérea
Tarjeta **b**   **2** de embarque
Tren **c**   **3** forzoso
Facturar **d**   **4** de vuelo
Compañía **e**   **5** de viajes
Puerta **f**   **6** de embarque
Personal **g**   **7** el equipaje
Agencia **h**   **8** de despegue
Pista **i**   **9** de aterrizaje
Aterrizaje **j**   **10** de mano

B. Completa los siguientes enunciados con alguna de las expresiones anteriores.

1. Buenas tardes, señores pasajeros. El capitán Ibáñez y todo el _____ les agradecen que hayan confiado en Iberia y les desean una feliz estancia en... No olviden recoger su _____ .

2. Al _____ en el mostrador de la _____ con la que viajas, te darán tu _____ . En ella constará el número de vuelo, el de tu asiento, así como la hora y la _____ desde la que accederéis al avión.

3. Por suerte, se dieron cuenta de que había un problema en el _____ cuando todavía estábamos en la _____ , de modo que dimos media vuelta y pudieron solucionarlo. No quiero ni pensar cómo habríamos aterrizado si no se hubiera detectado la avería.

4. Uno de los motores no funcionaba y, a pesar de la tormenta, el piloto decidió realizar un _____ en una isla a pocos kilómetros de nuestro destino. Aquella noche nos alojamos en un hotel de la isla. Enseguida llamaron de la _____ con la que habíamos contratado nuestras vacaciones para interesarse por nosotros.

EJERCICIO 4

Rodea la opción adecuada.

1. ¿Dónde están mis gafas? / Pero si las tienes **ante/delante**.
2. **Ante/Delante de** ciertas situaciones, lo mejor es no decir nada.
3. La profesora de gramática siempre se sienta **a/en** la mesa.
4. El lavabo está **al/en el** fondo **a/en** la derecha.
5. Después del aperitivo, nos sentamos **en/a** la mesa.
6. Esta noche no dan nada bueno **dentro de/en** la televisión.
7. Lo castigaron durante toda la clase **de cara a/enfrente de** la pared.
8. Lo arreglaron **entre/delante de** ellos.
9. En el cuadro se representa a la Virgen arriba y a Jesús, **bajo/debajo**.

EJERCICIO 5

El texto que hay a continuación describe un recorrido por el barrio barcelonés de Gracia. Selecciona la preposición de lugar correcta.

El barrio de Gracia está situado [1] **cerca de / junto / cerca** el centro de Barcelona, [2] **al fin / al final** del Paseo de Gracia, [3] **entre / en medio** las calles Vía Augusta, Travessera de Dalt, Còrsega y Bailén. Hasta 1897 era un municipio separado [4] **por / con / de** Barcelona, y todavía hoy conserva el ambiente de pequeño pueblo independiente de la ciudad. Es un lugar interesante para salir a tomar algo, al cine o de compras. Si quieres conocer Barcelona, es imprescindible visitar este barrio. Este es un posible recorrido para una tarde de ocio.

El cine Verdi, con cinco salas, proyecta cine independiente, siempre en versión original. Está [5] **a / en / por** la calle Verdi, [6] **cerca de / junto / cerca** la plaza de la Revolució. La manera más sencilla de llegar es [7] **de / desde / en** el metro de Fontana. Sal [8] **del / desde el** metro, te encontrarás [9] **frente a / enfrente** la calle Gran de Gràcia. Camina [10] **en / por / sobre** la primera calle a la izquierda perpendicular a Gran de Gràcia, es la calle Astúries. Sigue [11] **en / por / sobre** Astúries [12] **a / hasta** la calle Verdi y entonces gira [13] **a / por** la derecha, verás el cine [14] **a / después** pocos metros, [15] **a / en** tu izquierda.

La plaza del Sol está llena de terrazas y bares musicales y es un buen sitio para tomar algo por la noche. [16] **De / Desde** el cine es fácil llegar: sigue la calle Verdi en dirección al mar hasta la plaza de la Revolución. Puedes parar un momento ahí, porque justo [17] **en / por / a** la esquina hay un bar donde comer un bocadillo rápido y [18] **por / para** poco dinero, el Canigó. Cruza la plaza y toma la calle de debajo de la plaza, la calle Ramón y Cajal, [19] **hacia / hasta** la derecha. Sigue [20] **en / por / a** ella, cruza Torrent de l'Olla y sigue [21] **hacia / hasta** adelante un poco más (no te preocupes porque cambie de nombre, en Gracia las calles cambian de nombre cada pocos números). Saldrás a la plaza del Sol. Si te fijas un poco, verás que la mayoría de los bares tienen un nombre relacionado con «sol»: Sol Soler, El Dorado, Sol de nit...

Y si la noche resulta divertida, probablemente seguirás allí por la mañana, así que te recomiendo desayunar [22] **por / en / a** una placita, leyendo el periódico. La plaza Rius i Taulet –algunos la llaman la plaza «del reloj»– es una buena opción: es tranquila, tiene un par de terrazas y un quiosco. Está cerquita [23] **de / a** la plaza del Sol, un poco más [24] **debajo / bajo / abajo**, después de cruzar Travessera de Gràcia. Puedes ir [25] **en / por / a** la calle Xiquets de Valls (que cambia de nombre después de Travessera, claro), y llegarás [26] **a / en** Rius i Taulet. Si te animas a hacer vida de barrio, puedes pasar por el mercado. Hay varios mercados en Gracia, pero el que tienes más [27] **al lado / cerca / junto** está junto a la calle Puigmartí, que es como se llama la calle Penedés (que verás a un lado de la plaza) una vez cruzada la calle Torrent de l'Olla. [28] **Afuera / Alrededor / En torno** del mercado hay pequeñas tiendecitas de ropa, de bisutería, de sartenes... El mercado combina tradición e innovación: junto a la entrada se colocan señoras que venden su propia cosecha de hortalizas, como en cualquier mercado medieval, y [29] **al interior / dentro** hay, por ejemplo, un puesto de pescado en el que preparan *sashimi* para llevar.

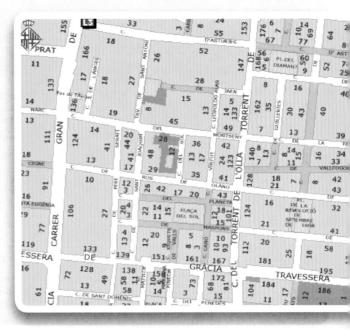

EJERCICIO 6

Esta es la descripción del recorrido que hace Alicia todos los días. Complétala con las preposiciones o locuciones prepositivas adecuadas.

Alicia lleva una vida muy ajetreada. Se levanta muy temprano [1] _____ la mañana, no tiene mucho tiempo [2] _____ vestirse, así que se pone cualquier cosa [3] _____ armario y desayuna un café [4] _____ leche y alguna galleta. Entonces empieza su largo camino [5] _____ el trabajo. Sale [6] _____ casa a las 5'30, va [7] _____ bicicleta [8] _____ la estación de tren, y luego, ya [9] _____ el tren, aprovecha [10] _____ repasar los informes [11] _____ la reunión que tiene a primera hora, todo [12] _____ culpa de su jefa, que quiere hacerlo todo a primera hora. [13] _____ una hora de tren, llega, [14] _____ fin, [15] _____ la estación de Girona, pero entonces todavía le queda un largo camino. Su trabajo está [16] _____ un pueblo que está [17] _____ 30 kilómetros de Girona. Antes, como es muy buena deportista y hacía buen tiempo, hacía este recorrido [18] _____ bici, pero ahora, [19] _____ invierno, es mejor hacerlo [20] _____ autobús. Así que camina por Girona [21] _____ la parada de autobuses y allí espera [22] _____ coche de línea. El autobús va [23] _____ Girona [24] _____ Figueras, [25] _____ la costa. Ella se baja un poco antes, [26] _____ Selva de Mar. [27] _____ suerte, una vez allí ya no tiene que moverse más en todo el día, aunque lo realmente cansado empieza en ese momento: [28] _____ las 8, u 8 y media comienza [29] _____ trabajar en una escuela primaria.

Conseguir que veinte niños [30] _____ 6 años aprendan [31] _____ hacer cualquier cosa es agotador. Como no aprenden [32] _____ sus compañeros, ella tiene que explicar cada cosa a todos y cada uno de los niños, y eso significa multiplicar el trabajo [33] _____ veinte. Pero vigilarlos [34] _____ el recreo es todavía peor, porque siempre hay algún niño intentando subir [35] _____ algún árbol, [36] _____ arriba hay un pajarito y quiere verlo, o saltando [37] _____ todo el patio y molestando a los demás, o peleándose [38] _____ otro [39] _____ quitarle la merienda, o llorando [40] _____ tonterías, o llamándola a gritos [41] _____ que le haga un poco de caso, o escondiendo las cosas de otro niño [42] _____ el lavabo, o, peor, [43] _____ la basura o [44] _____ una valla. Vamos, que [45] _____ las 5 [46] _____ la tarde, cuando se termina la escuela ya no le quedan fuerzas [47] _____ nada. Y todavía queda todo el trabajo administrativo [48] _____ la escuela: reuniones y más reuniones. Cuando sale de la escuela por fin, [49] _____ de todo el día de trabajo y [50] _____ la perspectiva de un largo viaje de vuelta, hace una pausa y se sienta [51] _____ un bar muy agradable, cercano a la estación, situado [52] _____ su trabajo y la estación, en el centro del pueblo. Entonces se siente contenta de sentirse libre, de no estar ya [53] _____ presión. Le gusta, [54] _____ todo, la sensación de que tiene tiempo [55] _____ ella, [56] _____ prisas. Pide a menudo un plato que le encanta: bacalao [57] _____ un fondo de espinacas [58] _____ piñones y pasas, que lleva encima muselina de ajos gratinada. Entonces ya no le importa que le quede un largo camino de dos horas hasta su casa. Vuelve sin prisas, disfrutando [59] _____ paisaje. Intenta sentarse siempre [60] _____ la ventana, para ver el paisaje, y [61] _____ cualquier niño que haya [62] _____ el vagón, es fácil [63] _____ entender que no quiera tratar [64] _____ niños fuera [65] _____ su horario laboral.

A continuación, tienes algunas reglas que se refieren al comportamiento en una clase de idiomas. Léelas y complétalas con la forma del imperativo (afirmativo o negativo) del verbo entre paréntesis.

DECÁLOGO DEL BUEN ESTUDIANTE
(CÓMO APRENDER ESPAÑOL Y DISFRUTAR DE LA CLASE)

Primero
_____ *(venir)* a clase. Si no vienes a clase, no puedes seguir el curso. No has venido a España de vacaciones, ¿no?

Segundo
No _____ *(llegar)* tarde. Si llegas tarde, te pierdes parte de las explicaciones e interrumpes la clase.

Tercero
_____ *(repasar)* lo que se ha hecho en clase y _____ *(hacer)* los ejercicios. Si sólo asistes a clase y no trabajas en casa, aprenderás MUCHO MENOS de lo que podrías.

Cuarto
No _____ *(comer)* nada en clase. ¿Cuántos profesores has visto dar su clase comiendo? ¿Es que piensas que los profesores no tienen hambre?

Quinto
No _____ *(hablar)* con tu compañero mientras el profesor o un compañero está diciendo algo a toda la clase. Hablar mientras habla otra persona es una muestra total de desinterés.

Sexto
No _____ *(salir)* del aula en mitad de la clase. Si algún día necesitas salir antes, coméntalo con el profesor. Si necesitas ir al lavabo, hazlo antes o después.

Séptimo
No _____ *(dejar)* el teléfono móvil encendido en clase. En clase no se puede hablar por teléfono; por lo tanto, el móvil encendido no sirve para nada, sólo para hacer ruido.

Octavo
No _____ *(hablar)* en tu lengua con los compañeros. Todos sabemos que dominas tu lengua a la perfección, pero has venido aquí a aprender español, ¿recuerdas?

Noveno
_____ *(interrumpir)* al profesor cuando no sepas algo. Si el profesor no puede responderte en ese momento, lo hará al final de la clase o al día siguiente.

Décimo
_____ *(participar)* en la clase. No _____ *(estar)* callado mirando la hoja. _____ *(decir)* tu opinión e _____ *(interesarte)* por lo que dicen los demás.

EJERCICIO 8

Lee los siguientes consejos para viajar y complétalos con la forma del verbo indicada.

Consejos de viaje

Planificación antes del viaje (usar imperativo)

• *(Cancelar, vosotros)* [1] _____ las entregas a domicilio y *(pedir, vosotros)* [2] _____ a vuestra oficina de correos que os guarde la correspondencia.

• *(Tomar, vosotros)* [3] _____ medidas de seguridad antirrobo para vuestro hogar (iluminación/vigilancia de los vecinos).

• *(Vaciar, vosotros)* [4] _____ la nevera y *(tirar, vosotros)* [5] _____ la basura.

• *(Cerrar, vosotros)* [6] _____ todas las puertas y ventanas.

• *(Asegurarse, vosotros)* [7] _____ de que no olvidáis el pasaporte, los cheques de viaje ni el dinero.

Seguro de salud para viajes (presente de subjuntivo)

Existe una amplia gama de seguros para viajeros. Es recomendable que *(comprobar, tú)* [8] _____ que la modalidad que vayas a escoger te cubra en todas las situaciones. No olvides leer detenidamente el contrato antes de decidirte por un seguro determinado. Algunas modalidades excluyen explícitamente ciertos deportes o actividades como la inmersión, el motociclismo, el puenting o el excursionismo. Es aconsejable que *(seleccionar, tú)* [9] _____ el seguro que más te convenga después de planificar tus necesidades y pide a tu agente de seguros que compruebe que todas quedan cubiertas.

Es mejor que *(elegir, tú)* [10] _____ preferentemente un seguro que cubra directamente los gastos médicos y de hospital, y que no te obligue a abonarlos primero y a reclamar el importe posteriormente. En caso de que debas reclamar los importes al regresar a tu país, es aconsejable que *(conservar, tú)* [11] _____ toda la documentación necesaria. Las compañías de seguros suelen retrasar mucho los pagos de las reclamaciones que no están debidamente documentadas. Te sugerimos que *(comprobar, tú)* [12] _____ que el seguro cubra los gastos de ambulancia, equipos de rescate, helicópteros y vuelos de emergencia a tu país.

Recomendaciones generales (condicional simple)

¡Si yo fuera tú *(dejar, yo)* [13] _____ en casa todo aquello que me doliera mucho perder! Por ejemplo, joyas, relojes, ordenador portátil, etc. Si no tienes recambio, déjalo en casa.

Yo que tú *(informarse, yo)* [14] _____ siempre del precio antes de solicitar un servicio (lavandería, guía turístico) o al pedir las comidas en los restaurantes. *(Asegúrarse, yo)* [15] _____ de que los taxímetros funcionan (o *(pactar, yo)* [16] _____ un precio fijo antes de subir al taxi).

Si yo fuera tú *(llevar, yo)* [17] _____ pequeños utensilios de reparación (imperdibles, esparadrapo, hilo dental y de coser) que no ocupan mucho espacio y pueden resultar muy útiles.

Por regla general, tu cuerpo necesita un día para reponerse del cambio de zona horaria. El desfase horario suele ser más acusado y molesto si se viaja hacia el este (p.e., de Tokio a San Francisco en vez de San Francisco a Tokio). En la medida de lo posible, yo que tú no *(planificar, yo)* [18] _____ largas excursiones para el día de llegada al destino tras un vuelo transcontinental o transoceánico. En tu lugar, *(utilizar, yo)* [19] _____ ese día para reajustar mi ritmo biológico.

Yo en tu lugar, antes de partir, *(informarse, yo)* [20] _____ de todo lo posible acerca del lugar. Si conoces los hechos históricos, políticos y sociales básicos del país y algunas frases elementales de la lengua local evitarás tener que absorber toda esa información a toda prisa y dispondrás de más tiempo para ti cuando te encuentres en el lugar de destino.

¡Te/os deseamos un fantástico viaje!

Lee el texto para poder realizar las actividades que hay a continuación.

La conquista del derecho a votar

Los cambios políticos, económicos y sociales que vinieron unidos a lo que los historiadores han llamado «Segunda Revolución Industrial», iniciada en la década de 1870, provocaron una clara aceleración del movimiento feminista en el último tercio del siglo XIX.

El mayor protagonismo y seguimiento del feminismo estuvo motivado por claros cambios sociales en los países más desarrollados. En Gran Bretaña, por ejemplo, a principios del siglo XX el 70,8% de las mujeres solteras, entre 20 y 45 años, tenía un trabajo remunerado.

También en el Reino Unido, en 1850 se observaba cómo el número absoluto de mujeres solteras mayores de 45 años había crecido entre las clases medias. La «carrera del matrimonio» perdía, pues, interés para muchas mujeres —no sólo como proyecto de vida—, sino también como opción económica.

Otro elemento clave fue la incorporación de la mujer al trabajo durante la Primera Guerra Mundial para sustituir a los hombres que se habían marchado a combatir. La conciencia de su valor social animó sus demandas del derecho de sufragio.

Los principales objetivos del movimiento feminista siguieron siendo los mismos: el derecho a voto, la mejora de la educación, la capacitación profesional y la apertura de nuevos horizontes laborales, la equiparación de sexos en la familia como medio de evitar la subordinación de la mujer y la doble moral sexual. La gran novedad vino de la amplia movilización colectiva que supo dirigir el movimiento sufragista en determinados países. Con los países anglosajones al frente, la evolución de tal movimiento en el mundo europeo fue muy diversa.

En España, a pesar de los esfuerzos de las primeras sufragistas españolas, la concesión del voto femenino no puede ser atribuida a la presión de los grupos feministas o sufragistas. Aunque la movilización sufragista había alcanzado por primera vez cierta importancia social, el sufragio femenino fue otorgado en el marco de las reformas introducidas en la legislación de la Segunda República española (1931-1936). La coherencia de los políticos que se proclamaban democráticos obligó a una revisión de las leyes discriminatorias y a la concesión del sufragio femenino. El proceso, sin embargo, fue bastante complejo y paradójico. Era opinión general, tanto en los partidos de izquierda como de derecha, que la mayoría de las mujeres, fuertemente influenciadas por la Iglesia católica, eran profundamente conservadoras. Su participación electoral significaría inevitablemente un fortalecimiento de la derecha.

Este planteamiento llevó a que importantes feministas como la socialista Margarita Nelken y la radical-socialista Victoria Kent, que habían sido elegidas diputadas a las Cortes Constituyentes de 1931, rechazaran la concesión del sufragio femenino. En su opinión, las mujeres todavía no estaban preparadas para asumir el derecho de voto, y su ejercicio siempre sería en beneficio de las fuerzas más conservadoras y, por consecuencia, más partidarias de mantener a la mujer en su tradicional situación de subordinación.

Clara Campoamor, también diputada y miembro del Partido Radical, asumió una apasionada defensa del derecho de sufragio femenino. Argumentó en las Cortes Constituyentes que los derechos del individuo exigían un tratamiento legal igualitario para hombres y mujeres y que, por ello, los principios democráticos debían garantizar la redacción de una Constitución republicana basada en la igualdad y en la eliminación de cualquier discriminación de sexo.

Al final triunfaron las tesis sufragistas por 161 votos a favor y 121 en contra. Los votos favorables fueron de diputados de todos los orígenes, movidos por muy distintos objetivos. Votaron a favor los socialistas, con alguna excepción, por coherencia con sus planteamientos ideológicos; algunos pequeños grupos republicanos, y los partidos de derecha. Estos no lo hicieron por convencimiento ideológico, sino llevados por la idea, que posteriormente se demostró errónea, de que el voto femenino sería masivamente conservador.

La Constitución de 1931 supuso un enorme avance en la lucha por los derechos de la mujer. No sólo concedió el sufragio a las mujeres, sino que todo lo relacionado con la familia fue legislado desde una perspectiva de libertad e igualdad: matrimonio basado en la igualdad de los cónyuges, derecho al divorcio, obligaciones de los padres con los hijos... La ley del divorcio (1932) supuso otro gran momento en la consecución de los derechos de la mujer.

El régimen republicano estaba poniendo a España, en el terreno legal, a la altura de los países más evolucionados en lo referente a la igualdad entre los hombres y las mujeres. Sin embargo, la Guerra Civil y la dictadura de Franco devolvieron a la mujer a una situación de dominación en el marco de una España impregnada de valores tradicionales y reaccionarios.

Texto adaptado de www.historiasiglo20.org

A. Numera las siguientes frases según el orden en que aparece en el texto la información que contienen.

a ☐ «Todo el mundo creía que, por influencia de la religión, las mujeres darían su voto a los partidos más conservadores».

b ☐ «La evolución del sufragismo en Europa tuvo un progreso diferente en las distintas zonas del continente».

c ☐ «Los cambios que hicieron de España un país con leyes muy avanzadas en el terreno de la igualdad duraron sólo lo que duró la Segunda República. Después se produjo un serio retroceso en la situación de la mujer».

d ☐ «Los diputados conservadores votaron a favor del derecho de sufragio femenino porque pensaban que las mujeres apoyarían a los partidos a los que ellos representaban».

e ☐ «En los últimos treinta años del siglo XIX el movimiento feminista progresa a un ritmo mayor que en otros momentos de su historia».

f ☐ «Incluso algunas importantes diputadas feministas creían que era demasiado pronto para que la mujer pudiera ejercer su derecho al voto con libertad».

g ☐ «Casarse ya no era el único camino posible para una mujer en algunos países europeos».

h ☐ «En España fueron los dirigentes de la Segunda República los que, fieles a sus ideas, reformaron las leyes y otorgaron a las mujeres el derecho a votar».

B. Relaciona cada fecha con el periodo al que pertenece.

1915 a	**1**	La década de 1870
1901 b	**2**	El último tercio del siglo XIX
1937 c	**3**	A principios del siglo XX
1873 d	**4**	Durante la Primera Guerra Mundial
1888 e	**5**	La Segunda República
1968 f	**6**	La Guerra Civil
1932 g	**7**	La dictadura de Franco

EJERCICIO 2

A continuación, tienes algunas palabras que aparecían en el texto «El encuentro entre españoles y americanos». Completa con ellas los siguientes enunciados.

> rubios cañones vidrio rueda pólvora ruido asombro blancas
> imprenta dios desnivel soldados hierro barbas

1. Los indígenas no conocían materiales como el _____, el _____ y la _____. Tampoco conocían herramientas de trabajo como la _____ de los carros y el arado para los cultivos. Los europeos, en cambio, vivían un momento de esplendor, sobre todo gracias al descubrimiento de la _____.

2. Los indígenas quedaron sorprendidos por el aspecto físico de los conquistadores. Nunca habían visto caras _____, *como si fueran de cal*, ni cabellos _____. También les llamó la atención que tuvieran largas _____ y que fueran vestidos.

3. Hernán Cortés desembarcó en Veracruz con sólo 16 caballos, 508 _____ y no más de cien marineros. El _____ de desarrollo de ambos mundos hizo que los indígenas se rindieran fácilmente a los conquistadores.

4. Los indígenas quedaron paralizados por el _____. No conocían los _____ y les sorprendió muchísimo el _____ que hacían cuando estallaban.

5. Los indígenas confundieron la llegada de los conquistadores con el retorno de su _____ Quetzalcóatl.

EJERCICIO 3

Completa el texto con la parte de la perífrasis que falta en el tiempo adecuado (imperfecto o indefinido).

> comenzar a dejar de echarse a empezar a estar (2)
> estar a punto de ir a seguir terminar de volver a

El viernes organizamos una fiesta sorpresa para Jenny por su cumpleaños. Queríamos montarle algo muy especial, porque se había muerto su gata la semana anterior y llevaba unos días bastante decaída. [1]_____ preparando la fiesta durante una semana. Lo primero fue llamar a todos sus compañeros de la facultad y de la clase de español. Además, sabíamos que su hermana [2]_____ venir a verla el fin de semana, así que intentamos que su visita coincidiera con la fiesta. La hicimos en su casa y aprovechamos el rato en el que fue a buscar a su hermana al aeropuerto para llevar toda la comida y los regalos que habíamos comprado y montarlo todo. De hecho, [3]_____ descubrirnos, porque el avión de su hermana llegó antes de tiempo. Suerte que ella ya sabía lo de la fiesta y la distrajo para darnos un poco más de tiempo.

Cuando Jenny volvió a casa, nos escondimos y, en cuanto encendió la luz, salimos y [4]_____ cantar el *Cumpleaños feliz*. Al principio, se quedó muy sorprendida, porque no se esperaba nada, pero en seguida [5]_____ llorar de emoción y nos dio las gracias por todo. Cuando [6]_____ cenar, sacamos el pastel y los regalos, que [7]_____ envueltos con papeles y lazos de todos los colores. Después, alguien puso música y no [8]_____ bailar en toda la noche. Tampoco faltó la bebida: a las 12 [9]_____ servir cubatas y a las 6 de la mañana todavía había gente que [10]_____ bebiendo, aunque, por suerte, nadie se emborrachó demasiado.

Al final, todo el mundo se marchó diciendo que a ver cuándo [11]_____ celebrar otra fiesta como aquella.

EJERCICIO 4

Relaciona los fragmentos de la primera columna con su continuación adecuada.

Buscaba el móvil y se dio cuenta de que se lo había vuelto a... **a**	**1** ...dejárselo a su amigo Pedro.
Ana me dijo que si nos llega a... **b**	**2** ...pedir el disco de U2 que ya les habíamos dejado.
Al llegar a casa, el niño les dijo que volvía a... **c**	**3** ...contarnos la misma anécdota que ya nos han contado cien veces.
Pensó que si el coche no estaba en el garaje a la hora acordada, no volvería a... **d**	**4** ...dejar a su amigo Pedro.
¡Los Pérez son un auténtico despiste! Nos volvieron a ... **e**	**5** ...haber visto, nos habría saludado.
No puedo creer que vuelva a... **f**	**6** ...tener ganas de comer helado.
¡Qué mal andan de memoria! Volvieron a... **g**	**7** ...caer agua del piso de arriba. ¡Es el tercer escape en un año!

EJERCICIO 5

Erika le cuenta a Manoel cómo fue la «fiesta sorpresa» que le habían preparado ella y otros amigos Erasmus a Luis, un amigo español de la facultad. Completa los huecos con la forma verbal adecuada y elige la opción correcta en cada caso.

◆ Bueno, y lo de la fiesta sorpresa de tu amigo Luis, ¿qué, cómo fue?

▼ Calla, calla. Resulta que cuando *(llegar, yo)* _____ a casa de mis amigos, Luis **estaba entrando / iba entrando** por la puerta.

◆ ¡Te retrasaste! Como si lo viera.

▼ No, hombre, no. Yo llegué después de que Lucía, una de las chicas con las que comparte piso, me *(llamar)* _____ al móvil en cuanto Luis *(salir)* _____ de casa para la facultad. Pero justo cuando yo **estaba/estuve/estuviera** subiendo por las escaleras, Luis **volvió a/se puso a** subir. Y como yo llevaba lo de las guirnaldas y el confeti, y parte de la bebida, pues seguí **subiendo/sin subir** las escaleras para que no me viera.

▼ ¿Y qué hiciste?

◆ Pues, ya ves. Llamé a Lucía para explicarle lo que pasaba y me dijo que Luis había vuelto porque esa tarde no tenía clase, que no se había acordado, que le **iba a dar/estaba dando** un ataque, qué sé yo. La cuestión es que, mientras *(hablar)* _____ con ella, **estuve a punto de/comencé a** caerme por las escaleras.

▼ Por la impresión, claro. ¡Vaya marrón!

◆ No, porque tropecé. Pero vaya, que mientras Luis **estuviera/estaba** en casa, no se podía montar nada.

▼ Bueno, entonces pasasteis al plan B.

◆ ¿Al plan B? No había plan B, porque Luis no **tenía que/debía de** estar en casa. Después de **hablar/hablase** con Lucía, llamé a los demás para decirles lo que había. Y decidimos esperar, a ver qué pasaba. Pero pasaba el tiempo y **dejaba de/seguía sin** salir de casa. Así que al final **dejé de/terminé de** esperar en la escalera y me bajé al bar de abajo a esperar a los demás. Y, al final, como ya no había posibilidad de poner las guirnaldas y eso, en cuanto *(llegar, ellos)* _____ los demás, nos presentarnos todos en su casa, así de golpe. Total, como Luis no sabía que íbamos a celebrar su cumpleaños, sorpresa también hubo, ¿no?

EJERCICIO 6

A continuación tienes un cuestionario sobre hechos importantes de la historia de España.
¿Conoces las respuestas? Elige la opción correcta. Puedes necesitar una buena enciclopedia...

Ejemplo:

1. ¿Cuándo llegaron los borbones a España?
   - a ☒ *Antes de que empezara la Revolución Francesa.*
   - b ☐ *Después de que terminara la Revolución Francesa.*

2. ¿Cuándo se perdió la supremacía española en los mares a favor de Gran Bretaña?
   - a ☐ Mientras Napoleón tenía el poder.
   - b ☐ Después de que Napoleón impusiera a su hermano José I en el trono español.

3. ¿Cuándo acabó la Guerra de la Independencia Española?
   - a ☐ Tras la derrota de las tropas de Napoleón en la batalla de Vitoria en 1813.
   - b ☐ Antes de la Revolución Francesa.

4. ¿Cuándo se proclamó la I República?
   - a ☐ En cuanto Amadeo de Saboya dejó el trono.
   - b ☐ En 1868, cuando Isabel II abandonó España.

5. ¿Cuándo se dio el Golpe de Estado del general Primo de Rivera?
   - a ☐ Mientras reinaba Alfonso XII.
   - b ☐ Mientras reinaba Alfonso XIII.

6. La Segunda Guerra Mundial se desarrolla...
   - a ☐ Durante la dictadura de Franco.
   - b ☐ Después de la dictadura de Franco.

7. Adolfo Suárez fue presidente del Gobierno español...
   - a ☐ Antes que Lepoldo Calvo Sotelo.
   - b ☐ Después de Leopoldo Calvo Sotelo.

8. La primera vez que ganó el Partido Socialista Obrero Español (PSOE) fue...
   - a ☐ Tras el intento del Golpe de Estado en el año 1981.
   - b ☐ Antes del intento del Golpe de Estado en el año 1981.

9. España forma parte de la Comunidad Económica Europea...
   - a ☐ Antes del año 1986.
   - b ☐ A partir del año 1986.

10. La Exposición Universal del año 1992 se celebra...
    - a ☐ Antes de la llegada del Partido Popular (PP) al gobierno.
    - b ☐ Después de la llegada del Partido Popular (PP) al gobierno.
    - c ☐ Durante la llegada del Partido Popular (PP) al gobierno.

Lee el texto y responde a las preguntas.

El cine español de los ochenta

Los años ochenta han permitido un deslizamiento nada despreciable en los temas de los realizadores. Si la transición estuvo marcada por la necesidad de un retorno hacia uno mismo, los directores reorientan ahora sus obras hacia problemas más internacionales y de mayor interés para un público no hispano. En este sentido, las autonomías han sabido abandonar, con inteligencia, su obsesión por ser ombligos del mundo para pasarse aceptablemente hacia un cine de comunicación.

En Cataluña, el director más original y sorprendente es, sin duda, Agustí Villaronga, que comienza una carrera apasionante con *Tras el cristal* (1986), que trata un tema violento: la relación enfermiza entre un ex nazi, que trabajó en terribles experimentos con niños, y su cuidador. Su siguiente película, *El niño de la luna* (1989), en cambio, introduce elementos como la fantasía, la aventura y lo sobrenatural para contar la historia de David, un niño que cree ser el hijo de la Luna. Hay en Villaronga un tono nuevo que rompe con la casi siempre conformista producción catalana de la que, sin embargo, cabe retener *El viento de la isla* (1987), una importante opera prima de Gerardo Gormezano rodada en las Baleares y situada a mitad del siglo XVIII.

El cine andaluz sigue buscando sin encontrarse, pese a los inicios prometedores de Juan Sebastián Bollaín con *Las dos orillas* (1987) o la obra de Felipe Vega. Ahora bien, el cine más rotundo es el del País Vasco, de un vigor digno de ser destacado. Tras la muy lograda *Tasio* (1984), que retrata la situación de los jóvenes en un País Vasco inmerso en la violencia de los atentados y de los traficantes de droga, Montxo Armendáriz se ha convertido en un clásico. Con *Las cartas de Alou* (1990), sin renunciar a su mirada social, se ocupa del delicado problema de los inmigrantes negros de África en España. El clima de violencia está también presente en *Ander eta Yul* (1988), de la realizadora Ana Díez, una película que describe con sensibilidad las relaciones entre dos amigos en Euskadi. Julio Medem retrata la realidad vasca desde otra perspectiva: su primera película, *Vacas* (1992), es un hermoso retrato de tres generaciones de vascos en cuatro momentos (1875, 1905, 1915 y 1936). Por último, cabe destacar la producción de Juanma Bajo Ulloa, que ya con su primer trabajo, *Alas de mariposa* (1991), consigue la Concha de Oro en San Sebastián. Esta fascinante película describe la relación entre madre e hija como nunca antes se había filmado. Su último trabajo, *La madre muerta* (1993), gira en torno a las depravadas relaciones que conducen al enclaustramiento y a la muerte.

El interés por la descripción de la situación española se combina con la tentación de mirar hacia otros países, especialmente aquellos con los que España mantiene buenos lazos culturales. Por ejemplo, América Latina llama la atención de Carlos Saura: a partir del personaje del conquistador español Lope de Aguirre construye *El Dorado* (1987), un amplio fresco sobre la conquista americana. Esta obra, con un presupuesto de mil millones de pesetas, fue la producción más cara del cine español hasta el momento.

Adaptado de Jean-Claude Seguin (1996): *Historia del cine español*, Madrid, Ed. Acento, pp. 88-89.

1. El cine de los años ochenta...
   a. ☐ empieza a tratar temas de interés general.
   b. ☐ sigue tratando los mismos temas.
   c. ☐ interesa a un público hispano.

2. El cine de las autonomías...
   a. ☐ sigue reflejando asuntos locales.
   b. ☐ tiene un marcado carácter nacionalista.
   c. ☐ también se abre a temas más amplios.

3. *El viento de la isla* es...
   a. ☐ una ópera llevada al cine.
   b. ☐ la primera película de un director catalán.
   c. ☐ la primera película catalana situada en el siglo XVIII.

4. El cine producido en el País Vasco se caracteriza por...
   a. ☐ la firmeza con que se narran sus historias.
   b. ☐ los grandes presupuestos que maneja.

5. Las principales películas de Montxo Armendáriz tratan de...
   a. ☐ temas sociales.
   b. ☐ el mundo de las drogas.
   c. ☐ los jóvenes.

6. Ana Díez, en su película, describe las relaciones de amistad de un modo...
   a. ☐ brusco.
   b. ☐ inquietante.
   c. ☐ delicado.

7. *Vacas* es un filme que recoge diferentes épocas sin conexión alguna.
   a. ☐ Verdadero.
   b. ☐ Falso.

8. La producción cinematográfica española de los ochenta se centra exclusivamente en la descripción de la realidad española.
   a. ☐ Verdadero.
   b. ☐ Falso.

9. *El Dorado*...
   a. ☐ es un homenaje a Lope de Aguirre.
   b. ☐ retrata la conquista americana por parte de los españoles.

10. *El Dorado* es la película más cara del cine español.
    a. ☐ Verdadero.
    b. ☐ Falso.

EJERCICIO 2

Aquí tienes las noticias del ejercicio 5A, pero les faltan algunas palabras. ¿Puedes completarlas con las palabras que aparecen en el siguiente cuadro?

> fuga   conciencia   caníbal   satanismo   testamento   vecino   morder   atraco
> médica   calva   mascotas   broma   huelga   trasplante   árbitros

1. Deja escrito en su _____ que quiere que, a su muerte, su cuerpo sea devorado por tiburones.
2. En _____ porque sus hijos no ayudan en casa.
3. _____ por curiosidad. Mata a su compañero y se lo come para ver «a qué sabe».
4. Condenan a un hombre en Florida por _____ a su perro.
5. Una chica de 17 años armada con un palo pone en _____ a dos ladrones en su chalé.
6. Un_____ de Ribeira denuncia la colocación de una «bomba» de excrementos en su domicilio.
7. Absuelven a un individuo que golpeó a su mujer porque lo hizo «en _____ ».
8. Detienen a una mujer que simulaba ser _____ para dar cianuro a quienes les debía dinero.
9. Autorizan en Estados Unidos el primer _____ de cara de un cadáver.
10. Un joven drogado confunde a unos policías con _____ de fútbol.
11. Un noruego paga la cuenta de un hotel 24 años después. Le corroía la _____ .
12. Absuelto un hombre del _____ a una farmacia porque la empleada no se puso las gafas para reconocerlo.
13. Estudian prohibir los nombres humanos para las _____ . Causan crisis de identidad en los niños.
14. Condenada una peluquera por dejar _____ a una clienta.
15. La marina británica autoriza la práctica del _____ a bordo.

EJERCICIO 3

Estas son algunas de las opiniones de los asistentes a unas jornadas sobre el cine europeo. Completa con indicativo o subjuntivo.

A: A mí me ha gustado mucho la película holandesa *Dagen zonder lief*, de Felix van Groeningen. Creo que *(ser)* [1] _____ bastante original.

B: Pues yo prefiero un cine más comprometido. No me parece bien que el cine *(enfocarse)* [2] _____ mayoritariamente al entretenimiento. Es lógico que *(haber)* [3] _____ películas de todo tipo, pero es evidente que el cine *(poder)* [4] _____ usarse para concienciar o denunciar. Por eso, me gustan los directores que *(atreverse)* [5] _____ a contar historias comprometidas, como los hermanos Taviani. Siempre me sorprenden.

C: Sí, es verdad, yo también opino que estos directores siempre *(distinguirse)* [6] _____ por su cine político y lírico al mismo tiempo. Pero también pienso que *(haber)* [7] _____ historias de corte existencial muy buenas. Yo he visto una película de un director búlgaro que *(estar)* [8] _____ bien.

D: ¡Uf, historias existenciales! Pues yo, cuando voy al cine, quiero que la película *(ser)* [9] _____ entretenida, me gusta que me *(contar)* [10] _____ una historia divertida o con movimiento, con acción.

A: Vamos, que a ti te parece que si no *(haber)* [11] _____ tiros o risas, no *(ser)* [12] _____ buena.

D: Hombre, no exactamente, no es que no *(ver)* [13] _____ alguna de esas «de pensar» de vez en cuando, pero creo que el cine europeo, a veces, *(pecar)* [14] _____ de demasiado original, y por eso no puede competir con el americano.

C: Es imposible que alguien *(pensar)* [15] _____ así del cine y *(decir)* [16] _____ al mismo tiempo que le gusta el cine. Eso no es cine.

D: Bueno, pues yo no pienso que *(ser)* [17] _____ incompatibles ambas cosas.

EJERCICIO 4

Esta es una conversación en la que unos estudiantes Erasmus opinan sobre la universidad española. Complétala con las preposiciones, formas verbales y pronombres adecuados.

• [1] _____ mí me parece que [2] _____ mi profesor [3] _____ molesta que *(preguntar)* [4] _____ en clase.

• ¿Ah, sí?, ¿y eso? Es un poco fuerte que un profesor [5] _____ moleste por eso, para eso están. En mi facultad, eso no pasa. Claro, las clases *(ser)* [6] _____ más dinámicas, *(trabajar)* [7] _____ en grupos y el profesor *(interactuar)* [8] _____ con nosotros.

• Pues qué suerte. [9] _____ mí no [10] _____ parece normal que *(llegar)* [11] _____ el profesor, *(soltar)* [12] _____ su discurso y *(largarse)* [13] _____ . Y que encima no [14] _____ guste que la gente *(preguntar)* [15] _____ las dudas. Desde luego, en mi país no es así.

• Bueno, creo que *(depender)* [16] _____ mucho del profe: los hay más dinámicos y otros *(ser)* [17] _____ más serios y aburridos.

EJERCICIO 5

¿Quieres saber cómo fue la discusión entre Hans y Stéphanie? Complétala con los verbos en la forma adecuada.

Hans: ¡Qué bien! No puedo poner la mesa porque no hay cubiertos limpios.

Stéphanie: Pues, ayer te tocaba a ti fregar los platos...

Hans: ¡Claro!, y a ti anteayer, pero como tú nunca cumples con tus obligaciones, he decidido que voy a hacer como tú, a ver qué pasa.

Stéphanie: Pues pasa que vas a tener que lavar dos platos para que podamos comer.

Hans: Tía, ¿pero cómo se puede tener tanto morro?

Stéphanie: ¡Eh!, ¡que ayer bajé la basura!

Hans: ¡Estoy hasta las narices de ti! Estoy cansado de que no *(hacer, tú)* [1]_____ nada en casa.

Stéphanie: Pues, a mí ya me *(aburrir)* [2]_____ tus sermones. ¡Que pareces mi madre en lugar de mi compañero de piso! Además, yo tengo que aguantar tu música infernal todo el día.

Hans: Y a mí me molesta que *(traer, tú)* [3]_____ a tus amigos a casa siempre que *(tener, yo)* [4]_____ que estudiar.

Stéphanie: Es que tú siempre tienes que estudiar. Odio que nunca *(poderse)* [5]_____ celebrar fiestas en este piso.

Hans: Oye, me pone muy nervioso que *(estar, nosotros)* [6]_____ siempre discutiendo. No creo que *(ser)* [7]_____ tan difícil convivir conmigo.

Stéphanie: ¡Es que ni te lo imaginas lo difícil que es! ¿Te das cuenta de que te quejas por todo? Eres muy maniático: te molesta que *(fumar, yo)* [8]_____, que *(levantarse, yo)* [9]_____ temprano para hacer gimnasia, que *(seguir, yo)* [10]_____ el horario español para las comidas, incluso te disgusta que *(reciclar, yo)* [11]_____. ¡Es que no puedo entender tu falta de sensibilidad ecológica! ¡Eres tan egoísta!

Hans: ¿Y por qué no te buscas otro piso?, que yo ya estaba aquí cuando tú llegaste.

Stéphanie: ¡Muy bonito, hombre! Me parece increíble que *(hablar, tú)* [12]_____ así a los amigos.

Hans: Precisamente para que sigamos siendo amigos, creo que es mejor que te busques otro sitio para vivir.

Stéphanie: Sabes que yo tengo amigos y tengo adonde ir, pero, ¿y tú? ¿Cómo vas a pagar el alquiler si vas mal de pasta y no aguantas a nadie?

Hans: Tú no te preocupes por eso y preocúpate de ti.

Stéphanie: Bueno, pero ahora comemos, ¿no?

EJERCICIO 6

Aquí tienes la crítica de la película *La vida secreta de las palabras* que Pepe ha colgado en su *blog*. Léela y elige en cada caso la opción correcta.

Isabel Coixet (Barcelona, 1962) acaba de estrenar [1] **la / una** película hermosa y literaria que recurre [2] **en / a / por** la trama de *Blancanieves y los siete enanitos* para narrar una historia triste de personaje hermético. En ella, [3] **una / la** enfermera Hannah irá recuperando la confianza en un mundo en el que vive gente que le ha pasado por encima. La directora catalana, doctora en Historia del Arte y profesional de la publicidad, insiste [4] **con / en / a** su cine romántico de cuidada puesta en escena, con magníficos intérpretes y conflictos bien trabajados.

Del cine de Coixet, me encantan los diálogos, que [5] **son / sean** siempre brillantes, porque vienen precedidos de unos silencios que nos ayudan a comprender el valor de las palabras. A diferencia [6] **de / con** la locuacidad banal que caracteriza a parte del cine europeo, Coixet opta [7] **con / por / de** un discurso emocional, inteligente y lleno [8] **con / de** sensibilidad. El personaje protagonista (una extraordinaria Sarah Polley) es tan atractivo, tan rico, tan interesante que el espectador no se cansa de [9] **observarle / observarla**.

Sin embargo, también pesan sus defectos. No me gustó que la niña [10] **utilizara / utilizaba** esa espantosa vocecilla en off. Tampoco me convencieron algunos aspectos del montaje, [11] **por ejemplo / mejor dicho / es decir**, que la directora [12] **recurría / recurriera** excesivamente al fundido en negro. No me pareció que todos los personajes [13] **estuvieran / estaban** trabajados con el mismo cuidado, [14] **por el caso / pongamos por caso / ponemos por caso**, los dos operarios que mantenían una relación homosexual que, en algunos momentos, rayaba la caricatura.

[15] **En cualquier caso / Pongamos por caso / Esto es**, esta película nos confirma que nadie en España [16] **es / sea** capaz de contar una historia con la delicadeza de la directora de *Cosas que nunca te dije*.

Lee el texto y responde a las preguntas.

Patentar la vida: el asalto definitivo al patrimonio común

Los descubrimientos de la biología molecular de la última mitad del siglo XX están llevando a concebir a los seres vivos como una suma de genes con funciones determinadas que las nuevas biotecnologías permiten iden- 5 tificar, aislar y recombinar a voluntad. En consecuencia, quienes tienen el capital y la tecnología ven el mundo como una enorme mina de 10 genes con los que jugar a un lucrativo negocio de «corta y pega», que denominan «innovación» y que permite convertir a los seres vivos en 15 «inventos» que proporcionen a la carta lo que el mercado exija en cada momento. Se nos prometen cultivos resistentes a cualquier plaga que terminarán 20 con el hambre en el mundo y curas milagrosas para las más temibles enfermedades, de manera que pronto seremos casi inmortales. Para desarrollar estas fascinantes 25 innovaciones, sin embargo, los inversores de este negocio de «corta y pega» exigen asegurarse el monopolio sobre sus inventos y, en este momento, promueven una campaña internacional para aplicar a esos «inventos» el mismo sistema de protección que se 30 aplica a las máquinas: las patentes.

En teoría, el sistema de patentes y el resto de leyes que protegen los derechos de propiedad intelectual tienen como objetivo estimular la innovación. Los gobiernos protegen los intereses económicos de los 35 inventores concediéndoles el monopolio exclusivo sobre la explotación de sus creaciones. A pesar de ello, al menos supuestamente, la sociedad, al final, también se beneficiará del invento y del avance tecnológico asociado, puesto que los derechos de patente solo 40 existen por un tiempo limitado. Las patentes impiden, en principio, el uso de un invento por parte de terceros, ya que solamente autorizan su uso a cambio del pago de una licencia. Así, hay que pagar un precio por las licencias, ya sean para fabricar vehículos Honda Civic 45 o un modelo de máquinas de coser. Aunque se puede defender que este sistema es apropiado en el caso de los automóviles u otras máquinas, ¿debemos permitir que las corporaciones sean dueñas de las bases biológicas de la vida? ¿Debemos otorgarles el monopolio sobre 50 los elementos básicos de nuestro sistema alimentario? ¿Son los animales y las plantas un «puzle» de órganos y moléculas? ¿Somos los seres humanos un conjunto de características privatizables? ¿O debemos considerar la vida como una realidad compleja y única, por encima 55 de la suma de sus partes, atribuirle un carácter sagrado y mantenerla fuera del ámbito de lo que se puede comprar y vender? En todo caso, ¿no deberíamos primero decidir democráticamente qué queremos que nos aporte una nueva tecnología antes de incentivarla 60 mediante patentes?

Adaptado de *Patentes, piratería y falsas promesas*, documento 17 de GRAIN
(Acción Internacional en pro de los Recursos Genéticos)

A. ¿Cuál de estas dos frases es un resumen adecuado del texto «Patentar la vida...»?

☐ **1.** Es necesario proteger económicamente los nuevos descubrimientos e incentivar la investigación biogenética, sea con patentes o con otros métodos.

☐ **2.** Las patentes se inventaron para proteger los inventos, las máquinas, pero los genes no son inventos y no deberían patentarse.

B. ¿Dónde dice en el texto que...?

1. Después de un tiempo en que sólo los inventores pueden disfrutar de los beneficios procedentes de la comercialización de sus inventos, ese monopolio deja de tener validez.   Líneas:_____

2. Tal vez, llevar a cabo una reflexión acerca de lo que esperamos de las innovaciones biotecnológicas es algo previo al hecho de protegerlas igual que a las máquinas.   Líneas:_____

3. Las empresas que pueden asumir los costes que ello supone modifican genéticamente seres vivos y los transforman en productos que responden a las demandas del mercado.   Líneas:_____

C. Clasifica las palabras subrayadas del texto «Patentar la vida...» en la siguiente tabla, según su significado.

rentable, que permite ganar dinero	transformar, cambiar	dar	activar, animar

EJERCICIO 2

A. A continuación tienes algunas palabras que han aparecido en el texto «El mercado laboral deja en la cuneta a los universitarios». Relaciónalas con sus definiciones.

Bruto **a**   **1** Estudios universitarios.

Carrera **b**   **2** Trabajo remunerado.

Contrato temporal **c**   **3** Cantidad de dinero que se descuenta del sueldo como impuesto a la Seguridad Social.

Cotización **d**   **4** Después de descontar los impuestos obligatorios.

Empleo **e**   **5** Situación en la que está alguien que ha perdido o dejado su trabajo.

Indefinido **f**   **6** Acuerdo laboral entre trabajador y empresa por tiempo limitado.

Laboral **g**   **7** Dinero que se recibe a cambio del trabajo.

Neto **h**   **8** Se dice de contratos que no tienen una fecha de finalización.

Paro **i**   **9** Sin descontar impuestos.

Sueldo **j**   **10** Relativo al trabajo.

B. Juana y Pepa hablan sobre sus condiciones de trabajo. Completa el diálogo con las palabras anteriores.

◆ ¿Sabes que a lo mejor me voy del trabajo?

▼ ¡Qué dices! ¿Y eso? ¡Pero si estabas contenta con este trabajo! ¡Si, desde que acabaste la
[1]_____, es el único [2]_____ en el que te han pagado decentemente!

◆ Bueno, bueno, tampoco es el trabajo de mi vida.

▼ Mujer, ganas un buen [3]_____. Y además tienes contrato[4]_____.

◆ Ya, lo del contrato es verdad. Pero lo otro, no. No creo que esté bien pagada: entre el descuento
del IRPF, la [5]_____ a la Seguridad Social, y todo lo demás, al final lo que gano
[6]_____ no es mucho.

▼ Pues si te cuento yo... Resulta que han empezado a echar a gente a la calle, y ya me veo en el
[7]_____.

◆ ¡Vaya! Bueno, tampoco estás muy a gusto, ¿no?

▼ La verdad es que no mucho. Las condiciones [8]_____ no son muy buenas: contrato
[9]_____, una parte de lo que gano me lo pagan en negro. Y lo del paro, no sé. Creo
que con lo que llevo trabajado, no tengo derecho a cobrar el paro.

◆ ¿Y qué piensas hacer?

▼ De momento, he empezado a mirar ofertas en el periódico, pero lo que pagan en [10]_____
no es mucho; si luego empiezas a descontar, se queda en nada.

◆ Pues sí que estamos bien. Por cierto, ¿te he dicho ya que...?

EJERCICIO 3

A continuación, tienes la transcripción de la conversación en la que Juan, Carlos, Sonia y Ana hablan sobre su futuro. Complétala con los verbos entre paréntesis en el tiempo adecuado de indicativo o subjuntivo.

Juan: ¿Y tú, Carlos, qué vas a hacer cuando termines?

Carlos: Pues es posible que [1]_____ *(hacer)* un máster sobre gestión de
empresas, pero no estoy seguro. Igual [2]_____ *(buscar)* un trabajo para
tener algo de experiencia... No sé... ¿Y tú?

Juan: ¿Yo? Seguramente [3]_____ *(empezar)* a trabajar en el despacho de
mi padre y, más adelante, ya veré.

Sonia: ¡Qué suerte tienen algunos! Ojalá yo tuviera un padre que me pudiera colocar, pero
no lo tengo, así que, probablemente [4]_____ *(tener)* que enviar cientos de
currículum antes de poder trabajar en alguna empresa.

Juan: ¡Venga, Sonia!, no te preocupes, que con el currículum que tienes, seguro que
[5]_____ *(encontrar)* trabajo enseguida. Además, ¿no estabas estudiando
chino?

Sonia: Sí, este es mi tercer año y, quizás [6]_____ *(irme)* a China un par de años para perfeccionar el idioma y, a
lo mejor, me [7]_____ *(salir)* algún trabajo interesante allí... ¿Estaría bien, no?

Ana: ¡Pero tía, no puede ser que te [8]_____ *(ir)* dos años a China! ¡Lo mismo ni [9]_____
(volver) !

Sonia: ¡Pues claro que voy a volver! Y para entonces, tal vez [10]_____ *(tener)* más posibilidades de encontrar
un buen trabajo que ahora. ¿Y tú que piensas hacer, Ana?

Ana: Bueno, es probable que [11]_____ *(pedir)* un crédito a un banco para poder abrir mi propio negocio.
Quiero montar una clínica dental con un par de dentistas más: mi hermano y una amiga mía.

Juan: ¿No es arriesgado?

Ana: Chico, puede que nos [12]_____ *(salir)* mal, pero, en la vida, a veces hay que arriesgar...

Sonia: A mí me parece genial. Es probable que, dentro de unos años, [13]_____ *(estar, tú)* forrada.

Ana: Ese es el plan.

Alex: Bueno, colegas, me encanta vuestro optimismo. ¡Brindo por nuestro futuro!

EJERCICIO 4

Enrico y Magnus hablan sobre lo que van a hacer cuando vuelvan a sus países. Completa el diálogo con futuro o presente de subjuntivo.

Enrico: Cada vez faltan menos días para que acabe el curso de español y pronto [1]_____ *(tener, yo)* que regresar a casa. ¡Me apetece tan poco!

Magnus: ¡Ah! Pues yo ya tengo ganas de volver a casa y de ver a los míos. Aquí me lo he pasado muy bien, he aprendido mucho y esta ciudad es fascinante. Es verdad que cuando [2]_____ *(volver, yo)* a Suecia, no [3]_____ *(poder, yo)* tener tanto tiempo libre como he tenido aquí, pero ya va a hacer más de cinco meses que no veo a mis amigos ni a mi familia y los echo mucho de menos.

Enrico: A mí también me pasa lo mismo, pero cuando pienso que, en cuanto [4]_____ *(llegar, yo)* tengo que pasar los exámenes de curso, me dan ganas de quedarme cinco meses más.

Magnus: ¡Hombre! Por eso yo también me quedaría, porque yo todavía lo tengo peor: cuando [5]_____ *(acabar)* este mes, presento el proyecto de fin de carrera.

Enrico: ¿Ya lo presentas? ¡Qué suerte! A mí aún me quedan unos créditos del último curso para poder matricularlo. Y, ¿qué vas a hacer después?

Magnus: Pues, seguramente, [6]_____ *(firmar)* un contrato de prácticas en el departamento de robótica de una empresa multinacional y tal vez [7]_____ *(intentar)* matricularme en algún máster que me pueda interesar. Ya me lo [8]_____ *(pensar)*.

Enrico: Bueno, veo que lo tienes todo bien planeado. ¡Qué envidia! Y, ¿vas a trabajar mientras [9]_____ *(estudiar)* el máster?

Magnus: No lo sé; lo cierto es que si al final me matriculo en algún máster me lo [10]_____ *(tomar)* sin prisas, porque la verdad es que ya quiero ser independiente económicamente, es verdad que estando en prácticas no [11]_____ *(ganar)* mucho, pero algo es algo.

Enrico: Bueno, no te preocupes ahora, ya [12]_____ *(llegar)* el momento de la verdad. Ahora sólo piensa que nos quedan dos semanas aquí y tenemos que pensar en alguna fiesta de despedida. [13]_____ *(hablar, yo)* con los compañeros de curso esta tarde para ver qué podemos organizar. ¿Qué te parece?

Magnus: ¡Genial! Cuando [14]_____ *(querer, tú)*, llamo a Birgit; seguro que no tiene inconveniente en dejarnos su local para la fiesta, como lo hizo la última vez. ¿Te acuerdas?

Enrico: ¡Estupendo! Te ocupas tú del local. ¿Cuándo la [15]_____ *(poder, tú)* llamar?

Magnus: En cuanto [16]_____ *(acabar, yo)* la última clase de hoy, la llamo y te digo algo.

Enrico: Pues quedamos así. Entonces, ¡hasta luego!

Magnus: ¡Vale! ¡Adiós!

Completa los diálogos con las siguientes expresiones temporales.

> pronto   dentro de dos semanas   mañana   el año que viene
> el próximo fin de semana   pasado mañana   cuando tenga   si puedo   nunca

1. ◆ ¿Cuándo vendrás a visitarme a Edimburgo?
   ▼ [1]_____ un fin de semana libre, te
   prometo que iré a visitarte.

2. ◆ ¿Nos ayudarás a pintar el piso que hemos alquilado?
   ▼ [2]_____, os ayudaré, pero no creo que
   pueda, porque últimamente estoy muy atareado.

3. ◆ [3]_____ iremos a ver una obra de teatro.
   ¿Querrás venir con nosotros?
   ▼ Si quedan entradas, sí.

4. ◆ ¿Ya ha vuelto Juan de Estados Unidos?
   ▼ Sí, creo que ya ha vuelto, así que [4]_____
   tendrás noticias suyas.

5. ◆ ¿A dónde irás estas vacaciones?
   ▼ Creo que este año no voy a tener vacaciones, pero
   [5]_____ me gustaría ir a Formentera.

6. ◆ ¿Podrás acompañarme al médico [6]_____?
   ▼ Lo siento, pero no puedo, porque trabajo.

7. ◆ ¿Cuándo es el concierto de Bruce Springsteen?
   ▼ [7]_____ .

8. ◆ ¿Cuándo crees que podrás hablar en español
   correctamente?
   ▼ [8]_____ .
   ◆ ¡Qué pesimista eres!

9. ◆ ¿Qué vas a hacer [9]_____ ?
   ▼ No tengo ni idea.

A continuación, tienes fragmentos procedentes de diferentes textos. Complétalos
con el conector causal más adecuado.

1. [1] **Porque / Dado que / Por** la evolución es un proceso de una escala muy superior a la humana, nadie puede en realidad experimentar con ella y afirmar que ha observado cómo se produce, por lo que la documentación fósil no ha dejado de ser nunca una referencia de primer orden. (J. L. Arsuaga, *El enigma de la esfinge*)

2. ArqueoWeb cumple, con la edición de diciembre de 2000, dos años en línea. Son dos años de trabajo e ilusión en los cuales creemos que hemos abierto un espacio alternativo para los investigadores de la Arqueología. El hecho de que una iniciativa editorial llevada a cabo exclusivamente por estudiantes haya podido consolidarse, sólo es posible [2] **porque / por culpa de / gracias a** Internet, una plataforma de edición que aporta ventajas tan importantes como la amplitud de divulgación y el bajo coste de edición. (*ArqueoWeb. Revista electrónica de Arqueología*)

3. El realizador Brad Anderson rueda en localizaciones muy próximas a la ciudad Condal *The Machinist*, un filme producido por la Fantástic Factory. La película está protagonizada por el británico Christian Bale (*American Psycho*), que da vida a Trevor, un joven que [3] **puesto que / gracias a / por** un insomnio atroz sufre constantes alucinaciones. (*Fotogramas*, nº 1921)

4. En EE. UU, cuando los jóvenes pasan de primaria a secundaria sufren una importante confusión; salen de un entorno de atención y cuidado y pierden interés por los estudios, y concentran sus esfuerzos en ser aceptados por el grupo social. Este paso resulta particularmente dramático en el caso de las niñas, [4] **como / ya que / gracias a que** tradicionalmente éstas necesitan relacionarse con más intimidad emocional. (C. Alborch, *Malas. Rivalidad y complicidad entre mujeres*)

5. Por más que disfrutase de mi vida hogareña con Friedrich, de mis amistades, del hermoso piso que había comprado y decorado y de mi trabajo, la tranquila privacidad de nuestras vidas se vio interrumpida. Al publicarse el *Tercer informe Hite*, se originó un caos que puso a prueba el carácter de Fred y el mío y acabó por obligarme a abandonar el país. En esencia, los medios de comunicación me sometieron a «juicio» [5] **porque / por culpa de / a causa de** mi feminismo. (*El Mundo*)

EJERCICIO 7

Puedes aprender un poco más sobre el ser humano si lees los siguientes textos, procedentes de obras de Psicología y Antropología. Para comprenderlos bien, tienes que relacionar cada fragmento de la primera columna con uno de la segunda, que sea su consecuencia, usando un conector consecutivo. Tienes que tener en cuenta la puntuación y el modo verbal.

a. El término «ansiedad» se refiere a un tipo de temor cuya causa es desconocida por el individuo. El temor se vincula a un peligro objetivo (real), y la ansiedad, a un peligro imaginario o irreal. El grado de realidad de la fuente de amenaza depende, en parte, del significado que la persona le atribuya;

[1]_____, especialmente en el caso de los niños, puede ser necesaria una terapia conductual.

b. El tratamiento del síndrome de Tourette se aborda de forma multidisciplinaria. Por ser un trastorno complejo, requiere de un enfoque integral, desde la medicina, la farmacología, y desde la información a la familia, a los maestros y a los compañeros del paciente, sobre su situación. Aunque hoy existen medicamentos para combatir el problema, se ha visto que el alivio que producen es transitorio y que tienen efectos colaterales.

[2]_____ los amantes podían mirarse cara a cara durante el acto sexual. Aquello marcó, y sigue marcando, una de las grandes diferencias con todos los animales, ya que somos los únicos entre todos los seres vivos de la Tierra que podemos hacer el amor en todas las posturas.

c. El estrechamiento de la cadera trajo consigo otra notable innovación: el vientre de las mujeres se adelantó y la posición de su vagina también,

[3]_____, no son sencillamente ilógicas. Las supersticiones, mitos, creencias, prejuicios que nos mueven tienen todos alguna explicación.

d. Las acciones no lógicas responden a un estado de ánimo y creencias cuyo origen es psicológica o sociológicamente comprensible:

[4]_____ algunos autores consideren redundante la diferencia entre temor y ansiedad.

EJERCICIO 8

Relaciona los enunciados de cada bloque de modo que conformen un párrafo coherente. Usa los conectores causales y consecutivos que consideres necesarios.

1
• La evolución es un proceso de una escala muy superior a la humana.
• Nadie puede en realidad experimentar con ella y afirmar que ha observado cómo se produce.
• Es necesario recurrir a evidencias fósiles para estudiar la evolución.

Adaptado de J. L. Arsuaga, *El enigma de la esfinge*

2
• La directiva comunitaria no regula los juegos de azar en Internet.
• Los estados de la UE no tienen la obligación de legislar sobre ellos.
• En España se han producido muchas irregularidades con este tipo de juegos.
• España ha incluido los juegos de azar en su «Ley de comercio electrónico».

Adaptado de C. Sánchez, *La ley de Internet*

Lee el texto *Metáforas de la vida cotidiana* y señala si los enunciados que hay a continuación son verdaderos (V) o falsos (F).

Metáforas de la vida cotidiana

Por muy poco atraídos que nos sintamos por la poesía, todos llevamos un poeta dentro de nosotros. El pensamiento figurado es un hecho real que impregna nuestra vida cotidiana. Basta con detenerse un momento a escuchar a la gente:

(1) **a**. Aquel individuo era *una rata* repugnante.

　　b. Eso te va a costar *un ojo de la cara*.

　　c. Pásame *el agua*, por favor.

Oraciones como éstas se oyen todos los días; por tanto, se consideran poco dignas de atención. Sin embargo, cada una de ellas contiene expresiones no literales. Por ejemplo, parece claro que el individuo de (1a) no es un sucio animal de alcantarilla y parece muy poco probable —y muy poco aconsejable— que una compra se realice a cambio de una parte del cuerpo (1b). Y el enunciado más inocente de todos, de (1c), ciertamente no puede interpretarse de forma literal —es decir, como una petición del líquido sin la jarra que lo contiene—, a no ser que al receptor no le importe mojarse.

Uno de los mitos existentes sobre la metáfora es que es propia únicamente de los registros formales, de la escritura, y sobre todo de la poesía y de algunos géneros narrativos. En una obra ya clásica, Lakoff y Johnson (1980) refutan esta creencia tradicional. Apoyándose en centenares de ejemplos, estos autores demuestran de manera convincente que la metáfora está al orden del día también en el lenguaje cotidiano y que afirmar lo contrario carece de fundamento.

A partir de esta monografía, la metáfora adquiere un rango especial dentro de la lingüística cognitiva. No se contempla como una mera figura retórica, ni tampoco como una anomalía lingüística; al contrario, se entiende como un proceso cognitivo que impregna nuestro lenguaje y pensamiento habitual. La conclusión a la que se llega es que la base de la metáfora radica en nuestro sistema conceptual: constituye un mecanismo para comprender y expresar situaciones complejas sirviéndose de conceptos más básicos y conocidos. Así, a menudo conceptualizamos el TIEMPO en términos de ESPACIO (2a), las DIFICULTADES en términos de OBSTÁCULOS (2b) y los DESEOS en términos de SED (2c):

(2) **a**. El paquete estará allí *dentro* de dos semanas.

　　b. El *obstáculo* más grande que veo es conseguir que los votantes nos crean.

　　c. Tenía *sed* de venganza.

De este modo, sacamos partido de aquellos dominios que están bien delimitados en nuestra experiencia cotidiana y los utilizamos para entender otros dominios que resultan ser menos accesibles para nuestra comprensión.

(M. Josep CUENCA y Joseph HILFERTY (1999): *Introducción a la lingüística cognitiva*, texto adaptado)

1. El enunciado «Aquel individuo era *una rata* repugnante» significa que la persona de la que se habla tenía mucho pelo y vivía en las alcantarillas. ☐ V ☐ F

2. El enunciado «Eso te va a costar *un ojo de la cara*» se usa para indicar que algo cuesta una suma importante de dinero. ☐ V ☐ F

3. El ejemplo «Pásame el agua, por favor» no es una expresión literal, porque los hablantes no la usan para pedir agua. ☐ V ☐ F

4. Los seres humanos usamos metáforas en nuestras conversaciones de forma inconsciente. ☐ V ☐ F

5. Las metáforas no son figuras retóricas. ☐ V ☐ F

6. Los seres humanos emplean las metáforas para entender conceptos abstractos en términos de otros conceptos más cotidianos. ☐ V ☐ F

7. La expresión «El paquete estará allí *dentro* de dos semanas» usa un elemento temporal para hablar del espacio. ☐ V ☐ F

EJERCICIO 2

A continuación hay una serie de enunciados que contienen expresiones metafóricas (marcadas en cursiva). Relaciónalas con una expresión equivalente.

Expresión metafórica		Expresión no metafórica
¿Qué tal vas? / *Tirando*.	**a**	**1** Cuesta entenderlo.
Acabó *rendido* a sus encantos.	**b**	**2** Es un seductor.
Antonio es un *conquistador* nato.	**c**	**3** Expresó su opinión de forma convincente.
Defendió sus argumentos brillantemente.	**d**	**4** Ha muerto.
Ese libro se hace *difícil de digerir*.	**e**	**5** Haces cosas que van contra las normas sociales.
Ese tío es *un cerdo*.	**f**	**6** Ni bien ni mal... No me puedo quejar.
Está *pasando* por un mal momento.	**g**	**7** No te creo.
Estás como *una cabra*.	**h**	**8** Se enamoró.
Ha pasado a mejor vida.	**i**	**9** Su comportamiento no es noble.
No me *trago* lo que estás diciendo.	**j**	**10** Vive momentos difíciles.

EJERCICIO 3

En la columna de la izquierda tienes algunas expresiones que hacen referencia a la acción de hablar. Relaciónalas con sus explicaciones (columna derecha).

No tener pelos en la lengua.	**a**	**1** No guardar un secreto.
Decir algo a la cara.	**b**	**2** Hablar claro.
Hablar en voz alta.	**c**	**3** Hablar de modo que algunos no puedan escuchar lo que uno dice.
Hablar en voz baja.	**d**	**4** Hablar mucho.
Irse de la lengua.	**e**	**5** Decir algo a la persona directamente interesada.
Tener mucha labia.	**f**	**6** No hablar directamente de lo importante.
Hablar en cristiano.	**g**	**7** Ser hábil hablando.
Irse por las ramas.	**h**	**8** Decir claramente lo que uno piensa.
No decir ni pío / ni mu.	**i**	**9** Hablar de modo que se escuche claramente lo que uno dice.
Hablar por los codos.	**j**	**10** Quedarse callado.

EJERCICIO 4

Selecciona la expresión adecuada al contexto.

1. Le presté 100 euros a Marc la semana pasada. Le he preguntado que cuándo me los podría devolver, pero él _____ .
   a. no tiene pelos en la lengua.
   b. habla en voz baja.
   c. se va por las ramas.

2. Yo pensaba que él expondría sus quejas en la reunión, pero _____ en todo el rato.
   a. habló en voz baja.
   b. no dijo ni pío.
   c. no se fue de la lengua.

3. Si tienes algún problema conmigo, _____ en vez de ir por ahí comentándolo con los demás.
   a. dímelo a la cara.
   b. habla en voz alta.
   c. habla en cristiano.

4. Es muy simpático, pero _____ y a veces ofende sin querer.
   a. habla por los codos.
   b. tiene mucha labia.
   c. no tiene pelos en la lengua.

5. No podemos _____ en un hospital: podríamos molestar a los enfermos.
   a. irnos por las ramas.
   b. irnos de la lengua.
   c. hablar en voz alta.

6. _____ : en cuanto empieza a hablar, todos le escuchan y enseguida los ha convencido de que su idea es la mejor.
   a. Tiene mucha labia.
   b. Habla en cristiano.
   c. Habla por los codos.

EJERCICIO 5

El verbo *cambiar* se puede usar en muchos contextos. Sustitúyelo por un verbo de significado más preciso en los siguientes enunciados. Puedes usar los verbos que se ofrecen.

> alterar   aplazar   corregir   evolucionar   intercambiar   mejorar   modificar   reforma   sustituir

1. Mi vecina y yo **cambiábamos** _____ cromos.
2. **Cambiaremos** _____ la fecha de la reunión para dentro de dos semanas, porque si no, no tendremos el informe.
3. La dirección del centro **cambió** _____ al profesor de inglés por un profesor nativo.
4. Espero que **cambie** _____ el tiempo y que deje de llover de una vez por todas.
5. Las drogas **cambian** _____ la conducta de quienes las consumen.
6. Estas vacaciones **cambiaremos** _____ la cocina, ya está muy vieja.
7. Revisa el texto y **cambia** _____ lo que te he marcado en rojo, porque son errores.
8. En los últimos años, creo que he **cambiado** _____ mucho: ahora me siento una persona mucho más equilibrada.
9. Tras la reunión, decidimos **cambiar** _____ nuestra propuesta para hacerla más viable.

EJERCICIO 6

Relaciona las condiciones de la primera columna con las consecuencias de la segunda y elige la forma verbal adecuada (presente de indicativo o subjuntivo, futuro o imperativo). En ocasiones, más de una combinación es posible.

Si bebes, **a**

Si usted no tiene su billete, **b**

Si me necesitas, **c**

Si tú me dices ven, **d**

Si reúnes cinco vales de compra, **e**

Si desea ser atendido en catalán, **f**

Si es menor de quince años, **g**

Si su número termina en cero, **h**

Si no queda satisfecho, **i**

Si desea más información, **j**

1 (deber) _____ estar acompañado por un adulto.

2 le (devolver) _____ su dinero.

3 (silbarme) _____ .

4 (llamar) _____ al 010.

5 no (conducir) _____ .

6 (pulsar) _____ 2.

7 (poder) _____ entrar en un sorteo.

8 (ser) _____ multado.

9 lo (dejar) _____ todo.

10 (ganar) _____ 50 euros.

EJERCICIO 7

Completa la segunda parte de la estructura condicional con uno de los siguientes verbos en la forma adecuada: situación muy probable (futuro, presente, imperativo) o situación poco probable (condicional).

> devolver   ir   llevar   ponerse   quedarse

1. ◆ ¿Me dejas el coche?
   ▼ Si te lo dejara, ¿me lo _____ limpio mañana por la tarde?
2. ◆ Vente a mi fiesta.
   ▼ Si voy a tu fiesta, _____ la cámara de vídeo.
3. ◆ Quédate un rato más conmigo.
   ▼ Si me quedo un rato más, _____ a cenar.
4. ◆ A lo mejor me llaman de la nueva empresa para otra entrevista de trabajo.
   ▼ Pues si te llaman, _____ corbata.
5. ◆ Me gustaría vivir una temporada en Londres.
   ▼ Si vivieras en Londres, _____ siempre con un paraguas.

EJERCICIO 8

Jim es un poco desastre. Durante su estancia Erasmus ha tenido muchos problemas. ¿Cómo los habría podido evitar? Formula alternativas siguiendo el modelo.

0. Mi primera noche en España me emborraché y perdí el pasaporte.
Si no se hubiera emborrachado, no habría perdido el pasaporte.

1. Me dejé las llaves dentro de casa y tuve que llamar a un cerrajero, que me cobró 200 euros.

2. No he podido enviar mensajes a mis amigos de Escocia porque perdí el móvil con la agenda.

3. Me dormí con la estufa encendida y se me quemó el edredón.

4. Perdí la memoria USB con mi trabajo final de Psicología Social y me suspendieron.

5. Me dormí el día del examen de Psicopatología y no me pude presentar.

6. Me han abierto el coche porque me he olvidado de conectar la alarma.

7. Llegaba tarde al aeropuerto. Con las prisas, me dejé los regalos para mi familia en el mostrador de facturación.

8. Perdí el billete del tren y el revisor me puso una multa.

EJERCICIO 9

Desde que Rubén se fue de casa, su madre le llama casi todas las noches. Completa estos fragmentos de sus conversaciones con la forma adecuada (condicional simple, condicional compuesto o pluscuamperfecto de subjuntivo) de los verbos que se ofrecen.

> dar   estar (3)   ir   irse   ponerse   salir   tener (3)

1. ◆ Me ha ido muy mal el examen. Creo que lo he suspendido.
▼ Si es que no puede ser... Si ayer no _____ de marcha hasta las tantas con tu amigos, te _____ mejor el examen.

2. ◆ Estoy bastante «depre» porque me he peleado con mi novio.
▼ ¡Ay, hijo mío! Si la semana pasada _____ más paciencia, ahora no _____ «depre».

3. ◆ Con este sueldo me cuesta llegar a fin de mes.
▼ Si no te _____ de casa tan pronto, ahora no _____ problemas de dinero.

4. ◆ Al final no me dieron ese trabajo.
▼ Claro, es normal. Si te _____ un traje, como yo te dije, seguro que te lo _____. Pero como siempre tienes que hacer lo que tú quieres...

5. ◆ He pillado una insolación.
▼ No me extraña. Si no _____ diez horas bajo el sol, ahora no _____ tan quemado y no _____ cuarenta grados de fiebre.

EJERCICIO 10

Ordena estos verbos en la tabla, en función de los pronombres que los acompañan. En ocasiones, hay más de una posibilidad.

acostar   coger   comer   construir   contar   despertar   dormir   duchar   enviar   escribir   escuchar
explicar   odiar   oír   preparar   querer   quitar   regalar   robar   romper   sentar   vestir

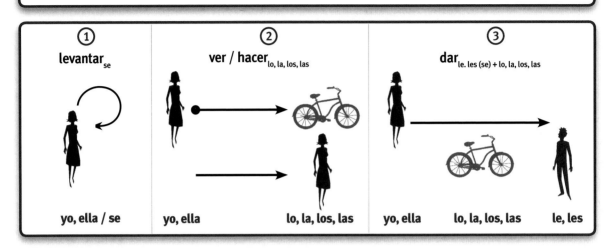

EJERCICIO 11

Describe lo que pasa en cada viñeta. Puedes usar el mismo verbo para cada tira, pero con distintos pronombres.

EJERCICIO 12

Completa los siguientes textos que hablan de lingüística con el conector aditivo más adecuado en cada caso. En ocasiones, más de una opción es posible.

1. Todas las unidades fraseológicas recopiladas en este diccionario proceden del español moderno hablado en la Península y no incluyen variedades dialectales. Metáforas felices, hallazgos sintácticos, tropos y elipsis se suceden con su innegable fuerza expresiva. En sus páginas reencontramos expresiones que nos son familiares en el uso o en el recuerdo, no siempre bien entendidas o empleadas, pero vigentes en el repertorio del lenguaje popular. _____ expresiones modernas, de dudosa continuidad («por un tubo», «patinarle las neuronas», «de mogollón») aparecen recopiladas como testimonio del carácter vivo de la lengua y del genio ancestral de la comunidad hablante.

2. El léxico de una lengua constituye el inventario de una cultura. Así, por ejemplo, muchos de los indígenas americanos poseen en sus lenguas vocablos que no tienen correspondencia en español, tales como los que designan especies vegetales propias y exclusivas de las regiones en que viven. Y si esos mismos indígenas son bilingües, y en un elevado porcentaje hoy lo son, encuentran _____ en el léxico del español palabras para referirse a objetos que antes eran desconocidos en el Nuevo Mundo.

_____, las lenguas vernáculas del Nuevo Mundo han enriquecido el léxico del español. Entre los muchos vocablos indígenas, hoy de uso universal entre los hispanoparlantes, se hallan: *puma, jaguar, coca, caimán, canoa, tiburón, hamaca, cacique, barbacoa, maíz, caoba, huracán, papas* o *patatas, cacao, chocolate, tomate, tiza, chicle, papaya, aguacate, tequila, petaca* y centenares más. _____, el estudio de la gran variedad de rasgos y elementos propios de estas lenguas ha contribuido al enriquecimiento de la lingüística universal.

3. Es evidente la distinción entre la lengua escrita y la hablada. Nadie discute la mayor tolerancia con que se admiten las incorrecciones de la lengua hablada. _____, algunas nos avisan de cómo irá evolucionando la lengua escrita.

EJERCICIO 1

Lee el texto *Informarse cuesta* y responde después a las preguntas.

Informarse cuesta

La prensa escrita está en **crisis**. A un considerable descenso de difusión se añade una grave pérdida de identidad y de personalidad. Las causas profundas de esta crisis hay que buscarlas en la **mutación** que han experimentado, en los últimos años, algunos conceptos básicos del periodismo. En primer lugar, la misma idea de la información. Hasta hace poco, informar era proporcionar no sólo la descripción precisa –y verificada– de un hecho, un acontecimiento, sino también un conjunto de parámetros contextuales que permitieran al lector comprender su significado profundo. Era principalmente responder a cuestiones básicas: ¿quién ha hecho qué?, ¿con qué medios?, ¿dónde?, ¿por qué?, ¿cuáles son las consecuencias? Todo esto ha cambiado por completo bajo la era de la televisión que, al ocupar en la jerarquía de los medios un lugar dominante, está expandiendo su modelo al resto. El telediario especialmente, **gracias a** su ideología del directo y el tiempo real, ha ido imponiendo, poco a poco, un concepto radicalmente distinto de la información. Informar es, ahora, «enseñar la historia en marcha» o, en otras palabras, hacer asistir, si es posible en directo, al acontecimiento. De hecho, esto supone que la imagen del acontecimiento (o su descripción) es suficiente para darle todo su significado. Llevando esta situación al límite, en este *cara a cara telespectador-historia*, sobra hasta el propio periodista. El objetivo **prioritario**, para el telespectador, es su satisfacción; no tanto comprender la importancia de un acontecimiento como verlo con sus propios ojos. Y así se establece, poco a poco, la engañosa ilusión de que ver es comprender y de que cualquier acontecimiento, por abstracto que sea, debe **imperativamente** tener una parte visible, mostrable, televisable. Por ejemplo, todo un entramado de acuerdos entre dos países se reduce al apretón de manos de sus dirigentes.

Hay otro concepto que también ha cambiado: el de la actualidad. ¿Qué es hoy la actualidad?, ¿qué acontecimientos hay que destacar en el *mare magnum* de hechos que ocurren en el mundo?, ¿en función de

qué criterios hay que hacer la elección? También aquí es determinante la influencia de la televisión, pues es ella, con el impacto de sus imágenes, la que impone la elección y obliga *nolens volens* a la prensa escrita a seguirla. La televisión construye la actualidad, provoca el **choque** emocional y condena prácticamente al silencio y a la indiferencia a los hechos que carecen de imágenes. Esto es, por decirlo de otra forma, que un acontecimiento que se puede enseñar (si es posible, en directo, y en tiempo real) es más fuerte, más interesante, más importante, que el que permanece invisible y cuya importancia es abstracta. Es decir que, en el nuevo orden de los medios, las palabras o los textos no valen lo que las imágenes.

Asimismo, ha cambiado el tiempo de la información. La optimización de los medios es, ahora, la instantaneidad, el tiempo real, el directo que sólo pueden ofrecer la televisión y la radio. Esto hace vieja a la prensa diaria, forzosamente retrasada en los acontecimientos. La prensa escrita acepta la **imposición** de tener que dirigirse no a los ciudadanos, sino a los telespectadores.

Por último, un cuarto elemento fundamental, que se ha modificado: el de la veracidad de la información. Hoy, un hecho es verdadero no porque corresponda a criterios objetivos, rigurosos y verificados en las fuentes, sino simplemente porque otros medios repiten las mismas afirmaciones y las «confirman». Si la televisión, a partir de una noticia o una imagen de agencia, emite una información y la prensa escrita y la radio la retoman, ello es suficiente para acreditarla como verdadera. Pero los medios no saben distinguir, estructuralmente, lo verdadero de lo falso. Los medios y los periodistas se repiten, se imitan, se contestan y se mezclan, hasta el punto de no constituir más que un único sistema de información, en cuyo seno es cada vez más arduo distinguir las especificaciones de tal o cual medio tomados por separado. En definitiva, información y comunicación tienden a confundirse. Dema-siados periodistas siguen creyendo que son los únicos que producen información, cuando toda la sociedad se ha puesto **frenéticamente** a hacer lo mismo. No existe prácticamente ninguna institución (administrativa, social, económica, cultural, etc.) que no se haya dotado de un servicio de comunicación que emita información sobre ella misma y sus actividades.

A todas estas deformaciones hay que añadir un **malentendido** fundamental. Muchos ciudadanos estiman que, confortablemente instalados en el sofá de su salón, mirando en la pequeña pantalla una sensacional cascada de imágenes, pueden informarse con seriedad. Esto constituye un grave error por tres razones: la primera, porque en realidad el periodismo televisivo, estructurado como una ficción, no está concebido para informar, sino para distraer; en segundo lugar, porque la sucesión rápida de noticias fragmentadas produce un doble efecto negativo de *sobreinformación* y desinformación y, finalmente, porque querer informarse sin esfuerzo es una ilusión más acorde con el mito publicitario que con la movilización cívica. Informarse cansa y es a este precio como el ciudadano **adquiere** el derecho a participar inteligentemente en la vida democrática.

Texto adaptado de Ignacio Ramonet,
en *Los 100 editoriales de Le Monde Diplomatique*,
edición española

A partir de la lectura del texto anterior, escoge la respuesta adecuada.

1. El periodismo ha sufrido una serie de cambio desde sus inicios.
   a. ☐ Verdadero.
   b. ☐ Falso.

2. Antes, informar era...
   a. ☐ describir un suceso.
   b. ☐ describir con la finalidad de poder interpretar el suceso en su sentido literal.
   c. ☐ describir con la finalidad de poder interpretar el suceso más allá de su sentido literal.

3. El género del telediario es el responsable del cambio en el concepto de la información.
   a. ☐ Verdadero.
   b. ☐ Falso.

4. El medio de más inmediata comunicación es...
   a. ☐ la radio.
   b. ☐ la televisión.
   c. ☐ la prensa escrita diaria.
   d. ☐ la radio y la televisión.

5. La información en los tiempos actuales es...
   a. ☐ rigurosa, veraz y objetiva.
   b. ☐ original.
   c. ☐ una copia de copias.

6. La información y la comunicación tienden a igualarse.
   a. ☐ Verdadero.
   b. ☐ Falso.

EJERCICIO 2

Relaciona las siguientes definiciones con alguna de las palabras en negrita en el texto anterior.

1. Por causa de algo que produce un bien o evita un mal: _____
2. Coger, lograr o conseguir: _____
3. Exigencia desmedida que se obliga a realizar: _____
4. Situación caracterizada por un cambio importante en el desarrollo de un proceso: _____
5. Mala interpretación o entendimiento erróneo de algo: _____
6. Por obligación: _____
7. Oposición de varios elementos o desacuerdo entre ellos: _____
8. Alteración: _____
9. Lo que es principal o primero: _____
10. Cuando algo se realiza a lo loco, con prisa: _____

EJERCICIO 3

¿En qué sección del periódico esperarías encontrar las siguientes palabras? Marca con una cruz.

	Política	Deportes	Economía	Cultura	Sociedad	Gente y TV
asesinado						
banca						
concurso						
detenido						
editorial						
eliminado						
entrenador						
equipo						
estreno						
exposición						
impuestos						
juez						
ley						
ministerio						
precio						
presentador						
telediario						
trasplante						

EJERCICIO 4

Completa los siguientes titulares de prensa con algunas de las palabras del ejercicio anterior.

1. _____ un joven por agredir a un perro.
2. El alto _____ de los alimentos fuerza una crisis política en Haití.
3. El Barça derrota al Kiev, pero queda _____ en las semifinales.
4. El _____ nacional de China multa a los presentadores que pronuncien mal.
5. _____ mundial de la última película de Indiana Jones en Cannes.
6. Un juez francés aplica la _____ que da derecho a exigir vivienda.

EJERCICIO 5

El verbo *decir* se puede usar en muchos contextos. Sustitúyelo por un verbo de significado más preciso en los siguientes enunciados. Puedes usar los verbos que se ofrecen.

> implorar   recomendar   contar   indicar   pedir   prohibir   informar   acertar   opinar   avisar

1. A la vista de nuestras necesidades, el vendedor nos **dijo** _____ que eligiéramos el modelo más económico.
2. Cuando vayas a salir, **dímelo** _____ , para que vigile la puerta.
3. De rodillas y con lágrimas en los ojos, le **dijo** _____ que le dejara en paz de una vez.
4. **Dime** _____ cómo te fue la entrevista del lunes.
5. El director **dijo** _____ que nadie saliera al patio hasta las tres.
6. El periódico **dirá** _____ mañana lo que ha pasado en la rueda de prensa.
7. La señal de tráfico **decía** _____ que no se podía girar a la derecha.
8. Llamamos por teléfono y **dijimos** _____ que nos trajeran una cuatro estaciones grande y varias bebidas.
9. No sé cómo lo hizo, pero **dijo** _____ los seis números del sorteo de ayer.
10. Tú puedes pensar lo que quieras, pero yo **digo** _____ que hay que venderlo todo.

Completa los enunciados con el presente o imperfecto de subjuntivo de los siguientes verbos.

> cantar   consultar   hacer   poner   provocar   tomar   ver   volver

1. Pepe Banderas desea que su mujer no _____ a tomar drogas.
2. La familia Jackson le pidió a La Toya que no _____ tantos escándalos.
3. Arnold Schwarzenegger recomienda que todo el mundo _____ gimnasia.
4. Mis padres me prohibían que _____ películas para mayores.
5. La semana pasada les pedimos a nuestros profesores que no nos _____ tantas tareas.
6. Exigimos que no se _____ el himno nacional en los combates de boxeo.
7. Es importante que, antes de tomar esa decisión, _____ a un psicólogo.
8. El médico me insistió en que _____ estas pastillas todos los días.

EJERCICIO 7

Cuando repetimos un mensaje, cuando le contamos a otro lo que nos han dicho, lo que hemos oído, etc., no siempre repetimos literalmente las palabras originales. Normalmente ofrecemos una interpretación. Relaciona lo que dice Hansel (columna izquierda) con lo que Thomas le cuenta a su amiga Lucía (columna derecha).

HANSEL DICE...

a. ¡Hola, guapo!, ¡cuánto tiempo...!
b. Déjelos en mi despacho, sobre la mesa, por favor.
c. ¿Vamos al cine?, ¿qué os parece?
d. Lo siento mucho, de verdad, no sabía que era tuyo, si no, no me lo habría puesto.
e. Yo que tú, lo dejaría, es un imbécil.
f. Como vuelvas a engañarme, lo dejamos, y esta vez para siempre.
g. Si sigues comiendo tanto te vas a poner como una vaca.
h. Pues no, para nada, no creo que tenga un buen argumento y, además, los actores son malísimos.
i. No es justo, siempre me toca a mí recoger.

THOMAS DE CUENTA A LUCÍA QUE...

__ 1. Hansel se queja de que siempre le toca recoger.
__ 2. Hansel pide a su secretaria que deje los informes en su despacho.
__ 3. Hansel disiente de / no está de acuerdo con Patricia sobre la película que han visto.
__ 4. Hansel se disculpa por haberse puesto el vestido de Patricia.
__ 5. Hansel amenaza a su novio con terminar la relación.
__ 6. Hansel saluda a Hans.
__ 7. Hansel propone ir al cine.
__ 8. Hansel recomienda a Patricia que deje a su novio.
__ 9. Hansel advierte a Peter de que no coma tanto.

EJERCICIO 8

¿Me lo dices o me lo pides...? El verbo *decir* tiene un significado muy general, puede introducir información, pero también órdenes. El único indicador para distinguir las dos funciones es el modo verbal. ¿En cuál de los dos casos era una orden?

	☛ Orden	❶ Información
a. ¿Fregar los platos? Dijo que lo harías tú.		
b. ¿Fregar los platos? Dijo que lo hicieras tú.		
c. Cuidar niños es un rollo, pero dice que tengas un poquito de paciencia.		
d. Cuidar niños es un rollo, pero dice que tú tienes mucha paciencia...		
e. Me dijo que vendrías a las nueve.		
f. Me dijo que vinieras a las nueve.		
g. Mi profesor me dijo que estuviera preparado para el examen final.		
h. Mi profesor me dijo que estaba preparado para el examen final.		

EJERCICIO 9

Hola, María, mira, no sé cómo ha sido, pero he estado trasteando con el contestador y me parece que lo he mezclado todo y que hay trozos que no se oyen bien. Además... si pasas la cinta, oirás los mensajes de hoy, la verdad es que no se entiende nada... ¡lo siento! Pero puedo explicarte lo que decían, y si vuelves a oír la cinta podrás reconstruirlo, seguro:

a. Ha llamado tu abuela, que tu madre no la llama nunca, y tú tampoco, y que si molesta, pues que prefiere morirse, muy trágica, llámala, ¿vale?

b. Han llamado del médico, que tienes los resultados de los análisis, que los pases a recoger, creo. Oye, pero, ¿estás enferma?

c. Ha llamado tu hermano, que le habías preguntado algo de una hipoteca y un lío de intereses y no sé qué.

d. Te ha llamado tu compañera de oficina, ¿Lucía, se llama? que si os vais juntas de puente o si ha cambiado algo después del sábado, pero, ¿qué pasó el sábado?

e. Ha llamado tu novio, que lo llames que no sé qué pasa con el piso que estabais mirando.

f. Te han llamado del curro, algo del día que pediste de vacaciones, que si no puede ser otro día, porque ese les va muy mal.

g. Ha llamado un chico, que dice no sé qué del sábado y de que no puede olvidarte, ¿qué pasó el sábado?

........piiiiiiii... *clic*

1. ....nena, hay que ver cómo eres, no me llamas nunca... contigo tampoco hay manera...... Desde luego................ no me digas que no tienes tiempo... pronto..... *clic*

2. .....cariño... anoche.... te llamaré... me encantas... hasta muy pronto.... *clic*

3. ....cielo....llámame....el piso..subido..besos... *clic*

4. ....llame a personal..... imposible...día de vacaciones *clic*

5. ....todavía o ya no.....vacaciones... prefieres pasarlo con él... *clic*

6. ....cuando quiera, puede pasar........ ....análisis... felicidades.... *clic*

7. ....María.....pisos....subida de los tipos de interés.... clic

piiiiiiiiiiiiiiiiiiiiiiiiiiiiiiiiii

10 Otras actividades

EJERCICIO 1

¿A qué nos referimos en español con los siguientes términos? Hay que tener en cuenta que algunos de ellos pueden usarse para designar a diferentes grupos de personas.

Extranjero **a**
Inmigrante **b**
Guiri **c**
Gallego **d**
Polaco **e**

1 Un turista de otro país.
2 Natural de Cataluña.
3 Natural de Galicia.
4 Alguien nacido en otro país.
5 Alguien que llega a otro país para establecerse.
6 Natural de Polonia.
7 Alguien nacido en España o de ascendencia española.

EJERCICIO 2

La escritora uruguaya afincada en Barcelona, Cristina Peri Rossi, publicó en el periódico *El Mundo* un artículo en el que abordaba la situación de las mujeres inmigrantes en España. Entre otras, la autora señalaba las siguientes ideas.

a. A pesar de que un buen número de las personas que llegan a España procedentes de otros países son mujeres, al imaginar el concepto «inmigrante» pensamos en un hombre.

b. La convivencia de personas de distinta procedencia es un hecho ya en las ciudades y los pueblos españoles.

c. Vivir en ciudades cuyos habitantes proceden de muy diversos países tiene su encanto; sin embargo, bajo esa realidad, suele haber graves problemas que merecen una reflexión.

d. En los espacios urbanos más cotidianos nos encontramos con personas que proceden de otros países.

e. La inmigración femenina sufre abusos que no sufren los inmigrantes hombres: hay que tenerlos en cuenta y tomar medidas.

Lee el texto y señala en qué párrafos se expresan las ideas anteriores.

No sólo inmigrante, también mujer

A las 12 de la noche entro en un Pans&Company de la plaza Francesc Macià de Barcelona a comprar uno de esos golosos bocadillos que todas las dietas prohíben y los médicos desaconsejan; quedan sólo dos empleadas que murmuran y ríen entre sí: sus <u>rasgos</u> son inconfundiblemente centroamericanos. Su humor, quizá, también. Guatemaltecas, salvadoreñas o cubanas. Un tímido catalán intenta iniciar una conversación con ellas: está solo, es verano, hace calor, posiblemente le gustaría esperarlas cuando cierren el local o tener una cita.

Los tres vecinos más ancianos del edificio donde vivo están atendidos diariamente por simpáticas ecuatorianas que los miman, conversan con ellos y los sacan a pasear. En la tienda donde compro la fruta, me despacha cada día una peruana ensimismada, cabizbaja, con un hilo de voz.

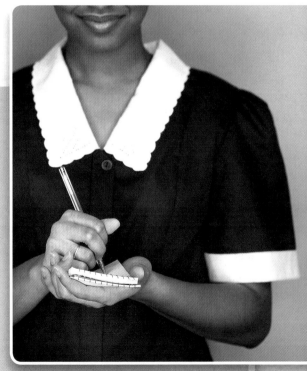

Barcelona se parece cada vez más a Nueva York: un viaje en metro puede convertirse en un <u>muestreo</u> de diversas nacionalidades, geografías, culturas, etnias. El fenómeno sobrepasa los límites de la ciudad y se extiende a los pueblos del Ampurdán o el Maresme, donde se encuentran familias de nigerianos, paquistaníes, magrebíes o marroquíes. El <u>mestizaje</u> —la convivencia— ha empezado, con algunos interesantes conflictos para analizar.

El universal *inmigrante*, por prejuicios mentales comunes a casi todas las culturas, suele ser pensado como hombre, pero la realidad es muy distinta, y España lo está demostrando: muchas mujeres del Tercer Mundo han emigrado solas, con el sueño de <u>mantener</u>, desde la distancia, a sus familias. Tenaces, constantes, madres, al fin, realizan un extraordinario esfuerzo en medio de una gran soledad, pero peor aún es cuando su situación es aprovechada por una sociedad de mercado que necesita mujeres baratas para servicios diversos, que van desde limpiar ventanas hasta desfogar testosterona acumulada.

Las <u>asociaciones</u> de inmigrantes tienen que reconocer la <u>discriminación</u> específica de las mujeres, peor pagadas, más <u>explotadas</u>, sea por las redes de tráfico de inmigrantes o por las de prostitución. El tema concierne a los gobiernos, al central y a los autonómicos: es necesaria la protección de las mujeres inmigrantes, es necesaria también su educación para que no sólo nos den su trabajo y su carne, sino que puedan ejercer los derechos que les corresponden.

Yo me siento muy cómoda cuando una simpática ecuatoriana me despacha un kilo de melocotones o una peruana saca a pasear al perro de mi vecino, pero más allá del <u>pintoresquismo</u> <u>cosmopolita</u> que asoma en la superficie de las grandes ciudades españolas, hay problemas <u>humanitarios</u> graves que resolver.

Cristina Peri Rossi, texto adaptado
de *El Mundo*, 29/08/03

EJERCICIO 3

En el texto se usan algunas expresiones útiles para hablar de la situación de los inmigrantes (columna izquierda). Relaciónalas con expresiones de significado equivalente (columna derecha).

rasgos **a**
pintoresquismo **b**
mantener (a la familia) **c**
explotadas **d**
humanitario **e**
muestreo **f**
asociación **g**
cosmopolita **h**
mestizaje **i**
discriminación **j**

1 de muchos países
2 selección representativa
3 facciones de la cara
4 mezcla de culturas
5 grupo de personas con un mismo fin
6 trato de inferioridad
7 referido al bien de los humanos
8 pagar los gastos
9 utilizadas
10 imagen plásticamente rica

EJERCICIO 4

A. En el texto se menciona a los habitantes de los países que tienes a continuación. ¿Qué palabras se usan?

a. **Guatemala:** *guatemaltecas.*
b. **El Salvador:** _____
c. **Cuba:** _____
d. **Nigeria:** _____
e. **Paquistán:** _____
f. **Marruecos:** _____
g. **Ecuador:** _____

B. Escribe ahora los nombres de los habitantes de los siguientes países (gentilicios).

a. **Estados Unidos:** _____
b. **Suecia:** _____
c. **Suiza:** _____
d. **Honduras:** _____
e. **Bolivia:** _____
f. **Senegal:** _____
g. **Austria:** _____
h. **Colombia:** _____
i. **Chile:** _____
j. **Uruguay:** _____

EJERCICIO 5

El verbo *tener* se emplea en múltiples contextos. Sustitúyelo o por un verbo más preciso entre los que se ofrecen a continuación.

> acarrear   conseguir   contener   detener   obtener
> padecer   poseer   recibir   sentir   vender

1. La película *El Bola* **tuvo** _____ varios premios Goya.
2. La charcutería de la esquina **tiene** _____ el jamón muy barato.
3. Esta caja **tiene** _____ dos docenas de bombones.
4. Su empresa **tiene** _____ beneficios cada vez mayores.
5. Si te esfuerzas lo suficiente, al final **tendrás** _____ lo que quieres.
6. Conducir borracho puede **tener** _____ consecuencias muy graves.
7. La policía ya **tiene** _____ al sospechoso del asesinato.
8. **Tiene** _____ varias mansiones y coches de lujo.
9. Yo nunca **tengo** _____ miedo.
10. **Tiene** _____ una enfermedad incurable.

EJERCICIO 6

Elige la continuación más adecuada para cada principio de frase.

1. Aunque es algo caro,
a) no me lo pienso comprar.
b) me lo compro igualmente.
c) lo podría robar.

2. Aunque no es una película interesante,
a) he quedado para ir a verla.
b) no he quedado para ir a verla.
c) no te la recomiendo.

3. Aunque se tiña el pelo,
a) no le quedará mal.
b) sigue pareciendo el de siempre.
c) no se le verán las canas.

4. Aunque se saltara todos los semáforos,
a) conseguiría llegar a tiempo.
b) conseguirá llegar a la hora, porque es muy rápido.
c) no conseguiría llegar a la hora: ya pasan tres minutos.

5. Aunque le encantan los embutidos,
a) no puede comerlos, porque el médico se lo ha prohibido.
b) puede comerlos, porque el médico se lo ha prohibido.
c) va a seguir comiéndolos por prescripción médica.

6. Aunque no sepa nadar,
a) no va a ir a la piscina con nosotros.
b) ha sido campeón de natación varias veces.
c) vendrá a la piscina a pasar el rato.

7. Aunque tuviera todo el oro del mundo,
a) te lo dejaría encantado.
b) no te prestaría ni un céntimo.
c) iría contigo hasta el fin del mundo.

8. Aunque no sabe nada de informática,
a) hace unos trabajos bastante apañados.
b) no podrá arreglar el ordenador.
c) no supo instalar el módem.

9. Aunque quisiera regalarme algo,
a) me lo regalará porque es como es.
b) el pobre está más pelado que una rata.
c) lo hará, porque le sobra el dinero.

10. Aunque me duela la cabeza,
a) tengo que acabar el trabajo hoy.
b) no pienso salir en toda la tarde.
c) estaría bien no salir esta noche.

EJERCICIO 7

Completa con la forma adecuada del indicativo o el subjuntivo de los verbos entre paréntesis.

1. ◆ Dicen que Mario se casa otra vez. ¿A ti te han dicho algo?

   ▼ ¿Ah, sí? Pues no, no me han dicho nada, pero aunque *(invitar, a mí)* _____, no pienso ir: hace tiempo que no nos hablamos.

2. No te puedo acompañar, de verdad, estoy muy ocupado. Además, aunque *(tener)* _____ todo el tiempo del mundo, no me apetece pasarme toda la tarde de tienda en tienda.

3. ◆ ¿Conoces a María? Es guapísima. Bueno, aunque también *(ser)* _____ muy inteligente.

   ▼ No, bueno, no personalmente. Pero, de todas formas, ¿qué importa que sea guapísima? Aunque no lo *(ser)* _____, si es inteligente, te basta. ¿No es tu compañera de proyecto?

4. Me han devuelto la instancia que envié al ayuntamiento, aunque no me *(decir)* _____ por qué.

5. ◆ Anda, va, déjame el CD ese que te acaban de regalar. ¿Qué te cuesta?

   ▼ Que no, y no seas pelma. Además, no es mío, es de mi hermano.

◆ Va, hombre, si no se tiene que enterar: te lo devuelvo mañana.

▼ Que no... Mira, aunque no *(poder)* _____ enterarse nunca, no me la jugaría. Que tú siempre acabas metiendo la pata.

6. Quería venir a toda costa, y al final lo hizo, aunque *(encontrarse)* _____ fatal. Pero no se hubiera perdido una fiesta como esa ni muerto.

7. Aunque no *(dar, a ella)* _____ la dirección correcta, Yolanda llegó sin problemas.

EJERCICIO 8

A continuación tienes algunos fragmentos de revistas especializadas en los que se expresa algún tipo de oposición. Léelos y selecciona el conector contraargumentativo más adecuado en cada caso.

1. **Aunque / A pesar de / Sin embargo** la variedad coloquial en sí misma no es mejor que la variedad culta, la sociedad les coloca diferentes valores. El estudiante es a menudo juzgado por la variedad de lengua que trae a la institución educativa como un marcador de su identidad social. (*Círculo de Lingüística Aplicada a la Comunicación*, n° 14).

2. **Aunque / A pesar de / Sin embargo** lo adecuado es que las empresas que producen más daños medioambientales se vean obligadas a informar de ello en las etiquetas de sus productos, por ahora lo único que hay son sistemas voluntarios de etiquetado ecológico más o menos fiables. (Revista *Natural*, nº 45).

3. La Guerra Civil es un trauma fundacional en mi caso: tenía una parte materna franquista y una parte paterna republicana. Nosotros nos identificamos con mi padre porque era un padre liberal y tolerante, al cual queríamos. Mi padre era el hombre débil, derrotado y comprensivo. Mi madre, **pero / en cambio / sino**, era la encarnación de la mujer autoritaria católica del franquismo. (Revista *Telos. Cuadernos de Comunicación, Tecnología y Sociedad*, nº 58).

4. Según Víctor Hugo, el hombre débil ama un solo rincón del mundo, **aunque / pero / mientras que** el hombre fuerte extiende su amor a todos los lugares de la tierra. (*Espéculo. Revista de estudios literarios*).

5. Si en una relación de intercambio se alcanza un acuerdo entre las partes, se produce una transacción. La transacción supone un intercambio de valores entre las partes. Con ella, **sin embargo / pero / en cambio**, no termina, por lo general, la relación entre las partes y puede intensificarse después de la primera compra. El comprador puede esperar del vendedor servicios de instalación, asesoramiento, mantenimiento, reparaciones, modificaciones, reemplazos, etc. La transacción supone, o puede suponer, el inicio de nuevas relaciones. (M. Santesmases, *Usted compra, yo vendo*).

A. Crea el sustantivo derivado de los verbos que se ofrecen.

1. **Acceder:** _____
2. **Invitar:** _____
3. **Defender:** _____
4. **Estudiar:** _____
5. **Preocuparse:** _____
6. **Conocer:** _____
7. **Invertir:** _____
8. **Cumplir:** _____
9. **Desarrollar:** _____
10. **Creer:** _____
11. **Ofrecer:** _____
12. **Concluir:** _____
13. **Discutir:** _____
14. **Llegar:** _____

B. Transforma los siguientes enunciados usando estructuras nominales.

1. Solamente podrán acceder al recinto aquellas personas que tengan acreditación.
   El acceso al recinto *quedará restringido a las personas que tengan acreditación.*

2. El siguiente paso es estudiar las condiciones adecuadas para poder desarrollar el proyecto con éxito.

3. Los sindicatos se han manifestado hoy en la plaza Mayor de la ciudad.

4. Es muy frecuente que lleguen pateras a las costas españolas.

5. Uno de los objetivos del programa Erasmus es que los estudiantes europeos conozcan otras lenguas de la Unión.

6. Las universidades españolas han celebrado que los gobiernos de la Unión hayan decidido poner en marcha el espacio europeo de educación superior (EEES).

A. A continuación, tienes un artículo de prensa en el que un investigador en neurociencia expone su opinión sobre la financiación de la ciencia. Complétalo eligiendo la opción correcta.

Altruismo, compromiso y ciencia

Carlos Belmonte

Existe, en la historia de Europa, una dilatada tradición de apoyo de las clases adineradas a artistas y científicos, en tiempos en los que, [1] **quienes / aquellos** poseían riquezas, apenas se [2] **sintieron / sentían** obligados [3] **a / de** compartirlas con los demás. Con el progreso social, los europeos de hoy consideran que [4] **corresponda / corresponde** al Estado encargarse, mediante los impuestos, de decidir el destino del dinero que los más ricos retornan a su comunidad. Las sociedades anglosajonas, [5] **aunque / puesto que** aceptan esta responsabilidad pública, prefieren que quien contribuya [6] **tenga / tiene** también cierta libertad para escoger [7] **hasta / hacia** dónde dirigir una porción, al menos, de ese retorno. De ahí que el mecenazgo [8] **forma / forme** parte de su cultura y esté protegido con deducciones de impuestos y otras ventajas fiscales, [9] **en cambio / mientras que** en la mayoría de los países europeos continentales la filantropía es casi anecdótica.

Sin duda, representa un importante avance social que el apoyo a la investigación no dependa ya [10] **en el / del** capricho o las preferencias de unos pocos y haya [11] **pasado / vuelto** a ser obligación de los poderes públicos. [12] **Por eso / No obstante**, resulta decepcionante que ello se vea acompañado, en Europa, [13] **por / para** un debilitamiento progresivo del compromiso de los más favorecidos hacia el avance científico, cuya limitación principal está, precisamente, en la disponibilidad de recursos públicos de investigación. Se dice, con razón, que los gobiernos deben facilitar con incentivos fiscales las iniciativas de mecenazgo. [14] **Mientras que / Pero** es también cierto que tal mecenazgo exige altruismo, compromiso personal y una concepción de la sociedad civil como suma de iniciativas individuales, cualidades [15] **poco / pocas** frecuentes [16] **de / entre** los líderes económicos y sociales en nuestra cultura. Esto resulta aún más evidente cuando se [17] **hable / habla** del apoyo a la investigación científica, una actividad con menos glamur y recompensas inmediatas [18] **de / que** otras empresas culturales. Para intentar cambiar este estado de opinión, quizá debamos hacer la reflexión de que el avance científico va a redefinir nuestros modos de vida. [19] **De / En** su progreso va a depender que las actuales generaciones puedan disfrutar [20] **con / de** los beneficios que la ciencia aporta.

Conjugación
Transcripciones
Claves

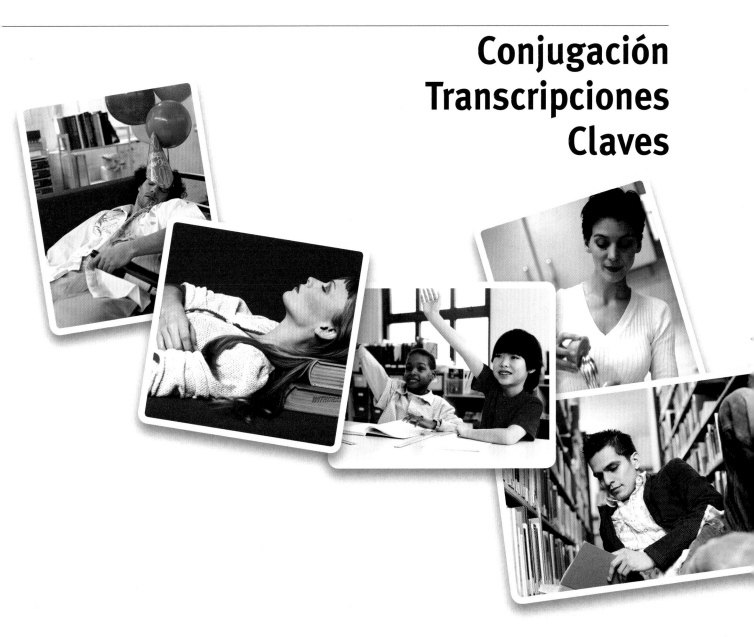

Conjugación

1. PRESENTE DE INDICATIVO

A. Formas regulares

[Personas]	-ar → hablAR	-er → comER	-ir → vivIR
yo	habl+**o**	com+**o**	viv+**o**
tú	habl+**as**	com+**es**	viv+**es**
él / ella / usted	habl+**a**	com+**e**	viv+**e**
nosotros/as	habl+**amos**	com+**emos**	viv+**imos**
vosotros/as	habl+**áis**	com+**éis**	viv+**ís**
ellos / ellas / ustedes	habl+**an**	com+**en**	viv+**en**

B. Formas irregulares (I): verbos con alteraciones vocálicas

-e- → -ie-		-o- → -ue-		-e- → -i-		-u- → -ue-
querer	**cerrar**	**poder**	**mover**	**reír**	**competir**	**jugar**
	comenzar		**dormir**		**pedir**	
qu**i**ero	**empezar**	p**ue**do	**soñar**	r**í**o	**reír**	j**ue**go
qu**i**eres	**entender**	p**ue**des	**acostar**	r**í**es	**repetir**	j**ue**gas
qu**i**ere	**pensar**	p**ue**de	(...)	r**í**e	**seguir**	j**ue**ga
queremos	**perder**	podemos		reímos	**sonreír**	jugamos
queréis	**preferir**	podéis		reís	(...)	jugáis
qu**i**eren	**querer**	p**ue**den		r**í**en		j**ue**gan
	sentar					
	sentir					
	(...)					

C. Formas irregulares (II): verbos con la primera persona irregular

-g-	-ecer, -ocer, -ucir → -zco	otros
Caer: cai**g**o, caes, cae...	**Conducir:** condu**zco**, conduces...	**Caber: quepo**, cabes, cabe...
Hacer: ha**g**o, haces, hace...	**Conocer:** cono**zco**, conoces...	**Dar: doy**, das, da...
Poner: pon**g**o, pones, pone...	**Parecer:** pare**zco**, pareces...	**Saber: sé**, sabes, sabe...
Salir: sal**g**o, sales, sale...	**Producir:** produ**zco**, produces...	
Traer: trai**g**o, traes, trae...	**Traducir:** tradu**zco**, traduces...	
Valer: val**g**o, vales, vale...		

D. Formas irregulares (III): verbos totalmente irregulares

ir	ser	haber
voy	soy	he
vas	eres	has
va	es	ha / hay
vamos	somos	hemos
vais	sois	habéis
van	son	han

Ejercicio 1 **Conjuga en presente de indicativo los siguientes verbos.**

1. despedirse, él: _____
2. esperar, tú: _____
3. mover, ustedes: _____
4. mentir, tú: _____
5. divertirse, vosotros: _____
6. poner, ella: _____
7. preferir, vosotras: _____
8. salir, yo: _____
9. llevar, vosotras: _____
10. traer, yo: _____
11. sentarse, yo: _____
12. dormir, usted: _____
13. jugar, ellas: _____
14. vestirse, él: _____
15. calentar, tú: _____
16. oír, yo: _____
17. despertarse, tú: _____
18. entender, ustedes: _____
19. acordarse, usted: _____
20. servir, ella: _____

2. PRESENTE DE SUBJUNTIVO

A. Formas regulares

-ar → hablar	-er → comer	-ir → vivir
habl+e	com+a	viv+a
habl+es	com+as	viv+as
habl+e	com+a	viv+a
habl+emos	com+amos	viv+amos
habl+éis	com+áis	viv+áis
habl+en	com+an	viv+an

B. Formas irregulares (I): verbos con alteraciones vocálicas

- Los verbos en *-ar* y en *-er* o *-ir* que sufren alteraciones vocálicas (**e/ie; o/ue; e/i**) en presente de indicativo, presentan las mismas alteraciones en presente de subjuntivo.

Presente de indicativo		Presente de subjuntivo
vuelv+o		**vuelv+a**
vuelv+es		**vuelv+as**
vuelv+e	→	**vuelv+a**
volv+emos		volv+amos
volv+éis		volv+áis
vuelv+en		**vuelv+an**

- Además, todos los verbos en *-ir* con estas alteraciones cambian la *e* en *i*, y la *o* en *u* en la primera y segunda personas del plural (*nosotros* y *vosotros*).

Presente de indicativo	Presente de subjuntivo	Presente de indicativo	Presente de subjuntivo	Presente de indicativo	Presente de subjuntivo
sient+o	**sient+a**	**pid+o**	**pid+a**	**duerm+o**	**duerm+a**
sient+es	**sient+as**	**pides**	**pid+as**	**duerm+es**	**duerm+as**
sient+e	**sient+a**	**pid+e**	**pid+a**	**duerm+e**	**duerm+a**
s**e**nt+imos	s**i**nt+amos	p**e**d+imos	p**i**d+amos	d**o**rm+imos	d**u**rm+amos
s**e**nt+ís	s**i**nt+áis	p**e**d+ís	p**i**d+áis	d**o**rm+ís	d**u**rm+áis
sient+en	**sient+an**	**pid+en**	**pid+an**	**duerm+en**	**duerm+an**

- Otros ejemplos: **arrepentirse, elegir, mentir, morir, preferir, reñir, seguir, teñir, vestir (...)**

Conjugación

C. Formas irregulares (II): verbos con la primera persona irregular

Presente de indicativo	Presente de subjuntivo	Presente de indicativo	Presente de subjuntivo
hag+o →	hag+a	conozc+o →	conozc+a
haces	hag+as	conoces	conozc+as
hace	hag+a	conoce	conozc+a
hacemos	hag+amos	conocemos	conozc+amos
hacéis	hag+áis	conocéis	conozc+áis
hacen	hag+an	conocen	conozc+an

D. Formas irregulares (III): otros verbos

Ser	Ver	Haber	Ir	Saber	Estar
sea	vea	haya	vaya	sepa	esté
seas	veas	hayas	vayas	sepas	estés
sea	vea	haya	vaya	sepa	esté
seamos	veamos	hayamos	vayamos	sepamos	estemos
seáis	veáis	hayáis	vayáis	sepáis	estéis
sean	vean	hayan	vayan	sepan	estén

Ejercicio 2 ¿Están todos los verbos en la forma de subjuntivo? Si no lo están, cámbialos.

1. come: _____
2. canten: _____
3. ande: _____
4. responda: _____
5. saltan: _____
6. juegan: _____
7. limpie: _____
8. abran: _____

Ejercicio 3 Conjuga en presente de subjuntivo los siguientes verbos.

1. conducir, yo: _conduzca_____
2. sentir, ellos: _____
3. seducir, nosotros: _____
4. pedir, ellos: _____
5. vivir, vosotros: _____
6. producir, tú: _____
7. sentir, vosotros: _____
8. advertir, tú: _____
9. dormir, nosotros: _____
10. convertir, yo: _____

11. cocer, él: _____
12. obedecer, usted: _____
13. ponerse, nosotros: _____
14. sentirse, tú: _____
15. convertir, vosotros: _____
16. freír, ustedes: _____
17. oír, yo: _____
18. coger, ellos: _____
19. detener, ustedes: _____
20. impedir, nosotros: _____

3. IMPERATIVO

A. La forma *tú*

-ar → hablar	-er → comer	-ir → vivir
habl+**a**	com+**e**	viv+**e**

• Si el verbo es irregular en presente de indicativo, también es irregular en el imperativo de *tú*.

Ejemplos: *decir* – **di**; *hacer* – **haz**; *ir* – **ve**; *poner* – **pon**; *salir* – **sal**; *ser* – **sé**; *tener* – **ten**; *venir* – **ven**.

B. La forma *vosotros/-as*

-ar → hablar	er → comer	-ir → vivir
habl+**ad**	com+**ed**	viv+**id**

C. Las formas de cortesía: *usted* y *ustedes*

• Con las formas de tratamiento de cortesía (*usted* y *ustedes*), se usa la tercera persona del presente de subjuntivo.

Ejercicio 4 **Conjuga en imperativo los siguientes verbos.**

1. pensar (usted): _____
2. ir (vosotros): _____
3. repetir (tú): _____
4. irse (tú): _____
5. tener (ustedes): _____
6. freír (tú): _____
7. decir (usted): _____
8. venir (ustedes): _____

4. PRETÉRITO IMPERFECTO DE INDICATIVO

A. Formas regulares

-ar → hablar	-er → comer	-ir → vivir
habl+**aba**	com+**ía**	viv+**ía**
habl+**abas**	com+**ías**	viv+**ías**
habl+**aba**	com+**ía**	viv+**ía**
habl+**ábamos**	com+**íamos**	viv+**íamos**
habl+**abais**	com+**íais**	viv+**íais**
habl+**aban**	com+**ían**	viv+**ían**

B. Formas irregulares

ser	ver	ir
era	veía	iba
eras	veías	ibas
era	veía	iba
éramos	veíamos	íbamos
erais	veíais	ibais
eran	veían	iban

Ejercicio 5 **Conjuga en pretérito imperfecto de indicativo los siguientes verbos.**

1. cantar, yo: _____
2. pensar, tú: _____
3. ser, usted: _____
4. ver, nosotros: _____
5. poner, ellos: _____
6. decir, ustedes: _____
7. salir, ella: _____
8. ir, vosotras: _____
9. entrar, yo: _____
10. hablar, tú: _____

Conjugación

5. PRETÉRITO INDEFINIDO (PRETÉRITO PERFECTO SIMPLE)

A. Formas regulares

-ar → hablar	-er → comer	-ir → vivir
habl+**é**	com+**í**	viv+**í**
habl+**aste**	com+**iste**	viv+**iste**
habl+**ó**	com+**ió**	viv+**ió**
habl+**amos**	com+**imos**	viv+**imos**
habl+**asteis**	com+**isteis**	viv+**isteis**
habl+**aron**	com+**ieron**	viv+**ieron**

• Si la raíz del verbo termina en vocal (*leer, construir, creer,* etc.), la *-i-* de la tercera persona pasa a *-y-*.

Leer: leí, leíste, le**y**ó, leímos, leísteis, le**y**eron.
Construir: construí, construiste, constru**y**ó, construimos, construisteis, constru**y**eron.
Creer: creí, creíste, cre**y**ó, creímos, creísteis, cre**y**eron.

B. Formas irregulares (I): verbos con cambio de raíz

• Algunos verbos tienen una raíz especial para el pretérito indefinido:

andar (**anduv**-)	tra[**-ducir**] (**traduj**-)*
estar (**estuv**-)	(con**ducir**, de**ducir**, in**ducir**, re**ducir**...)
tener (**tuv**-)	hacer (**hic**-/**z**-)**
haber (**hub**-)	decir (**dij**-)*
saber (**sup**-)	querer (**quis**-)
caber (**cup**-)	venir (**vin**-)
poner (**pus**-)	traer (**traj**-)*
poder (**pud**-)	

* Las raíces con **J** no añaden **I** en la desinencia de la 3ª persona del plural:
dij**ERON**, traduj**ERON**, traj**ERON**.

** Recuerda: **C** delante de **e, i,**
Z delante de **a, e, o.**

• Los verbos *ir, ser* y *dar* tienen formas especiales para el pretérito indefinido.

ir/ser	dar
fui	di
fuiste	diste
fue	dio
fuimos	dimos
fuisteis	disteis
fueron	dieron

• Estos verbos tienen unas terminaciones especiales:
-e, -iste, -o, -imos, -isteis, -(i)eron.

C. Formas irregulares (II): verbos con alteraciones vocálicas

SENTIR / PEDIR (3ª p. s. y pl.: **e→ i** : s**i**ntió – s**i**ntieron / p**i**dió - p**i**dieron).
ARREPENTIRSE, ELEGIR, MENTIR, PREFERIR, REÑIR, SEGUIR, TEÑIR, VESTIR...
DORMIR / MORIR (3ª p. s. y pl.: **o→ u** : d**u**rmió – d**u**rmieron / m**u**rió - m**u**rieron)

D. Verbos con cambios ortográficos

[-**G**-] / [-**GU**-] LLE**G**AR: lle**gu**é, lle**g**aste, lle**g**ó, lle**g**amos, lle**g**asteis, lle**g**aron / ENTRE**G**AR, PA**G**AR, DESPE**G**AR, AHO**G**AR (...)

[-**C**-] / [-**QU**-] SA**C**AR: sa**qu**é, sa**c**aste, sa**c**ó, sa**c**amos, sa**c**asteis, sa**c**aron / BUS**C**AR, EXPLI**C**AR, REPLI**C**AR (...)

[-**Z**-] / [-**C**-] CA**Z**AR: ca**c**é, ca**z**aste, ca**z**ó, ca**z**amos, ca**z**asteis, ca**z**aron / CRU**Z**AR, RO**Z**AR (...)

Ejercicio 6 Conjuga en pretérito indefinido los siguientes verbos.

1. apagar, él: _____
2. perderse, usted: _____
3. llevar, vosotros: _____
4. volver, ustedes: _____
5. abrir, yo: _____
6. decir, ellas: _____
7. romper, usted: _____
8. envolver, ustedes: _____
9. devolver, ella: _____
10. prever, nosotros: _____

11. proponer, tú: _____
12. predecir, usted: _____
13. encender, ellos: _____
14. encontrar, tú: _____
15. traer, nosotras: _____
16. cubrir, vosotras: _____
17. ponerse, tú: _____
18. escribir, yo: _____
19. hacer, nosotros: _____
20. traer, ellos: _____

6. PRETÉRITO IMPERFECTO DE SUBJUNTIVO

- Todas las formas tienen la misma raíz (y vocal temática) y las mismas irregularidades que la tercera persona del plural del pretérito indefinido.

Pretérito indefinido	Pretérito imperfecto de subjuntivo
amé	ama+R**A** /**SE**
amaste	ama+R**A**s /**SEs**
amó	ama+R**A** /**SE**
amamos	amá+R**A**mos /**SEmos**
amasteis	ama+R**A**is /**SEis**
ama**R**on	ama+R**A**n /**SEn**

Ejercicio 7 Completa el pretérito imperfecto de los verbos siguientes.

Verbo	3ª p. plural indefinido	Imperfecto de subjuntivo
1. *vivir*	**vivieRon**	*viviera, vivieras, viviera, viviéramos, vivierais, vivieran*
2. _____	**bebieRon**	
3. _____	**supieRon**	
4. _____	**dijeRon**	
5. _____	**pudieRon**	
6. _____	**tuvieRon**	
7. _____	**vinieRon**	
8. _____	**fueRon**	

Conjugación

Ejercicio 8 Completa el pretérito imperfecto de los verbos siguientes.

Verbo	3ª p. plural indefinido	Imperfecto de subjuntivo
1. traer		
2. ser		
3. venir		
4. dormir		
5. ir		
6. volver		
7. decir		
8. dar		
9. ver		
10. caber		
11. conducir		
12. haber		
13. poner		
14. poder		
15. hacer		
16. saber		
17. tener		

7. FUTURO SIMPLE

A. Formas regulares

-ar → hablar	-er → comer	-ir → vivir
hablar+**é**	comer+**é**	vivir+**é**
hablar+**ás**	comer+**ás**	vivir+**ás**
hablar+**á**	comer+**á**	vivir+**á**
hablar+**emos**	comer+**emos**	vivir+**emos**
hablar+**éis**	comer+**éis**	vivir+**éis**
hablar+**án**	comer+**án**	vivir+**án**

B. Formas irregulares

- Algunos verbos tienen una raíz irregular para construir el futuro:

  hacer: har- / decir: dir- / haber: habr- / querer: querr-
  caber: cabr- / saber: sabr- / poder: podr- / poner: pondr-
  tener: tendr- / valer: valdr- / salir: saldr- / venir: vendr-

- Los verbos derivados correspondientes tienen la misma raíz:

  Des**hacer** →des**haré**
  Com**poner** →com**pondré**
  Re**hacer** →re**haré**
  Sos**tener** →sos**tendré**

Ejercicio 9 Conjuga en futuro simple los siguientes verbos.

1. valer, nosotros: _____
2. caber, usted: _____
3. poder, vosotros: _____
4. hacer, ellas: _____
5. tener, ustedes: _____
6. querer, yo: _____
7. saber, tú: _____
8. poner, vosotros: _____
9. decir, usted: _____
10. salir, él: _____

8. CONDICIONAL SIMPLE

A. Formas regulares

-ar → hablar	-er → comer	-ir → vivir
hablar+**ía**	comer+**ía**	vivir+ **ía**
hablar+**ías**	comer+**ías**	vivir+**ías**
hablar+**ía**	comer+**ía**	vivir+**ía**
hablar+**íamos**	comer+**íamos**	vivir+**íamos**
hablar+**íais**	comer+**íais**	vivir+**íais**
hablar+**ían**	comer+**ían**	vivir+**ían**

B. Formas irregulares

- Las verbos que tienen una forma irregular en futuro simple también son irregulares en condicional simple.

HACER → haré → haría
QUERER → querré → querría
PONER → pondré → pondría
(...)

Ejercicio 10 Conjuga en condicional simple los siguientes verbos.

1. valer, ella: _____
2. haber, vosotros: _____
3. poder, tú: _____
4. caber, usted: _____
5. venir, ellas: _____

6. hacer, tú: _____
7. poder, ustedes: _____
8. querer, ella: _____
9. decir, vosotras: _____
10. querer, yo: _____

9. FORMAS COMPUESTAS DE LOS VERBOS. EL PARTICIPIO

- Las formas compuestas de los verbos están formadas por el verbo *haber* conjugado y el participio.

A. Formas compuestas del indicativo

(presente de indicativo) ↓ **pretérito perfecto de indicativo**	(pretérito imperfecto de indicativo) ↓ **pretérito pluscuamperfecto de indicativo**	(futuro) ↓ **futuro compuesto**	(condicional) ↓ **condicional compuesto**	+ participio
he, has, ha, hemos, habéis, han	había, habías, había, habíamos, habíais, habían	habré, habrás, habrá, habremos, habréis, habrán	habría, habrías, habría, habríamos, habríais, habrían	

B. Formas compuestas del subjuntivo

(presente de subjuntivo) → **pretérito perfecto de subjuntivo**	(pretérito imperfecto de subjuntivo) → **pretérito pluscuamperfecto de subjuntivo**	+ participio
haya, hayas, haya, hayamos, hayáis, hayan	hubiera/se, hubieras/ses, hubiera/se, hubiéramos/semos, hubierais/seis, hubieras/ses	

Conjugación

C. Participio

-ar → hablar	-er → comer	-ir → vivir
habl+**ado**	com+**ido**	viv+**ido**

- Hay participios irregulares que no acaban en –ADO o –IDO: *visto, puesto, hecho, satisfecho, dicho* (frente a *maldecir ····⟩ maldecido, bendecir ····⟩ bendecido*), *escrito, frito, roto...*

  Verbos acabados en [-**BRIR**] ····⟩ [-**BIERTO**]: cubrir / cubierto, abrir / abierto (...)
  Verbos acabados en [-**OLVER**] ····⟩ [-**UELTO**]: disolver / disuelto, volver / vuelto (...)

Ejercicio 11 **Forma el participio de los siguientes verbos.**

1. apagar: _____
2. sugerir: _____
3. perder: _____
4. llevar: _____
5. volver: _____
6. abrir: _____
7. decir: _____
8. romper: _____
9. morir: _____

10. envolver: _____
11. recomponer: _____
12. inscribir: _____
13. rehacer: _____
14. devolver: _____
15. prever: _____
16. proponer: _____
17. predecir: _____
18. encender: _____

19. encontrar: _____
20. preferir: _____
21. corregir: _____
22. traer: _____
23. cubrir: _____
24. contradecir: _____
25. revolver: _____
26. recubrir: _____

10. GERUNDIO

A. Formas regulares.

-ar → hablar	-er → comer	-ir → vivir
habl+**ando**	com+**iendo**	viv+**iendo**

B. Formas irregulares.

- Si la raíz del verbo termina en vocal, la terminación -*iendo* pasa a ser -*yendo*.

  LEER: leyendo
  IR: yendo
  CONSTRUIR: construyendo
  (...)

- Los verbos que terminan en -*ir* que tienen una -*e*- o una -*o*- en la última sílaba de la raíz (*e...ir, o...ir*) tienen una forma irregular: cambian la vocal (*e- → i, o- → u*).

e—→ i		o—→ u	
infinitivo	gerundio	infinitivo	gerundio
reír	riendo	morir	muriendo
pedir	pidiendo	dormir	durmiendo

Ejercicio 12 **Forma el gerundio de los siguientes verbos.**

1. conducir: _____
2. decir: _____
3. doler: _____
4. dormir: _____
5. ir: _____
6. medir: _____
7. morir: _____

8. oír: _____
9. reír: _____
10. repetir: _____
11. salir: _____
12. seguir: _____
13. sentir: _____
14. traducir: _____

Clave

Ejercicio 1

1. se despide **2.** esperas **3.** mueven **4.** mientes **5.** os divertís
6. pone **7.** preferís **8.** salgo **9.** lleváis **10.** traigo **11.** me siento
12. duerme **13.** juegan **14.** se viste **15.** calientas **16.** oigo
17. te despiertas **18.** entienden **19.** se acuerda **20.** sirve

Ejercicio 2

1. coma **2.** *correcto* **3.** *correcto* **4.** *correcto* **5.** salten
6. jueguen **7.** *correcto* **8.** *correcto*

Ejercicio 3

1. conduzca **2.** sientan **3.** seduzcamos **4.** pidan **5.** viváis
6. produzcas **7.** sintáis **8.** adviertas **9.** durmamos
10. convierta **11.** cueza **12.** obedezca **13.** nos pongamos
14. te sientas **15.** convirtáis **16.** frían **17.** oiga **18.** cojan
19. detengan **20.** impidamos

Ejercicio 4

1. piense **2.** id **3.** repite **4.** vete **5.** tengan **6.** fríe **7.** diga
8. vengan

Ejercicio 5

1. cantaba **2.** pensabas **3.** era **4.** veíamos **5.** ponían
6. decían **7.** salía **8.** ibais **9.** entraba **10.** hablabas

Ejercicio 6

1. apagó **2.** se perdió **3.** llevasteis **4.** volvieron **5.** abrí
6. dijeron **7.** rompió **8.** envolvieron **9.** devolvió **10.** previmos
11. propusiste **12.** predijo **13.** encendieron **14.** encontraste
15. trajimos **16.** cubristeis **17.** pusiste **18.** escribí **19.** hicimos
20. trajeron

Ejercicio 7

1. vivir: viviera, vivieras, viviera, viviéramos, vivierais,
vivieran **2.** beber: bebiera, bebieras, bebiera, bebiéramos,
bebierais, bebieran **3.** saber: supiera, supieras, supiera,
supiéramos, supierais, supieran **4.** decir: dijera, dijeras,
dijera, dijéramos, dijerais, dijeran **5.** poder: pudiera,
pudieras, pudiera, pudiéramos, pudierais, pudieran
6. tener: tuviera, tuvieras, tuviera, tuviéramos, tuvierais,
tuvieran **7.** venir: viniera, vinieras, viniera, viniéramos,
vinierais, vinieran **8.** ir/ser: fuera, fueras, fuera, fuéramos,
fuerais, fueran

Ejercicio 8

1. trajeron: trajera, trajeras, trajera, trajéramos, trajerais,
trajeran **2.** fueron: fuera, fueras, fuera, fuéramos, fuerais,
fueran **3.** vinieron: viniera, vinieras, viniera, viniéramos,
vinierais, vinieran **4.** durmieron: durmiera, durmieras,
durmiera, durmiéramos, durmierais, durmieran
5. fueron: fuera, fueras, fuera, fuéramos, fuerais, fueran
6. volvieron: volviera, volvieras, volviera, volviéramos,
volvierais, volvieran **7.** dijeron: dijera, dijeras, dijera,
dijéramos, dijerais, dijeran **8.** dieron: diera, dieras, diera,
diéramos, dierais, dieran **9.** vieron: viera, vieras, viera,
viéramos, vierais, vieran **10.** cupieron: cupiera, cupieras,
cupiera, cupiéramos, cupierais, cupieran **11.** condujeron:
condujera, condujeras, condujera, condujéramos,
condujerais, condujeran **12.** hubieron: hubiera, hubieras,
hubiera, hubiéramos, hubierais, hubieran **13.** pusieron:
pusiera, pusieras, pusiera, pusiéramos, pusierais, pusieran
14. pudieron: pudiera, pudieras, pudiera, pudiéramos,
pudierais, pudieran **15.** hicieron: hiciera, hicieras, hiciera,
hiciéramos, hicierais, hicieran **16.** supieron: supiera,
supieras, supiera, supiéramos, supierais, supieran
17. tuvieron: tuviera, tuvieras, tuviera, tuviéramos,
tuvierais, tuvieran

Ejercicio 9

1. valdremos **2.** cabrá **3.** podréis **4.** harán **5.** tendrán
6. querré **7.** sabrás **8.** pondréis **9.** dirá **10.** saldrá

Ejercicio 10

1. valdría **2.** habríais **3.** podrías **4.** cabría **5.** vendrían
6. harías **7.** podrían **8.** querría **9.** diríais **10.** querría

Ejercicio 11

1. apagado **2.** sugerido **3.** perdido **4.** llevado **5.** vuelto
6. abierto **7.** dicho **8.** roto **9.** muerto **10.** envuelto
11. recompuesto **12.** inscrito **13.** rehecho **14.** devuelto
15. previsto **16.** propuesto **17.** predicho **18.** encendido
19. encontrado **20.** preferido **21.** corregido **22.** traído
23. cubierto **24.** contradicho **25.** revuelto **26.** recubierto

Ejercicio 12

1. conduciendo **2.** diciendo **3.** doliendo **4.** durmiendo
5. yendo **6.** midiendo **7.** muriendo **8.** oyendo **9.** riendo
10. repitiendo **11.** saliendo **12.** siguiendo **13.** sintiendo
14. traduciendo

Transcripciones

Unidad 1: Hechos

Ana: Hombre, hola, ¿qué tal? ¿Llegas ahora?

Óscar: Sí, bueno, he llegado hace cinco minutos. Cuánta gente, ¿no?

Ana: Sí, sí, está a tope. Ya me habían dicho que estas fiestas de Erasmus eran una pasada. Perdona, no me acuerdo de cómo te llamas...

Óscar: Óscar; y tú Ana, ¿verdad?

Ana: Sí, buena memoria. Oye, ¿y el chico que estaba contigo en el aeropuerto? ¿No ha venido?

Óscar: No, no le apetecía. Prefiere ir conociendo gente poco a poco y, si puede ser, de aquí, que quiere aprender mucho italiano. Le está costando adaptarse, la verdad. Es que Roma es enorme comparada con Salamanca y, aunque llevamos aquí dos semanas, nos perdemos, nos equivocamos de autobús, no sabemos calcular el tiempo necesario para ir de un sitio a otro... en fin, que es un poco cansado. Supongo que para vosotros es más fácil: Madrid también es grande. Ya he saludado a tus colegas al entrar...

Ana: ¿Los has visto? Estamos juntos todo el día y, además, vivo con uno de ellos en un piso, con una familia. Igual, de tanto estar juntos, acabamos peleados...

Óscar: Puede. Lo de alojarse con una familia es lo mejor para practicar el italiano. Eso era lo que yo quería pero, al final, Miguel, el que conociste en el aeropuerto, encontró un piso compartido con otros estudiantes que estaba bien, y mira... Vivimos con una alemana y un sueco y hay que intentar evitar relacionarse en inglés, porque si no...

Ana: ¿Sois amigos de la facultad?

Óscar: No, qué va, yo estudio Bellas Artes y él, Filología. Nos conocimos una semana antes de venir aquí. Vosotros me dijisteis que sois de Económicas, ¿verdad? ¿Ya habéis empezado las clases?

Ana: No, qué va. La semana que viene. ¿Y vosotros?

Óscar: Nosotros empezamos el lunes. ¡Qué palo! ¡Tengo un montón de asignaturas! ¡Y un horario malísimo: clases a primera hora de la mañana en la facultad y el curso de italiano por la tarde en la otra punta!

Ana: ¡Pues, con el tráfico que hay, estarás todo el día en el autobús o en el tranvía!

Óscar: Sí, un rollo, pero he conocido a bastante gente maja en las clases, y mi «profe» de italiano es muy bueno.

Ana: Pero tú hablas muy bien. Yo, para conocer más gente de aquí, me he apuntado a un centro excursionista. Es que yo el italiano lo he estudiado muy poco. Oye, me voy a buscar algo de beber. ¿Te traigo una cerveza?

Unidad 2: Lugares

Marcos

Bueno, no sé... Yo soy una persona bastante tranquila. No me gustan nada las aglomeraciones y que para cualquier cosa tardes una eternidad. Por eso, busco una ciudad que sea más bien pequeña, pero tampoco quiero ir a un pueblo, ¿eh? Una ciudad que tenga de todo, que tenga cine, restaurantes, discoteca... pero que no sea muy grande. Además, que sea una ciudad pequeña también tiene sus ventajas, como por ejemplo, el precio de la vivienda, de la comida... Y eso es algo que también hay que tener en cuenta, ¿no?

María

Pues yo pienso que ir de Erasmus es una oportunidad única y, por eso, quiero pensármelo bien. Para mí, es importante que sea una ciudad dinámica, moderna, en la que estén presentes los últimos movimientos artísticos; en definitiva, que haya mucha oferta cultural. Como estudio Bellas Artes, para mí, eso es básico.

Bueno, y como también me gusta mucho salir por la noche, bailar, divertirme y conocer gente, pues... busco una ciudad en la que la vida nocturna sea muy animada, que haya mucho ambiente.

Lucas

Bueno, yo estudio Fisioterapia, pero mi gran pasión es el deporte. Me gusta correr, esquiar, escalar, hacer submarinismo... Así que lo que yo busco es una ciudad en la que haya zonas verdes para salir a correr, que tenga una variada oferta de gimnasios o asociaciones deportivas, o sea, que me ofrezca la posibilidad de practicar mi gran hobby.

Para mí, también es muy importante que sea una ciudad poco contaminada, respetuosa con el medio ambiente, en la que se aprecien medidas ecológicas.

PRIMERA CONVERSACIÓN:

Vanessa: ¡Marta!

Marta: Hola, Vanessa. ¿Qué tal?

Vanessa: Bien, ¿y tú?

Marta: Muy bien. Oye, ¿dónde estás?

Vanessa: Estoy llegando a la «uni»; tengo clase en diez minutos.

Marta: Vaya, ¿no tienes tiempo de un café? Estoy muy cerca de la Plaza Mayor. Tengo un montón de cosas que contarte... Y además, ¡hace siglos que no nos vemos!

Vanessa: Buff, es que voy a llegar tarde.

Marta: Bueno, pero por un día... ¿no? Venga, que seguro que esa clase no es tan importante. Vamos a tomar algo y ya pedirás los apuntes el próximo día.

Vanessa: La verdad es que no me vendría mal un café; estoy muerta del fin de semana. Ya no estoy para tanta fiesta...

Marta: Pues venga, nos vemos ahora en el bar de la «uni», ¿vale?

Vanessa: Venga, vale. Hasta ahora.

SEGUNDA CONVERSACIÓN:

Vanessa: ¿Sí?

Padre: Hola, Vanessa. Soy yo.

Vanessa: Ah, papá. ¿Desde dónde llamas?

Padre: Desde el trabajo. Es que me he dejado el móvil en casa.

Oye, ¿qué te ha dicho el médico?

Vanessa: Nada, que es estrés. Dice que los análisis están bien. Me ha recetado unas vitaminas.

Padre: Ya te lo dije yo, que sería cansancio.

Vanessa: Sí, ya. Oye, papá, ya nos vemos en casa y seguimos hablando, ¿vale? Es que voy a entrar en el metro y se va a cortar.

Padre: Vale, vale. Hasta la noche.

TERCERA CONVERSACIÓN:

Vanessa: ¡Hola, guapo! ¿Qué haces?

Pablo: Pues aquí, currando. ¿Y tú? ¿Dónde estás?

Vanessa: Estoy en un restaurante, con Pedro. Hemos salido de la reunión de la que te hablé y nos hemos quedado a comer cerca del trabajo.

Pablo: Ah, bueno, yo te llamaba por si te apetecía que comiéramos juntos, pero no pasa nada; ya nos vemos después.

Vanessa: ¡Ostras! Si me lo hubieras dicho antes... Pero, no seas tonto, ¡vente!, nosotros acabamos de llegar. Son dos paradas de metro; en diez minutos estás aquí.

Pablo: No, no importa. Si quieres quedamos para tomar el café.

Vanessa: Vale, perfecto. ¿Quieres que vaya yo para allá?

Pablo: Sí, mejor, si no, no me va a dar tiempo. Tengo que entrar a trabajar de nuevo a las 4.

Vanessa: Entonces te llamo cuando esté a punto de llegar, ¿de acuerdo?

Pablo: De acuerdo. Hasta luego, cielo.

Unidad 3: Relatos

1.

– Hola, perdona por el retraso. ¿Hace mucho que esperas?

– No, no, tranquila; acabo de llegar.

– Es que he tenido que ir a hacerme el carné de identidad y había muchísima cola.

– ¿El carné? Pero, si hace muy poco fuiste a renovártelo, ¿no?

– Sí, sí, pero es que hace un par de días me robaron la cartera en la biblioteca.

– ¿Qué dices? ¿En la biblioteca?

– Pues sí. La verdad, no me explico cómo pudo pasar. Llegué a la biblioteca, dejé el bolso y la chaqueta en la silla, y fui a buscar unos libros. Bueno, también consulté el correo; pero, en total, no tardé ni diez minutos.

– ¡Qué fuerte! ¿Y cuándo te diste cuenta?

– Pues, enseguida, por suerte. Quería llevarme unos libros y fui a coger la cartera para sacar el carné de la biblioteca, y no estaba. La estuve buscando un buen rato, por si se me había caído, pero nada.

– Y, ¿llevabas mucho dinero?

– No, no. Unos 30 euros, pero eso es lo de menos. Lo peor es anular las tarjetas de crédito, renovar el D.N.I, el carné del gimnasio, el del videoclub...

2.

– ¡Hombre, Felipe! ¿Qué tal? ¿Cómo va?

– Bien, ¿y tú? ¿Cómo va el piso nuevo?

– Quita, quita, no me hables... estoy hasta el gorro del piso.

– ¿Por qué? ¿Qué ha pasado?

– Nada, nada. Es que ha sido un mes muy duro. Entre limpiar, pintar, la mudanza... y encima el trabajo.

– Bueno, pero ya estáis instalados, ¿no?

– Sí, sí, nos instalamos hace dos semanas, pero no sabes lo mejor.

– ¿Qué? ¿Han entrado a robar?

– No, no, eso no. Pues resulta que el segundo día después de alquilar el piso... ¿el segundo?, ¿o fue el tercero? Bueno, da igual, uno de los primeros días, estábamos limpiando, cuando de repente, oímos que alguien abría la puerta.

– ¿La puerta de la entrada? ¿Y quién era?

– Sí, sí, pues era una señora de una agencia inmobiliaria que venía con una visita para enseñarle el piso.

– ¿En serio? Pero, vosotros ya habías firmado el contrato, ¿no?

– Sí, sí, pero la señora no se lo creía. ¡Pensaba que éramos de una empresa de limpieza! Tuvimos que enseñarle el contrato, y todo. Al final, se convenció, y se fue. Después llamamos a nuestra agencia y al propietario, nos dijeron que se habían olvidado de comunicarles a las otras agencias que el piso ya estaba alquilado... Total, que al final hemos tenido que cambiar la cerradura.

3.

– ¡Hola, Marisa! Qué contenta estás hoy, ¿no?

– Pues sí. Es que si te cuento lo que me ha pasado...

– ¿Qué? Cuenta, cuenta.

– Pues ayer venía a trabajar, de bastante mal humor, la verdad, cuando vi que al lado del metro había cámaras, estaban grabando algo. Justo lo que me faltaba, ¡salir por la tele!

– ¿Y?

– Pues, que pasé por al lado haciéndome la loca, pero no funcionó. Total, que me pararon, y se ve que era un concurso, y me preguntaron que cuál era la capital de Malta.

– ¿Cómo?, ¿la capital de Malta?, ¿y cuál es la capital de Malta?

– Calla, que hace dos días yo tampoco lo sabía; pero, mira qué casualidad, que justo la noche antes daban un reportaje sobre Malta, y como no había nada más en la tele, lo estuvimos viendo un rato.

– ¡Vaya!, ¿así que acertaste?, ¿y qué te ha tocado?

– Pues el premio era un viaje a Malta para dos personas.

– Anda que... eso sí que es suerte.

UNIDAD 4: RECORRIDOS

Textos y pretextos
Ejercicios 2b y 2c

Según datos del Ministerio de Industria, Comercio y Turismo, uno de cada tres turistas que llega a España por vía aérea lo hace con compañías de bajo coste, y las agencias en línea se han hecho ya con más de un 21,5% del negocio de viajes, según un informe de hábitos de consumo elaborado por Lastminute.com. Además, Internet se ha convertido en un medio habitual para contratar tanto los vuelos como la estancia en hoteles. De hecho, los hoteles de Jaén han anunciado que las reservas de sus habitaciones se van a poder comprar en los cajeros automáticos de los bancos y cajas. Y la aerolínea británica de bajo coste Ryanair ha abierto los miércoles vuelos regulares entre Dublín y Sevilla con un precio mínimo de 12,99 euros.

El auge de las compañías aéreas de bajo coste y la contratación de viajes y alojamiento a través de Internet están cambiando radicalmente el modelo de negocio en turismo. Los paquetes de vacaciones, los vuelos chárter, el sol veraniego y la sangría empiezan a ser desplazados por un turismo menos masificado, más individual y menos uniforme en sus exigencias de ocio o en la elección de fechas y lugares para sus desplazamientos.

Por otra parte, los vuelos baratos, según la Confederación Española de Hoteles y Alojamientos Turísticos (CEHAT), están promocionando el turismo no solo en los destinos tradicionales, sino también en otros que hasta el momento eran ajenos a esta actividad. Aunque pueda parecer que este nuevo modo de viajar complica la gestión de vuelos y alojamientos, ya que los viajeros contratan en el último minuto y por libre sus viajes, y aunque gastan menos y sus estancias son también más cortas, en contrapartida, parece que vienen más veces, y lo hacen en fines de semana y fuera de temporada, lo cual implica al final mayores ingresos para las zonas turísticas, según dicen en CEHAT.

(Adaptado del reportaje «Despegue con vuelos baratos e internet», EL PAÍS.com, 28-01-07)

UNIDAD 5: HISTORIAS

Textos y pretextos
Ejercicio 1c

CLASE 1

El 17 de julio de 1936 el ejército de Marruecos iniciaba la rebelión contra el gobierno de la República. El triunfo parcial del golpe llevó a la división del territorio español en dos zonas y al inicio de la guerra.

Las estructuras estatales quedaron destruidas. En el bando nacional, el poder quedó en manos de un grupo de generales, que establecieron un Estado autoritario y militarizado. En el bando republicano, el gobierno de la República perdió el control de la situación y el poder real quedó en manos de comités obreros organizados por partidos y sindicatos.

En los primeros momentos de la guerra hubo una enorme represión en ambos bandos. Las ejecuciones y los asesinatos se extendieron como una pesadilla por todo el país.

Fueron muchos los extranjeros que vinieron a luchar a España.

Las Brigadas Internacionales, tanques y aviones rusos, la columna del anarquista Durruti... fueron importantísimos en la resistencia de la capital de España frente a las tropas rebeldes. Por otro lado, un elemento clave para comprender la victoria final de los nacionales fue la intervención de la Alemania de Hitler y la Italia de Mussolini. Muchos historiadores opinan que la Guerra Civil española fue un preludio de la Segunda Guerra Mundial y, de hecho, las fuerzas que chocaron en España entre 1936 y 1939 eran las mismas que tensaban el mundo.

En cualquier caso, tras tomar Barcelona, las tropas franquistas llegaron a la frontera francesa en febrero de 1939. Antes se había producido un enorme y patético éxodo de población. Más de medio millón de personas huyeron a Francia, donde fueron hacinadas en campos de concentración.

El 28 de marzo, las tropas franquistas entraron en Madrid y el 1 de abril de 1939 terminaba la sangrienta guerra.

CLASE 2

El triunfo de las candidaturas republicanas en las grandes ciudades precipitó el 14 de abril de 1931 la proclamación de la República. La amplitud del movimiento popular llevó a que el rey Alfonso XIII, aislado y sin apoyos, se exiliara.

Inmediatamente se formó un Gobierno Provisional formado por republicanos de izquierda y derecha, socialistas y nacionalistas. El Gobierno debía dirigir el país hasta que unas nuevas Cortes Constituyentes dieran forma al nuevo régimen.

No obstante, el nuevo Gobierno tuvo que responder desde un principio al ansia general de reformas. Adoptó las primeras medidas para la reforma agraria, inició reformas laborales, emprendió la reforma militar, aprobó legislación educativa y puso en marcha el Estatuto provisional de Autonomía de Cataluña.

Finalmente, en junio de 1931, tuvieron lugar las elecciones a Cortes Constituyentes en un ambiente de relativa tranquilidad. Las urnas dieron una clara mayoría de la coalición republicano-socialista. La nueva Constitución, aprobada en diciembre de 1931, reflejó las ideas de esta mayoría. Pero a ello le siguió una época de grandes crisis políticas y disturbios, y el ambiente social, marcado por el ascenso del paro, se complicó inmediatamente. En los pocos años que duró la República, la izquierda obrera acabó optando por una postura claramente revolucionaria y la derecha pasó a buscar de forma evidente el fin del sistema democrático.

Los intelectuales tuvieron un protagonismo especial durante la Segunda República. Algunas compañías teatrales, integradas por actores profesionales y estudiantes, visitaron pueblos apartados del país, llevando las principales obras del repertorio teatral español. La más conocida de ellas fue La Barraca, un proyecto personal del poeta García Lorca.

La Segunda República es uno de los momentos clave de la historia contemporánea española, una época de florecimiento cultural y de respeto por las libertades y los derechos humanos en el cual en España se introdujeron las más avanzadas teorías pedagógicas y científicas que se estaban desarrollando en el resto de Europa. El proyecto de democratización y modernización que se abre en 1931, y que tantas esperanzas despertó en amplias capas de la población española, concluyó con una cruenta guerra civil.

CLASE 3

En mayo de 1939, Franco se convirtió en el jefe del Estado español con el título de «Caudillo». La dictadura basó su sistema político en la estricta prohibición de los partidos políticos, unida a una brutal represión contra los que habían apoyado a la República. El número de prisioneros políticos fue tan grande que se tuvieron que habilitar campos de concentración a lo largo de todo el país. Las ejecuciones se contaron por decenas de miles.

La represión de la posguerra propició un clima de terror generalizado entre gran parte de la población. Especialmente en las ciudades, las zonas industriales y el sur del país. Este terror explica la debilidad de la oposición durante años.

Franco suprimió los principios democráticos y edificó un Estado fuertemente centralista y tradicionalista. La Iglesia fue la gran legitimadora de la dictadura franquista. A cambio dominó la vida social y la educación. Una estricta moral católica en lo público y en lo privado se impuso en el país.

A pesar de que Franco mantuvo al país neutral en la II Guerra Mundial, su dictadura militar condujo a un aislamiento internacional de carácter político y económico. En 1946 la Asamblea General de las Naciones Unidas votó contra el ingreso de España. La dictadura de Franco era considerada aliada de las potencias fascistas recién derrotadas.

A esta condena internacional siguieron años de aislamiento económico y político, aunque EE. UU. trataba de no romper completamente con un régimen que podía ser su aliado en la recién iniciada guerra fría. Pese a ello, España no recibió ninguna ayuda del Plan Marshall, ni fue admitida en la OTAN.

El fin del aislamiento internacional quedó claramente expuesto con la visita del presidente norteamericano Eisenhower a España en 1959.

En 1969, forzado por su avanzada edad, Franco tuvo finalmente que designar un sucesor. Juan Carlos de Borbón, nieto de Alfonso XIII, fue designado sucesor «a título de Rey». Los años finales de los sesenta y los principios de los setenta vinieron marcados por un fuerte crecimiento de la oposición en las fábricas, donde había renacido un sindicalismo clandestino, y en las universidades. La represión fue la respuesta. En ese contexto tuvo lugar el primer atentado de ETA.

Sin poder derrumbar al régimen franquista, los movimientos de oposición consiguieron crear una amplia red social de contestación a la dictadura que afloraría tras la muerte de Franco y que fue clave para la transición a la democracia.

(*Fuente: www.historiasigloxx.org*)

UNIDAD 6: OPINIONES

Textos y pretextos
Ejercicios 2b y 2c

DIÁLOGO 1

Ana: ¡Qué historia tan triste! A los dos minutos he empezado a llorar y no he parado en toda la película.

Pedro: Sí, sí, la verdad es que es un dramón. ¡Y que sea una historia real aún la hace más dramática! ¿Y qué? ¿Te ha gustado?

Ana: ¿Gustarme? ¡Me ha encantado! ¡Es un peliculón! Los actores lo bordan, sobre todo Javier Bardem.

Pedro: Sí, y la que hace de vecina también. Y mira que es un personaje difícil, ¿eh? Porque ayudar a morir a alguien tiene que ser muy duro... Me imagino lo que tiene que ser hacer algo así. Yo no podría.

Ana: Ya, pero por mucho que quieras a una persona no puedes obligarla a vivir.

Pedro: Está claro, pero cuando te toca de cerca es difícil dejar a un lado los sentimientos.

DIÁLOGO 2

Pedro: ¿Qué tal? ¿Qué te ha parecido?

Luis: Bueno, no ha estado mal, pero es un poco rara. Al principio era interesante, pero luego se ha ido complicando y, del final, ya no he entendido nada.

Pedro: Pues, a mí me ha parecido muy bonita, es una historia de amor diferente. Creo que es una película muy romántica, pero sin ser cursi. Lo que más me ha gustado es cómo muestra las diferentes etapas de su relación, desde que son niños hasta que son adultos.

DIÁLOGO 3

Ana: ¡Bueno, otra película más de Almodóvar!

Pedro: ¿Qué quieres decir? ¿No te ha gustado?

Ana: No, no es eso. La película es entretenida, pero me parece más de lo mismo. Quiero decir que es demasiado rocambolesca, se muere el hijo, la madre va a buscar al padre del niño, que además no sabía que tenía un hijo, luego resulta que él se ha hecho un cambio de sexo. En fin, poco creíble.

Pedro: Pues a mí, me parece genial. Además, creo que la vida está llena de historias poco creíbles.

DIÁLOGO 4

Ana: La fotografía es genial, ¿no crees?

Luis: Sí, sí, eso me ha gustado mucho. Las escenas en las que se ve el mar y la planta petrolífera ahí en medio. Es impresionante.

Ana: También está muy bien cómo muestra la vida cotidiana en la planta. Las escenas de la cocina y de los columpios son preciosas.

Luis: Sí, sí, pero aparte de eso, nada. Es una película muy lenta; vaya, que a mí me ha parecido un rollo.

UNIDAD 7: IDEAS

Textos y pretextos
Ejercicios 1a y 1b

Juan: ¿Y tú, Carlos, qué vas a hacer cuando termines?

Carlos: Pues es posible que haga un máster sobre gestión de empresas, pero no estoy seguro. Igual busco un trabajo para tener algo de experiencia... no sé... ¿Y tú, Juan?

Juan: ¿Yo? Seguramente empezaré a trabajar en el despacho de mi padre y, más adelante, ya veré.

Sonia: ¡Qué suerte tienen algunos! Ojalá yo tuviera un padre que me pudiera colocar, pero no lo tengo, así que, probablemente tendré que enviar cientos de currículum antes de poder trabajar en alguna empresa.

Juan: ¡Venga, Sonia!, no te preocupes, que con el currículum que tienes, seguro que encuentras trabajo enseguida. Además, ¿no estabas estudiando chino?

Sonia: Sí, es mi tercer año, y quizás me vaya a China un par de años para perfeccionar el idioma y, a lo mejor, me sale algún trabajo interesante allí... Estaría bien, ¿no?

Ana: ¡Pero, tía, no puede ser que te vayas dos años a China! ¡Lo mismo ni vuelves!

Sonia: ¡Pues claro que voy a volver! Y para entonces, tal vez tenga más posibilidades de encontrar un buen trabajo que ahora. ¿Y tú qué piensas hacer, Ana?

Ana: Bueno, es probable que pida un crédito a un banco para poder abrir mi propio negocio. Quiero montar una clínica dental con un par de dentistas más: mi hermano y una amiga mía.

Juan: ¿No es arriesgado?

Ana: Chico, puede que nos salga mal, pero, en la vida, a veces hay que arriesgar...

Sonia: A mí me parece genial. Es probable que, dentro de unos años, estés forrada.

Ana: Ese es el plan.

Carlos: Bueno, colegas, me encanta vuestro optimismo. ¡Brindo por nuestro futuro!

UNIDAD 8: DEBATES

Textos y pretextos
Ejercicios 1c y 1d.

¿Por qué nos cuesta tanto hablar inglés?

Dicen que una persona pregunta a otra: «¿Qué es un español?» Y contesta: «Alguien que se pasa su vida aprendiendo inglés». Y, se podría añadir, «que nunca lo aprende». Búlgaros, húngaros y turcos son los únicos que alegan hablar menos inglés que los españoles. El 65% de los españoles reconoce que no es capaz de hablar ni de leer ni de escribir en ese idioma. ¿Por qué lo hablamos tan mal?

Es cierto que se trata de un problema arrastrado. La dictadura de Franco cerró las fronteras al inglés durante 40 años, se centró en la defensa del español y España se convirtió, así, en un país acostumbrado a ver cine doblado. En la actualidad, el dominio del inglés sigue siendo uno de los factores educativos que más marca la diferencia entre unas clases sociales y otras. Por eso, en los últimos años se ha propuesto que los colegios públicos sean bilingües o bien que impartan algunas asignaturas en inglés para dar una solución a esta situación que afecta a todos por igual.

De acuerdo con algunos especialistas, el verdadero problema es que el porcentaje de españoles que habla inglés casi no se ha movido a través de los años. Los datos son chocantes. El 70% de los españoles reconoce que el inglés es importante o muy importante, pero sólo el 4% lo estudia, según un informe reciente. Este informe revela que el 17% lee correctamente este idioma, el 14% lo entiende cuando lo escucha y el 11% asegura hablarlo bien.

España, siendo la octava economía del planeta, suspende en inglés, aunque más justo sería decir que suspende en un segundo idioma. Ni ingleses, ni norteamericanos son unos *cracks* en otro idioma. Hay una teoría: los países con lenguas que cuentan con un gran número de hablantes, como Francia e Inglaterra, no sienten la necesidad de aprender otros idiomas. Lo seguro científicamente es que el español no tiene un cromosoma perdido que le impida hablar inglés con corrección.

El País (texto adaptado)

UNIDAD 9: MENSAJES

Textos y pretextos
Ejercicios 2c y 2d

1.

Silvia: ¿Qué te pasa, Susana? ¿En qué piensas?

Susana: Pues, en que esta mañana, Ana me ha pedido que le preste 200 euros y no sé qué hacer. La verdad es que me va fatal dejárselos, pero tampoco quiero que piense que soy una mala amiga. No sé qué hacer, Silvia. ¿Tú qué harías?

Silvia: Yo no se los dejaría. A mí me debe dinero.

Susana: ¿En serio?

Silvia: Tú sabías que Ana trabajaba en un bar, ¿no?

Susana: Sí, pero ya no trabaja. Por eso va mal de dinero.

Silvia: Sí, sí, por eso y porque tiene más cara que espalda. Pues resulta que, hará cosa de un mes y medio, Ana me pidió que la sustituyera una semana en el bar, me contó que ella no podía ir porque estaba a tope de trabajo, y yo, por hacerle un favor, le dije que sí.

Susana: Cobrando, supongo.

Silvia: Sí, sí. Me dijo que en cuanto el jefe le pagara, ella me daría mi parte, que en total, por una semana, serían unos 300 euros.

Susana: ¿Y por qué no te los pagó?

Silvia: No pienses que ella quedó conmigo para explicarme nada. Iban pasando las semanas y no me decía nada del tema y a mí me daba corte pedirle el dinero. Pero, la semana pasada, después de clase, cuando ya no había nadie, se lo comenté. Y me contestó que ya lo tenía en cuenta, que le daba mucha vergüenza, pero que ahora no podía pagarme porque el jefe la había despedido. Me contó que estaba en números rojos y que no sabía cómo iba a pagar el alquiler.

Susana: ¡Vaya! ¡Pobre, tía! ¡Lo debe de estar pasando fatal!

Silvia: No, de pobre, nada. Ayer quedé con Luis para tomar un café y me contó que él y Ana estuvieron hace dos semanas en Lisboa. ¡Me enseñó las fotos y todo! O sea, que para pagarme a mí no tiene dinero, pero para irse de viaje, sí.

Susana: ¡Vaya morro!

2.

José: Oye, ¿tú con quién vas a hacer el trabajo de Historia Contemporánea?

Lucas: Pues todavía no lo he decidido. No sé si hacerlo solo o con Pablo.

José: ¿Con... Pablo García?

Lucas: Sí, el otro día después de clase me preguntó si quería hacerlo con él.

José: ¿Y tú qué le dijiste?

Lucas: Pues le dije que yo prefería hacerlo solo porque, como trabajo, me va muy mal quedar con alguien.

José: Un consejo: mejor que le digas que no.

Lucas: ¿Y eso?

José: Porque yo cometí el error de hacer el trabajo de Medieval con él.

Lucas: Pero en ese trabajo os pusieron muy buena nota, ¿no?

José: Sí, sí, pero lo pasé fatal. Yo siempre le proponía que quedáramos, pero él nunca tenía tiempo. Al final, nos reunimos por primera vez sólo dos semanas antes de la fecha de entrega del trabajo. Ese día, nos repartimos el trabajo, decidimos qué partes tenía que hacer cada uno y qué artículos tenía que leer. Pablo me dijo que me enviaría su parte del trabajo una semana después.

Lucas: Y no te la mandó, ¿no?

José: Pues no. Quedamos en que me la mandaría por correo un lunes. Yo me pasé todo el lunes pegado al ordenador y, a las doce de la noche, todavía no me la había mandado.

Lucas: ¿Y no lo llamaste?

José: No, es que no eran horas. Pensé que lo mejor era enviarle un correo. Abrí el correo y vi que estaba conectado al messenger. Total, que le dije que no me había mandado su parte, que si se acordaba. Y me contestó que sí, que se acordaba, pero que le había sido totalmente imposible leerse los artículos y hacer su parte.

Lucas: ¿Y por qué? ¿Qué te dijo?

José: Me contó que estaba atravesando un mal momento. Me dijo que estaba en plena crisis de pareja, que se sentía muy desorientado y deprimido. Me preguntó que si me lo podía mandar el viernes.

Lucas: ¿Y qué le dijiste?

José: ¡Qué querías que le dijera! Si hasta me dio pena. Le dije que claro, que ningún problema, que no se preocupara, que lo primero era lo primero, y esa clase de cosas. Pero lo peor de todo es que el viernes tampoco me lo entregó. Me dijo que lo hiciera yo todo, que no se veía capaz de hacerlo. Incluso me prometió que me pagaría 100 euros si incluía su nombre en el trabajo, pero tampoco me dio ni un duro.

Formas y funciones
Ejercicio 1b

1. Bueno, chicos, yo estoy reventado, así que me acuesto. Hasta mañana.

2. Uf, no lo veo claro, no he podido estudiar mucho. Espero que no me caiga el tema 6.

3. Oye, que lo del sábado no podrá ser. Estoy en casa, de baja, con un gripazo tremendo.

4. Bueno, me voy. Nos vemos.

5. Salimos mañana temprano, a ver si nos evitamos la caravana y llegamos para comer.

6. Hombre, Juan, ¿qué tal? Siéntate a comer con nosotros.

Formas y funciones
Ejercicio 4a

1.
Mensaje recibido el 3 de noviembre a las 12:15 horas.
Buenos días, este mensaje es para la señorita Elke Längstrump. Llamamos de la secretaría de la Facultad de Medicina. A partir de mañana puede pasar a recoger el certificado que nos solicitó. Recuerde traer la documentación necesaria. Muchas gracias.

2.
Mensaje recibido el 5 de noviembre a las 17:00 horas.
¡Hola Elke! Soy Paco, ¿te acuerdas de mí? Nos conocimos hace tres semanas más o menos en el bar «El chupito». Pues, nada, que ya he vuelto de Milán. Llámame, anda.

3.
Mensaje recibido el 7 de noviembre a las 10:30 horas.
¡Hola Elke! Soy Sandra, te he llamado un par de veces al móvil, pero siempre lo tienes desconectado. Mira, necesito que me devuelvas el libro de Anatomía que te presté, es que lo necesito urgentemente. Por favor, llámame lo antes posible, ¿vale?, ¡que me corre mucha prisa! Un beso, adiós.

UNIDAD 10: ARGUMENTOS

Ejercicios 2a y 2b

Periodista: Mariam es una joven española musulmana, de 23 años, diplomada en óptica. Le ha costado mucho encontrar trabajo por el hecho de llevar la cabeza cubierta por un pañuelo. Mariam, ¿desde cuándo llevas el velo?

Mariam: Me lo puse por primera vez, fuera de la mezquita, hace dos años, en verano, antes de irme de viaje a Austria. Me levanté, me hice la maleta, repasé los billetes. Me miré al espejo y me coloqué el pañuelo antes de salir hacia el aeropuerto. Fue una decisión personal muy meditada porque sabía que era un paso definitivo, que no había vuelta atrás, pero nadie me la impuso, ni mis padres, ni siquiera el Corán.

Periodista: ¿Por qué decidiste ponértelo?

Mariam: El pañuelo es una manera de elegir la belleza interior. En un mundo en el que se recompensa sobre todo la imagen exterior, la desnudez, yo quiero que se me vea por lo que soy por dentro. El Islam pide que a la mujer no se la valore por sus rasgos físicos, y eso es lo que yo practico... pero no es solo eso, no es solo eso. Aunque parezca raro, con el pañuelo me siento más libre. Es una manera de exteriorizar mis creencias morales, mi sistema moral interior, de enseñar quién soy de verdad. Nadie me obliga. Lo llevo porque quiero, como la chica que decide ponerse un *piercing*, o la que lleva minifalda. En mi caso, el contexto es religioso, pero pido que se respete lo mismo que se respeta el de ellas.

Periodista: Aya tiene 28 años; nació en El Cairo. Es licenciada en filología hispánica y hace seis años llegó a España para redactar una tesis doctoral de literatura comparada. También es musulmana, pero no lleva el pañuelo, y su vida, aunque es extranjera, es más fácil que la de Mariam por el simple hecho de que pasa más inadvertida.

Aya, ¿tu decisión de llevar el pelo suelto es un acto de rebeldía?

Aya: No, no, para nada, ni tampoco es por rechazo ni por sentirme más libre o más integrada aquí. La decisión de llevar o no llevar pañuelo es un asunto privado; se juega entre mí, mi aspecto y mi religión. Nadie más interviene ni intervendrá.

Yo ahora no me siento preparada para llevarlo, pero igual un día me lo pongo o igual no me lo pongo nunca. Lo principal es que no sea algo impuesto. Sé que a algunas mujeres las obligan, mujeres que están muy sometidas, pero no es mi caso. Yo vivo sola en España, hago lo que quiero, yo decido.

Periodista: ¿Qué significa para ti el pañuelo?

Aya: Equivale a renunciar a la vanidad del aspecto físico. Bueno, no es solo el pañuelo en la cabeza. Si una mujer decide ponérselo, a partir de entonces no puede llevar ropa ajustada, ni camisetas sin mangas, ni ir a la playa si hay hombres, por ejemplo. Aunque esto suena mal, suena a discriminación, yo no lo veo exactamente así. Si una mujer es libre para mostrar su cuerpo, y a mí me parece bien que lo haga, ¿por qué no es también libre de ocultarlo? Para mí lo importante es que sea una decisión libre y que a nadie se le aparte o se le discrimine por llevarlo.

Claves

Unidad 1: Hechos

Ejercicio 1
A. 1: líneas 14-16; 2: líneas 94-96; 3: líneas 68-72.
B. 1 I, 2 V, 3 F, 4 F, 5 F.

Ejercicio 2
A. a4, b3, c7, d1, e6, f5, g2.
B. licenciarme / suspendí / aprobé / buscar trabajo / solicitar una beca / encontrar un empleo / me dieron una beca / buscar alojamiento / compartí piso / nos mudamos.

Ejercicio 3
nació / se trasladó / vivió / se instaló / se relacionó / empezó / inició /fue / se casó / tuvo / nació / convivió / tuvo/ volvió / mantuvo / se retiraron / continuó / murió.

Ejercicio 4
1a, 2a, 3a, 4b, 5a, 6b, 7b, 8b.

Ejercicio 5
1. has hecho, estuve, salí, me pasé. 2. has dormido, me acosté, me he levantado. 3. pudiste, terminé, he hablado, ha dicho. 4. has visto, estuvimos, vino, fuimos, me lo pasé/nos lo pasamos.

Ejercicio 6
1. desde, en, sobre, a, de, a. 2. a, en, de, en, en. 3. desde, a. 4. a, a, por, hasta.

Ejercicio 7
A. 1a, 2b, 3b, 4a, 5b, 6a, 7a, 8b, 9b, 10a, 11b, 12a, 13b, 14a, 15b, 16a.
B. 1. 1952, 2. 1958/1962, 3. 1969 / Iker, 4. 1970, 5. 1967/1970, 6. 1990, 7. 1946, 8. 1998, 9. 1971 / Raquel, 10. 1976, 11. 1972 / 1982, 12. 2003.

Ejercicio 8
1. dirijo / 2. remito / 3. solicitar / 4. puesto / 5. trasladé 6. en / 7. amplia / 8. en / 9. enseñanza / 10. ruego 11. consideren / 12. adjunto / 13. a / 14. disposición 15. complementaria / 16. a / 17. espera / 18. noticias 19. despide / 20. atentamente.

Unidad 2: Lugares

Ejercicio 1
A. V- F-V-V.
B. 1. (...) la ciudad ha entrado también en la lógica de la industria del consumo cultural, que exige que toda creación cumpla unas pautas de simplificación. Por lo tanto, la ciudad, como objeto del turismo de masas, se ha convertido en espacio comercial.
2. (...) se van elaborando entornos hiperreales que ofrecen al visitante una imagen concentrada del tema de cada ciudad. Ello conlleva que los habitantes reales se vayan convirtiendo en simpáticos y sonrientes comparsas de un decorado y que, en definitiva, los argumentos de cada ciudad se vayan infantilizando dentro de una sociedad global que pretende la infantilización total.
3. Puede haber ciudades en las que predominen sus museos –como en Londres, París, Helsinki y, especialmente, en las ciudades medias alemanas–, pero si estos museos son activos y mantienen una estrecha relación con los intereses culturales de los ciudadanos, la ciudad no se museifica ni se tematiza; lo esencial es que la ciudad continúe viva.
C. a3, b5, c2, d1, e4.

Ejercicio 2
A. a6, b3, c5, d1, e4, f2.
B. no es el caso / 2. pasar por alto / 3. no doy abasto / 4. quejas de / 5. tuvo en cuenta / 6. taxativamente.

A.

Verbo	Nombre	Verbo	Nombre
opinar	opinión	considerar	*consideración*
elegir	*elección*	aportar	*aportación*
solicitar	*petición*	*apreciar*	apreciación
comunicar	comunicación	*situar*	situación
componer	*composición*	*actuar*	acción
tratar	tratamiento	*ejemplificar*	ejemplificación
expresar	expresión	*contaminar*	contaminación
conservar	conservación	*cumplir*	cumplimiento

B. 1. solicitud / **2.** tratamiento / **3.** contaminación / **4.** composiciones / **5.** opinión
6. comunicación / **7.** aportaciones / **8.** acción / **9.** situación / **10.** conservación.

Ejercicio 4

A.

-DAD/TAD									
Adjetivo progresista	**Nombre progresismo**	**Adjetivo hospitalario**	**Nombre hospitalidad**	**Adjetivo ausente**	**Nombre ausencia**	**Adjetivo cierto**	**Nombre certeza**	**Adjetivo dulce**	**Nombre dulzura**
individual	individualismo	probable	probabilidad	eficaz	eficacia	limpio	limpieza		
idealista	idealismo	humano	humanidad	aparente	apariencia	natural	naturaleza		
estético	esteticismo	fácil	facilidad						
		difícil	dificultad						
		objetivo	objetividad						
		subjetivo	subjetividad						
		sociable	sociabilidad						
		idóneo	idoneidad						
		moderno	modernidad						
		diverso	diversidad						
		estable	estabilidad						
		criminal	criminalidad						
		vital	vitalidad						
		monumental	monumentalidad						

B. Femeninos: [-dad] / [-cia] / [-eza] / [-ura]. Masculinos: [-ismo].
C. Femeninos: ciudad / producción / fortaleza / sociedad / prisión / prudencia / tristeza / entereza / globalización dificultad / antigüedad. Masculinos: turismo / color / dolor paisaje / individualismo / garaje / calor.

Ejercicio 5

1. contenedores / **2.** reciclaje / **3.** claxon / **4.** zonas verdes
5. guardería / **6.** bancos / **7.** alcalde / **8.** centros comerciales
9. carretera, acera, semáforo / **10.** casco antiguo, peatonales
11. barrio, farolas.

Ejercicio 6

1. es, es, está / **2.** es, es, es, está, estuvo / **3.** está-estoy, es-soy, es-soy / **4.** es, es, es, es / **5.** estoy, es / **6.** es, está, es / **7.** es, es, es / **8.** está, está, es, está / **9.** es, es, es, está, está, estar
10. es, está, es, está.

Ejercicio 7

1. es / **2.** estoy, es / **3.** está, está / **4.** es, es, estábamos / **5.** está, es, está / **6.** es, está / **7.** es / **8.** es, es, es, es, es / **9.** estoy, estoy
10. estoy / **11.** está, está / **12.** es.

Ejercicio 8
a8 / b2 / c5 / d4 / e1 / f7 / g3 / h6.

Ejercicio 9
es buena / está buena / es listo / está listo.

Ejercicio 10
En este cuadro de Velázquez **hay** dos personajes, un chico y una vieja, en una cocina. La vieja, que **está** en la parte derecha del lienzo, **está mirando** algo que **está** fuera de los límites del cuadro. **Está** sentada, friendo huevos en una cazuela **que está** hecha de barro **y que está** sobre un fogón de carbón. El niño, que seguramente **es su** recadero, **está** de pie, con aire pensativo. **La parte derecha de su cara está** intensamente iluminada. Lleva una botella de cristal en la mano izquierda y una calabaza en la derecha. **Es** una fruta que, una vez **estaba** vacía, **era** para transportar líquidos. Aunque ambos **están haciendo algo**, estos personajes parecen **estar** tan inmóviles como los objetos que **hay a su alrededor**. Detrás de la vieja **hay** también unas lámparas de aceite y un cesto, **que están** colgados de la pared.

UNIDAD 3: RELATOS

Ejercicio 1
5, 4, 2, 1, 3.

Ejercicio 2
a. ignorante / b. fea / c. irrespetuoso / d. presuntuoso
e. desconocido / f. orgulloso / h. sana.

Ejercicio 3
A. a6, b2, c3, d1, e5, f4.
B. 1. se ha convertido en **2.** flirtear **3.** se dan cuenta de **4.** sale del **5.** se disponen a **6.** está tan orgulloso de.

Ejercicio 4
1. televisión **2.** bobo **3.** creer **4.** nerviosidad **5.** burlarse
6. planta **7.** seguir.

Ejercicio 5
1. era - a, fue - b. **2.** se casaba / se iba - b, se casó / se fue - a
3. ardía - a, ardió - b. **4.** reconocía - a, reconoció - b. **5.** ganaba - b, gané - a **6.** se moría - a, se murió - b.

Ejercicio 6
era / caía / cubría / conducía / vio / estaba / se compadeció decidió / pidió / hizo / comprobó / había / dio / contestó / me maté / desapareció.

Ejercicio 11
1. vaya / puede. **2.** viene / se sienta / dejó. **3.** pueda / trate / necesites. **4.** quiera / queda / monte / mantenga / piense / reine / buscas / alquile.

Ejercicio 12
1. que, es / **2.** que / **3.** que, está, es, es / **4.** que, es
5. que, es, está / **6.** que, es, es / **7.** que / **8.** donde - en el que
9. que, ha sido, es / **10.** a los que - adonde - donde / **11.** que, estaba / **12.** por las que - por donde / **13.** donde - en la que
14. que, estaba, ha sido / **15.** en la que - donde, era, estaba, es
16. que, es.

Ejercicio 13
1. en / **2.** de / **3.** está / **4.** sobre / **5.** había / **6.** ser
7. contemporáneo / **8.** en / **9.** arquitectónico / **10.** entre
11. industrial / **12.** por / **13.** es / **14.** de / **15.** fue / **16.** están
17. a / **18.** exhibición / **19.** es / **20.** para / **21.** está / **22.** hay.
23. por / **24.** tamaño / **25.** es / **6.** en / **27.** fue / **28.** materiales
29. estilo / **30.** por / **31.** son / **32.** en / **33.** de.

Ejercicio 7
1. ha comprado / llegué / se había acabado **2.** fue / limpiaste fui / limpió / hice / había fregado **3.** he cobrado / has gastado dejé / he tenido.

Ejercicio 8
1. pasaba / vi / estaban / entré / compré / me rocié / salí - salía / regaló / invitó **2.** fingí / había / creían - creyeron / era / hice pensaba / era / estaba **3.** se levantó / llamó / tenía / pagó / se dirigió / comió.

Ejercicio 9
A. 1V, 2V, 3V, 4F, 5V.
B. a6, b1, c5, d2, e8, f4, g7, h3.
C. «Mengano», que se usa para designar a la segunda persona hipotética; y «Zutano», para la tercera. Ambas sirven para aludir a personas no determinadas o imaginarias, junto con «Fulano», que se usa para mencionar a la primera.
D. 1. no, 2. sí, 3. sí, 4. sí, 5. no, 6. sí, 7. no.

Unidad 4: Recorridos

Ejercicio 1
A. 1. carcajada / **2.** rodar / **3.** bulto / **4.** ventrílocuo / **5.** encogido
6. hipidos, sollozos / **7.** señas / **8.** postura / **9.** torcer
10. engañar / **11.** arrastrando / **12.** atreverse / **13.** cojeé.
B. 1V / 2F / 3V / 4F / 5F / 6V / 7V / 8V / 9F / 10F.

Ejercicio 2
1. dejaba mucho que desear / **2.** azafatas / **3.** trámite
4. visados / **5.** hacía falta / **6.** estábamos hartos / **7.** engorroso
8. repleto.

Ejercicio 3
A. a10 / b2-6 / c9 / d7 / e4 / f2-6 / g4 / h5 / i9 / j3.
B. 1. personal de vuelo / equipaje de mano. **2.** facturar /
compañía / tarjeta de embarque / puerta de embarque. **3.**
tren de aterrizaje / pista de despegue **4.** aterrizaje forzoso /
compañía aérea.

Ejercicio 4
1. delante / **2.** ante / **3.** en / **4.** al, a / **5.** a / **6.** en / **7.** de cara a
8. entre / **9.** debajo.

Ejercicio 5
1. cerca de / **2.** al final / **3.** entre / **4.** de / **5.** en / **6.** cerca de
7. desde / **8.** del / **9.** frente a / **10.** por / **11.** por / **12.** hasta
13. a / **14.** a / **15.** a / **16.** desde / **17.** en / **18.** por / **19.** hacia
20. por / **21.** hacia / **22.** en / **23.** de / **24.** abajo / **25.** por
26. a / **27.** cerca / **28.** alrededor / **29.** dentro.

Ejercicio 6
1. por / **2.** para / **3.** del / **4.** con / **5.** hacia / **6.** de / **7.** en
8. hasta / **9.** en / **10.** para / **11.** de / **12.** por / **13.** después de -
tras / **14.** por / **15.** a / **16.** en / **17.** a / **18.** en / **19.** en / **20.** en
21. hasta / **22.** al / **23.** desde / **24.** hasta / **25.** por / **26.** en
27. por / **28.** a / **29.** a / **30.** de / **31.** a / **32.** de / **33.** por / **34.** en
35. a / **36.** por / **37.** por / **38.** con / **39.** para / **40.** por / **41.** para
42. en / **43.** en / **44.** tras / **45.** a / **46.** de / **47.** para / **48.** de
49. después / **50.** con / **51.** en / **52.** entre / **53.** bajo / **54.** sobre
55. para / **56.** sin / **57.** sobre / **58.** con / **59.** de / **60.** junto a
61. lejos de / **62.** en / **63.** de / **64.** con / **65.** de.

Ejercicio 7
1. ven / **2.** llegues / **3.** repasa, haz / **4.** comas / **5.** hables
6. salgas / **7.** dejes / **8.** hables / **9.** interrumpe / **10.** participa,
estés, di, interésate.

Ejercicio 8
1. cancelad / **2.** pedid / **3.** tomad / **4.** vaciad / **5.** tirad / **6.** cerrad
7. aseguraos / **8.** compruebes / **9.** selecciones / **10.** elijas
11. conserves / **12.** compruebes / **13.** dejaría / **14.** me informaría
15. me aseguraría / **16.** pactaría / **17.** llevaría / **18.** planificaría
19. utilizaría / **20.** me informaría.

Unidad 5: Historias

Ejercicio 1
A. e1 / g2 / b3 / h4 / a5 / f6 / d7 / c8.
B. a4 / b3 / c6 / d1 / e2 / f7 / g5.

Ejercicio 2
1. vidrio / hierro / pólvora / rueda / imprenta **2.** blancas / rubios
barbas **3.** soldados / desnivel. **4.** asombro / cañones / ruido
5. dios.

Ejercicio 3
1. estuvimos / **2.** iba a / **3.** estuvo a punto de
4. comenzamos a / **5.** se echó a / **6.** terminamos de / **7.** estaban
8. dejamos de / **9.** empezamos a / **10.** seguía / **11.** volvíamos a.

Ejercicio 4
a4 / b5 / c6 / d1 / e2 / f7 / g3.

Ejercicio 5
llegué / estaba entrando / llamara / hubo salido / estaba /
volvió a / seguí subiendo / iba a dar / hablaba / estuve a punto
de / estuviera / tenía que / hablar / seguía sin / dejé de /
llegaron.

Ejercicio 6
1a / 2a / 3a / 4a / 5b / 6a / 7a / 8a / 9b / 10a.

Claves

Unidad 6: Opiniones

Ejercicio 1

1a / 2c / 3c / 4a / 5a / 6c / 7b / 8b / 9b / 10a.

Ejercicio 2

1. testamento / **2.** huelga / **3.** caníbal / **4.** morder / **5.** fuga
6. vecino / **7.** broma / **8.** médica / **9.** trasplante / **10.** árbitros
11. conciencia / **12.** atraco / **13.** mascotas / **14.** calva
15. satanismo.

Ejercicio 3

1. es / **2.** se enfoque / **3.** haya / **4.** puede / **5.** se atreven
6. se distinguen / **7.** hay / **8.** está / **9.** sea / **10.** cuenten / **11.** hay
12. es / **13.** vea / **14.** peca / **15.** piense / **16.** diga / **17.** sean.

Ejercicio 4

1. a / **2.** a / **3.** le / **4.** pregunte / **5.** se / **6.** son / **7.** trabajamos
8. interactúa / **9.** a / **10.** me / **11.** llegue / **12.** suelte / **13.** se
largue / **14.** le / **15.** pregunte / **16.** depende / **17.** son.

Ejercicio 5

1. hagas / **2.** aburren / **3.** traigas / **4.** tengo / **5.** se puedan
6. estemos / **7.** sea / **8.** fume / **9.** me levante / **10.** siga
11. recicle / **12.** hables.

Ejercicio 6

1. una / **2.** a / **3.** la / **4.** en / **5.** son / **6.** de / **7.** por / **8.** de
9. observarle / **10.** utilizara / **11.** por ejemplo / **12.** recurriera
13. estuvieran / **14.** pongamos por caso / **15.** en cualquier caso
16. es.

Unidad 7: Ideas

Ejercicio 1

A. 2.
B. 1. líneas 36-39 / **2.** líneas 56-59 / **3.** líneas 6-16.
C. 1ª columna: lucrativo / **2ª columna:** convertir
3ª columna: proporciones, concediéndoles, otorgarles, aporte /
4ª columna: promueven, estimular, incentivarla.

Ejercicio 2

A. a9 / b1 / c6 / d3 / e2 / f8 / g10/ h4 / i5 / j7.
B. 1. carrera / **2.** empleo / **3.** sueldo / **4.** indefinido
5. cotización / **6.** neto / **7.** paro / **8.** laborales / **9.** temporal
10. bruto.

Ejercicio 3

1. haga / **2.** busco / **3.** empezaré - empiece / **4.** tendré - tenga
5. encuentras - encontrarás / **6.** me vaya / **7.** sale / **8.** vayas
9. vuelves / **10.** tenga / **11.** pida / **12.** salga / **13.** estés.

Ejercicio 4

1. tendré / **2.** vuelva / **3.** podré / **4.** llegue / **5.** acabe
6. firmaré - firme / **7.** intente - intentaré / **8.** pensaré
9. estudias / **10.** tomaré / **11.** ganaré / **12.** llegará / **13.** hablaré
14. quieras / **15.** podrás - puedes / **16.** acabe.

Ejercicio 5

1. cuando tenga / **2.** si puedo / **3.** pasado mañana / **4.** pronto
5. el año que viene / **6.** mañana / **7.** dentro de dos semanas
8. nunca / **9.** el próximo fin de semana.

Ejercicio 6

1. dado que / **2.** gracias a / **3.** por / **4.** ya que / **5.** a causa de.

Ejercicio 7

(Puede haber otras soluciones; consulta a tu profesor)
a4: de ahí que / **b1:** en consecuencia / **c2:** de manera que
d3: por lo tanto.

Ejercicio 8

(Puede haber otras soluciones; consulta a tu profesor)
1. dado que / puesto que la evolución es un proceso de una
escala muy superior a la humana, nadie en realidad puede
experimentar con ella y afirmar que ha observado cómo se
produce, por lo que / de manera que es necesario recurrir a
evidencias fósiles para estudiar la evolución.
2. La directiva comunitaria no regula los juegos de azar de
Internet, de modo que los estados de la UE no tienen la
obligación de legislar sobre ellos. Dado que / Puesto que /
Como en España se han producido muchas irregularidades con
este tipo de juegos, España ha incluido los juegos de azar en su
«Ley de comercio electrónico»

Unidad 8: Debates

Ejercicio 1
1F / 2V / 3F / 4V / 5V / 6V / 7F.

Ejercicio 2
a6 / b8 / c2 / d3 / e1 / f9 / g10 / h5 / i4 / j7.

Ejercicio 3
a8 / b5 / c9 / d3 / e1 / f7 / g2 / h6 / i10 / j4.

Ejercicio 4
1c / 2b / 3a / 4c / 5c / 6a.

Ejercicio 5
1. intercambiábamos / **2.** aplazaremos / **3.** sustituyó / **4.** mejore
5. alteran / **6.** reformaremos / **7.** corrige / **8.** evolucionado
9. modificar.

Ejercicio 6
a5: no conduzcas / **b8:** será / **c3:** sílbame / **d9:** dejo
e7: puedes / **f6:** pulse / **g1:** debe / **h10:** ganará / **i2:** devolvemos
j4: llame.

Ejercicio 7
1. devolverías / **2.** me llevaré / **3.** me quedo / **4.** ponte / **5.** irías.

Ejercicio 8
1. Si no se hubiera dejado las llaves dentro de casa, no habría tenido que llamar a un cerrajero / **2.** Si no hubiera perdido el móvil con la agenda, habría enviado mensajes a sus amigos de Escocia / **3.** Si no se hubiera dormido con la estufa encendida, no se le habría quemado el edredón / **4.** Si no hubiera perdido su memoria USB con el trabajo final de Psicología Social, no le habrían suspendido / **5.** Si no se hubiera dormido el día del examen de Psicopatología, se habría podido presentar / **6.** Si no se hubiera olvidado de conectar la alarma, no le habrían abierto el coche / **7.** Si no hubiera llegado tarde al aeropuerto, no se habría dejado, con las prisas, los regalos para su familia en el mostrador de facturación / **8.** Si no hubiera perdido el billete del tren, el revisor no le habría puesto una multa.

Ejercicio 9
1. hubieras salido, habría ido / **2.** hubieras tenido, estarías
3. hubieras ido, tendrías / **4.** hubieras puesto, habrían dado
5. hubieras estado, estarías, tendrías.

Ejercicio 10
1. acostar / despertar / dormir / duchar / preparar / romper / sentar / vestir
2. coger / comer / construir / escuchar / odiar / oír / preparar / querer / quitar / robar / romper
3. coger / contar / enviar / escribir / explicar / preparar / quitar regalar / robar / romper.

Ejercicio 11
1. Se le ha cerrado / se la ha cerrado / la ha cerrado / se ha cerrado. / **2.** Se quema / lo quema / se la quema / se le quema.
3. Se lava / la lava / se la lava / se le lava. / **4.** La pincha / se le pincha / se pincha / se la pincha. / **5.** La llena / se llena / se la llena / se le llena. / **6.** Se rompe / la rompe / se la rompe / se le rompe.

Ejercicio 12
1. incluso. **2.** a su vez / por su parte, por otra parte, asimismo / igualmente, además, asimismo / **3.** es más.

Unidad 9: Mensajes

Ejercicio 1
1a / 2c / 3a / 4d / 5c / 6a.

Ejercicio 2
1. gracias a / **2.** adquirir / **3.** imposición / **4.** crisis
5. malentendido / **6.** imperativamente / **7.** choque
8. mutación / **9.** prioritario / **10.** frenéticamente.

Ejercicio 3

	Política	Deportes	Economía	Cultura	Sociedad	Gente y TV
asesinado					X	
banca			X			
concurso						X
detenido	X				X	
editorial				X		
eliminado		X				X
entrenador		X				
equipo	X	X				X
estreno				X		
exposición				X		
impuestos			X			
juez	X					
ley	X					
ministerio	X		X			
precio			X			
presentador						X
telediario						X
trasplante					X	

Ejercicio 4
1. detenido / **2.** precio / **3.** eliminado / **4.** telediario
5. estreno / **6.** ley.

Ejercicio 5
1. recomendó / **2.** avísame / **3.** imploró / **4.** cuéntame
5. prohibió / **6.** informará / **7.** indicaba / **8.** pedimos
9. acertó / **10.** opino.

Ejercicio 6
1. vuelva / **2.** provocara / **3.** haga / **4.** viera / **5.** pusieran
6. cante / **7.** consultes / **8.** tomara.

Ejercicio 7
a6 / b2 / c7 / d4 / e8 / f5 / g9 / h3 / i1.

Ejercicio 8
a. información / **b.** orden / **c.** orden / **d.** información
e. información / **f.** orden / **g.** orden / **h.** información.

Ejercicio 9
a1 / b6 / c7 / d5 / e3 / f4 / g2.

Unidad 10: Argumentos

Ejercicio 1

a4 / b5 / c1 / d3, 7 / e2, 6.

Ejercicio 2

a. cuarto párrafo / **b.** tercer párrafo / **c.** sexto párrafo / **d.** primer y segundo párrafo / **e.** quinto párrafo.

Ejercicio 3

a3 / b10 / c8 / d9 / e7 / f2 / g5 / h1 / i4 / j6.

Ejercicio 4

A. a. guatemaltecas / b. salvadoreñas / c. cubanas / d. nigerianos / e. paquistaníes / f. marroquíes / g. ecuatorianas.
B. a. estadounidenses / b. suecos / c. suizos / d. hondureños e. bolivianos / f. senegaleses / g. austriacos / h. colombianos i. chilenos / j. uruguayos.

Ejercicio 5

1. recibió / **2.** vende / **3.** contiene / **4.** obtiene / **5.** conseguirás **6.** acarrear / **7.** ha detenido / **8.** posee / **9.** siento / **10.** padece.

Ejercicio 6

1b / 2a / 3b / 4c / 5a / 6c / 7b / 8a / 9b / 10a.

Ejercicio 7

1. me inviten, invitaran, invitasen / **2.** tuviera, tuviese **3.** es / fuera, fuese / **4.** han dicho / **5.** pudiera, pudiese **6.** se encontraba / **7.** le dieron.

Ejercicio 8

1. aunque / **2.** aunque / **3.** en cambio / **4.** mientras que **5.** sin embargo.

Ejercicio 9

A. 1. acceso / **2.** invitación / **3.** defensa / **4.** estudio **5.** preocupación / **6.** conocimiento / **7.** inversión **8.** cumplimiento / **9.** desarrollo / **10.** creencia / **11.** ofrecimiento **12.** conclusión / **13.** discusión / **14.** llegada.
B. 2. El siguiente paso es el **estudio de** las condiciones adecuadas para el **desarrollo exitoso del** proyecto **3. La manifestación de** los sindicatos ha sido en la plaza Mayor de la ciudad / **4. La llegada de** pateras a las costas españolas es muy frecuente / **5.** Uno de los objetivos del programa Erasmus es **el conocimiento de** otras lenguas de la Unión **por parte de** los estudiantes europeos / **6.** Las universidades españolas han celebrado **la decisión de** poner en marcha el espacio europeo de educación superior (EEES) **por parte de** los gobiernos de la Unión.

Ejercicio 10

1. quienes / **2.** sentían / **3.** a / **4.** corresponde / **5.** aunque **6.** tenga / **7.** hacia / **8.** forme / **9.** mientras que / **10.** del **11.** pasado / **12.** no obstante / **13.** por / **14.** pero / **15.** poco **16.** entre / **17.** habla / **18.** que / **19.** de / **20.** de.